KB237302

일본 근대 사상사

구노 오사무 · 쓰루미 슌스케
심원섭 옮김

1994

일본 근대 사상사

초판발행/ 1994년 9월 23일
2쇄발행/ 1999년 9월 13일

지은이/ 구노 오사무·쓰루미 슌스케
옮긴이/ 심원섭
펴낸이/ 김병익
펴낸곳/ ㈜문학과지성사
등록번호/ 제10-918호(1993. 12. 16)

서울 마포구 서교동 363-12호 무원빌딩(121-210)
편집: 338)7224~5·7266~7 FAX 323)4180
영업: 338)7222~3·7245 FAX 338)7221

한국어판 ⓒ 심원섭, 1994, Printed in Seoul, Korea
ISBN 89-320-0702-0

값 7,500원

일본 근대 사상사

구노 오사무 · 쓰루미 슌스케
심원섭 옮김

차 례

일 러 두 기

1) 일본 인명과 지명, 학교명 등은 일본식 발음으로 표기하고 그외에
   작품명·잡지명·단체명, 역사적 사건명, 중국 인명 등은 모두 한국
   식 발음으로 표기함을 원칙으로 하였다. '백화파(白樺派)' 등과 같이
   이미 한국식 발음으로 국내에 널리 통용되고 있는 단어의 경우도 한
   국식 발음으로 표기하였다.

2) 일본식 발음 표기는 1986년 1월 7일에 문교부에서 고시한 외래어 표
   기법에 따랐다.

3) 내용 이해를 돕기 위해 저자 주 외에 역자의 주를 다수 첨가했으며
   역자 주는 내용 뒤에 '(역자)'라는 표기를 붙여, 저자 주와 구별하
   였다.

머리말

현재까지의 상황으로 볼 때, 현대 사상을 취급한 일본 서적들은 거의가 외국 사상의 여러 유파들을 소개하는 수준, 그것도 그때그때 유행한 사조들을 비판적으로 소개하는 정도의 수준에 머물러 있었다. 혹 일본의 현대 사상이 거론되는 경우가 있었다 하더라도, 기껏해야 그것은 부록 정도로 취급되는 수준에 지나지 않았다.

이 책은 이와 달리 일본의 대표적인 사상들을 정면에서 취급한 사상 입문서다. 현실 속에 들어가 운동하면서 이를 변화시킨 일본의 대표적인 사상들을 확고하게 평가해두지 않는다면, 일본 사상의 발자취를 확고하게 정리한다는 것은 불가능할 수밖에 없다. 현재까지의 일본 사상은 갈지자걸음을 겨우 벗어난 상태라 해도 과언이 아닐 것이다. 우리는 이렇게 생각하였다. 그리고 그 최초의 시도로 이 책을 썼다.

현실을 움직이는 동력이 되는 것이라는 의미에서 어떤 사상을 포착하려고 할 경우, 이를 좁은 의미의 철학 영역에만 국한해서 볼 수는 없는 노릇이다. 이 책에서 취급한 여러 유파들이 좁은 의미의 철학적 성과뿐만 아니라 문학·정치·교육·혁명·일상 생활 등 다양한 삶의 분야로부터 선택된 것은, 사상은 가장 구체적인 활동을 통해서만 비로소 현실을 움직이는 힘이 되는 존재라고 믿고 있기 때문이다.

이러한 의도를 지니고 있는 이 책은 특정 사상의 입장에 서서 다른 사상을 비판하는 방식은 취하지 않았다. 또 여러 사상 중 어느 하나를 선택하라는 입장 역시도 취하고 있지 않다.

오히려 우리들은 어떠한 사상적 입장에 서게 되더라도 배우지 않을 수 없는 공동의 유산 목록을 가능한 한 공평하게 제시하려고 한다.

특정의 사상을 선택하였다고 해서, 우리는 배워야 할 유산이 그 사상의 과거와 현재 속에만 존재한다는 식으로는 생각하지 않는다. 사상이란 그렇게 갑갑한 것이 아니다. 그런 식으로 믿는다는 것은, 사상은 기성품과 동일하며 사상을 선택하는 것이 무의식중에 기성품 하나를 사는 것과 동일하다고 믿는 것과 똑같은 것이다.

독자 제위께서는 사상적 유산들에 대한 우리의 계산과 그 평가 결과에 동의해주실 것인가. 엄정한 비판을 바라는 바이다.

1956년 10월

구노 오사무(久野　收)

쓰루미 슌스케(鶴見俊輔)

제1장
일본의 관념론: 백화파

1. 왜 백화파를 선택하였는가

우선 일본 관념론의 대표격인 백화파(白樺派) 사상으로부터 논의를 시작하고자 한다. 백화파가 『백화(白樺)』라는 이름의 기관지를 통해 활동하기 시작한 시기는 1910년(명치 43년)으로부터 1923년(대정 12년)까지의 13년간으로, 이 유파는 소화 시대라기보다는 대정(大正) 사상사에 속하는 유파라 할 수 있다. 이 기관지가 없어진 것은 관동대지진(關東大地震)이라는 외부적 요인 때문이었는데, 이 유파에 속했던 이들은 소화 시대에 들어서서도 여전히 활동을 계속하여, 잡지 『불이(不二)』(1924~26), 『대조화(大調和)』(1926~28), 『심(心)』(1948~현재)을 통해 그 운동을 계속하고 있다. [1]

백화파는 명치 시대 말기에 시작되어 오늘에 이르기까지 근 50여 년에 걸쳐 영향력을 지속해온 사상 운동이다. 그리고 관념론적인 사상이 지닐 수밖에 없는 한계를 고려한다고 할 때, 이 유파가 남긴 유산 속에는 매우 가치 있는 것으로 평가할 수 있는 요소들이 포함되어 있다고 생각한다. 그런 의미에서 이 운동은 소화 시대에까지도 영향

---

1) 잡지 『백화』가 출간되고 있었던 기간 동안, 백화파가 전개했던 활동에 관해서는 혼다 슈고(本多秋五)의 정밀한 연구가 있다. 『백화파의 믄학』(講談社, 1955) 참조.

력을 미친 매우 의미있는 관념론 운동이었다고 생각한다. 또한 『심』 등을 주축으로 하여 이 사상이 전후 보수주의 사상가들의 지주가 되어 있는 이상, 백화파가 남긴 유산을 공정하게 평가해두는 것이 이후의 전진을 위하여 우리에게 필요한 작업일 것이리라 생각된다.

'의미있는 관념론' 혹은 '생산적인 관념론'이라는 용어를 쓴다면, 모든 관념론은 공허한 것이 아니던가? 하는 반문이 나올지도 모르겠다. 그러나 그렇지는 않다. 관념론에는 매우 공허한 것으로부터 생산적인 것에 이르기까지 여러 종류가 있다. 유물론에 생산적인 것과 그렇지 않은 것이 있는 것처럼.

2. 관념론적 특징

관념론이라는 명칭과 백화파가 잘 어울리는 이유는 무엇인가.

관념론이란 정신적(혹은 관념적)인 것을 중요하게 생각하며 이것이 기반이 되어 세계가 성립되어 있다고 믿는 사상이다. 이러한 입장에 서 있기 때문에, 인식적 측면에서는 명상이라든가 추리를 중시하기 쉽고, 윤리적인 측면에서는 자신 속에 잠재되어 있는 가능성을 발휘하는 것(자아의 완성)을 목표로 삼게 되기 쉬우며, 종교적인 면에서는 신(神) ──혹은 신과 매우 닮은 그 무엇── 을 믿게 되기 쉽다.

백화파가 관념론이라는 조건을 어떤 식으로 충족시키고 있는가를 살펴본다.

백화파 구성원들은 우주의 의지가 인간의 행복을 도모해준다는 신앙을 갖고 있다. 이 신앙적 측면에서 가장 중요한 존재라고 할 수 있는 무샤노코지 사네아쓰(武者小路實篤), 센게 모토마로(千家元麿)는 원래부터 그러했으며, 이 신앙이 가장 약하다고 할 수 있는 시가 나오야(志賀直哉)의 가장 허무적이었던 순간을 살펴보아도 이들이 동일한 사고 방식을 가지고 있음을 확인할 수 있다. 『암야행로(暗夜行路)』

의 주인공이 시코쿠(四國)로 향하는 도중에 갑판에서 공상에 몰두하고 있는 장면을 생각해보자. 여기서는 우주의 의지가 코끼리 모습을 하고 나타나 인류라는 상대와 싸우는데, 주인공 자신은 언제까지나 코끼리 편에 서서 교활한 인간의 재지(才智)를 비판하고 있다.

겐사쿠(謙作)는 혼자 선미에 서서, 벤치에 몸을 기댔다. 그는 상두산(象頭山), 그리고 그뒤를 연이어 있는 산들을 바라보았다. 그는 지금 사무장(事務長)이 말한 산보다도 그 앞산이 코끼리 머리를 더 닮았다고 생각하였다. 그리고는 머리를 그처럼 조금만 내민 채 대지 속에 묻혀 있는 거대한 코끼리가 어느 날 우뚝 일어서는 장면을 상상해보았다. 그래서 일어나는 인간계의 소동, 인간이 그 때문에 멸망할 것인가, 아니면 무찌를 것인가 하는 대소동, 전세계의 군인과 정치가와 학자가 지혜를 짜내나, 대포·지뢰, 그런 따위는 코끼리에겐 피부병을 일으키는 정도에 불과하다. 그 코끼리의 가죽은 두께가 1정(町)이나 되기 때문에 쓸모가 없다. 아침과 점심 시간간의 거리가 50년이나 되기 때문에 식량을 끊는 작전도 불가능하다. 그 어떤 것도 불가능하다. 현명한 이는 화만 내게 하지 않는다면 코끼리가 해로운 짓은 하지 않을 것이라고 한다. 인도의 어느 종파 사람들은 그가 신이라고 한다. 그러나 인간 전체는 어떻게 해서든 코끼리를 죽이려고 간계를 꾸민다. 드디어 코끼리는 노한다. 〔……〕 그는 어느새 코끼리가 되어 인간과의 사이에 벌이는 전쟁 생각을 하며 혼자 흥분하였다.

도시에서 한 발을 내디디면 삽시간에 5만 명이 압사한다. 대포·지뢰·독가스·비행기·비행선 등 머리로 짜낼 수 있는 모든 무기를 동원하여 공격한다. 그러나 그가 한번 콧바람을 내불면 비행기가 모기보다도 더 가냘프게 격추되고, 기구(氣球)는 풍선처럼 날아가버린다. 그가 마셨던 물을 코로 내뿜으면 홍수가 나며, 바다에 한번 들어갔다가 나오면 그것이 거대한 파도가 된다.[2]

---

2) 시가 나오야(志賀直哉), 『암야행로』 전편(前篇), 岩波文庫, p. 194.

이 코끼리는 수상한 짓을 해서 화를 나게 하지 않는 이상은 인간에게 해를 끼치지 않는다. 자기 재주를 믿지 말고 자신을 이 코끼리의 의지에 맞추는 데에 성공한다면, 인간은 드디어 안심입명의 경지에 도달할 수 있다는 것이다. 이것이 마지막에 호키다이센(伯耆大山)의 산허리에서 산인(山陰) 쪽 바다를 바라보면서, 우주와 자신과의 조화감을 얻는 것으로 끝나는 『암야행로』의 전체 구상이다.

우주의 의지와 인간의 자기 의지가 이루는 조화를 실감(實感)으로 느낄 수 있으며 이 실감이 인식 방법의 근본이 되어 있다는 점이야말로, 일본의 토착 관념론인 백화파의 특색이다. 『바가바드기타』 등의 인도 경전처럼, 외계에 대해 완전히 눈을 감고 행하는 명상이라든가, 피타고라스에서 시작되는 그리스 관념론처럼 논리의 오솔길을 헤매어 외계의 밑바닥까지 관통해가는 추리 따위는 일본의 관념론이 기대고 있는 방법이 아니다.

1919년(대정 8년)에 나온 『자기를 살리기 위하여』라는 무샤노코지 사네아쓰(武者小路實篤)의 평론집에서 볼 수 있듯이, 논리적 측면에서 볼 때 자아 실현이 가장 완전한 형태에 이르면 자아가 망각되어버린다(야나기 무네요시〔柳宗悅〕나 시가 나오야의 주장)는 입장까지 포함하여 자아 실현이 가장 중요한 목표가 되어 있다. 사회가 무엇을 필요로 하는가를 생각하고 거기서 출발하여 자기의 윤리적 의무를 산출해내는 방법은, 고토쿠 슈스이(幸德秋水)[3] 등의 비참한 최후를 동시대인으로서 목격한 탓도 있고 해서 백화파 운동의 출발점에서는 의식적으로 배제되었다. 따라서 사회에 대한 기여 역시도 각 개인의 자발성에 기반을 둔 각 개인 특유의 행복 설계도가 허용하는 한도내에서만 행해지는 것이다. 자신의 실감이 인정하는 한도내에서만 사회에 대한 의무를 다한다는 입장에 서 있는 것이다.

---

3) 고토쿠 슈스이(幸德秋水, 1871~1911): 명치 시대의 급진적 사회주의자·무정부주의자. 명치 말기의 '대역 사건(大逆事件)'으로 피검되어 처형되었다(역자).

　이처럼 출발점에서부터 의무라는 것을 자기라는 좁은 영역 속에 제한시킨 탓에, 백화파는 과중한 의무 의식에 사로잡혀 머리만 무거운 채 괴로워하는 관념론 특유의 고민(책임 의식의 과중)을 최초의 출발 지점에서부터 이미 떼어내버린 상태였던 것이다. 이런 식의 번뇌에 굴복한 나머지 자살하고 만 아리시마 다케오(有島武郎)는 같은 관념론자이긴 하나, 이런 점에서 백화파를 대표하는 인물로 보기는 어렵다. 이처럼 편안한 자세를 취하는 태도, 마음이 원하는 바대로 편하게 도덕적 휴일을 즐기면서 서두르지 않고 자기 식대로 일을 해나간다는 것이 백화파식인 것이다. 그리고 이때 자기 일이란 것은 백화파 인물들의 경우 모두 예술 혹은 예술 연구 분야에 해당하는 것들이다. 그러므로 그들은 자아 실현의 노력만 하면 되었고, 그 노력의 도상에서 원한다면 얼마든지 도덕적 휴일을 즐길 수 있게 된다. 후세대에 속하는 다자이 오사무(太宰治)[4] 등이 도덕적 휴일을 그리다가 막상 이를 소유하게 되자, 그 휴식의 명분 때문에 괴로워하다가 자살해버린 것과는 상당히 다른 것이다.

　종교적 측면에서 볼 때, 백화파 구성원들 중 신을 믿는다고 단언한 사람은 적다.[5] 또 이들 중에는 특정 종교의 교리를 지니고 있는 이도 없다. 일종의 종교소설인 『다케자와(竹澤) 선생이란 사람』(1925)을 쓴 나가요 요시오(長與善郎)의 경우도 기독교와 불교에 관해 논하고는 있지만, 엄밀한 의미에서 볼 때 그가 특정 종교를 믿고 있다고 하기는 어렵다.

　종교를 믿고 있다기보다는 종교를 믿는다는 것 자체에 대한 신앙, 종교를 믿는다기보다는 종교성과 친밀하다고 하는 편이 맞을 것이다.

---

4) 다자이 오사무(太宰治, 1909~1948): 소설가. 대지주 집안 출신으로 술과 마약, 문란한 성생활 등 충격적인 사생활과, 인간의 영혼 속에 내재되어 있는 마성적·운명적 요소들을 고백적으로 그린 자전적 소설들로 문단과 세인의 주목을 받았다. 『인간 실격(人間失格)』 등의 작품이 한국에도 번역되어 있다(역자).
5) 야나기 무네요시의 『신(信)과 의(義)』(1921)와 『신(神)에 대하여』(1943)에는 신의 존재에 대한 고찰 내용이 포함되어 있다.

따라서 어떤 종교에도 구애됨이 없이 두루 친화성이 있는 편이다. 결국 이는 하느님이든 부처님이든 그 어떤 존재도 그 나름의 효력이 있다고 믿는 일본의 민중 신앙의 형태를, 대상과는 유리된 신앙 감정이라는 측면에서만 이어받은 것으로, 지식인 취향으로 고쳐 번역한 혼합교라고도 할 수 있다.

우주에 의지가 있다고 하는 세계관, 그 우주의 의지를 실감을 통해서 느낀다는 인식론, 우주의 의지에 복종하면서 이 힘에 자신의 활동을 내맡기는 것만 생각하면 된다는 논리, 그에 따라 당연히 여러 가지 종교의 길이 생기기 때문에 어떤 종교에 대해서도 경의감과 친밀감을 지니는 편이 좋다는 관용스러운 종교관, 이런 것들이 백화파 철학의 배경이다.

3. 백화파 사상의 산물

백화파는 어떤 작업을 하였는가. 앞에서 백화파 사상이 많은 결실을 낳은 관념론이라 한 바 있는데, 이에 관해 한번 더 언급하고자 한다. 관념론이라는 사실만을 이유로 해서 그것이 무가치한 사상이라고 규정해버리는 식의 사고 방식을 고치고자 하는 것이 이 책이 유지하고 있는 하나의 관점이기 때문이다.

백화파가 맺은 첫 결실은 상호간의 성장을 도와주는 그룹을 만드는 데에 성공하였다는 사실이다. 이것은 일본 근대사에서는 찾아보기 어려운 일이다. 대정·소화기의 수많은 동인지 그룹들은 서로 상처를 입히며 싸우다가, 마지막엔 두각을 나타낸 파와 그렇지 못한 파로 갈라져서 끝장을 보게 되는 것이 당연한 순서였다. 백화파의 경우에는 그런 일이 없었으니, 구성원 모두가 자아의 실현에 성공하였다 해도 될 것이다. 이 그룹에서 나온 소설가로 시가 나오야(志賀直哉), 무샤노코지 사네아쓰(武者小路實篤), 나가요 요시오(長與善郞), 사토미 톤

(里見弴), 아리시마 다케오(有島武郎)가 있으며, 시인으로는 센게 모토마로(千家元麿), 다카무라 고타로(高村光太郎), 가인(歌人)으로는 기노시타 도시히로(木下利玄)가 있다. 극작가로는 고리 도라히코(郡虎彦), 구라타 햐쿠조(倉田百三)가, 화가로는 기시다 류세이(岸田劉生), 구리 시로(九里四郎), 아리시마 이쿠마(有島生馬), 나카가와 잇세이(中川一政)가, 미술사가에 고지마 기쿠오(兒島喜久雄), 민중 예술 연구자로 야나기 무네요시(柳宗悅)가 있다.

이 그룹처럼 상호간의 정서가 똘똘 뭉쳐서 50년이나 지속되어 내려온 집단은 드물다. 시가 나오야의 소설 『굶주린 우정』은 아리시마 이쿠마와 시가 나오야간에 얽힌 사연을 묘사하고 있는데, 그것은 청년 시대의 오래 전 허풍(예를 들면 유럽에서 돌아온 아리시마가 오다와라〔小田原〕역에서 마중나온 시가 등의 백화 동인들을 보고 "나 어때?" 하고 득의만만하게 말한 것) 따위를 노년기까지 끌고 와 화제로 삼고 있는 것을 보여준다. 이러한 점은 백화 그룹 내부의 성원 상호간에는 사소한 것이라도 의외로 중요한 의미가 있게 되는 이 그룹의 성격을 뚜렷하게 보여주고 있다.

이 그룹이 후원자가 되어 무샤노코지가 시작한 '새마을(新村) 운동'은 이미 하나의 뚜렷한 업적으로서 세간에 널리 알려져 있다. '새마을'은 1918년(대정 7년) 미야자키(宮崎)현 고유군(兒湯郡) 기조무라(木城村)에서 탄생하였으나, 이 토지의 대부분이 댐 공사로 인해 수몰되자, 1939년(소화 14년) 사이타마(埼玉)현 이루마군(入間郡) 게로산(毛呂山) 쓰즈라누키(葛寬)로 이사하였다. 누가 누구에게 강제한 바 없이 각자 자발적으로 일해서 제 먹을 것 정도만 생산하고는 남는 시간에 각각 자기 좋은 대로 자기 실현에 임하는, 그런 뜻을 지닌 사람들의 집단이다. 이러한 이상 사회를 만들기 위하여 백화파 구성원들은 사재의 일부를 쪼개어 토지를 구입하거나 농기구를 사는 일 등에 힘을 쏟았으며, 무샤노코지도 8년간 노동 생활을 하며 이 일에 매진하였다. 1926년(대정 15년) 이래는 그 역시도 다른 백화 동인들처럼 촌외(村

셔) 회원이 되었는데, 지금까지도 사이타마현 마을에 8명, 미야자키현 마을에 2명이 남아 이 일을 계속하고 있다. 이 작업은 비록 관념론적인 발상에 의거한 것이긴 했지만, 유물론이 일본에 뿌리를 내리기 전에 시도된 이상 사회 건설 운동으로서의 역사적 의미를 지니고 있다. '새마을' 건설에 즈음하여 무샤노코지는 다음과 같이 쓰고 있다.

저를 이곳까지 인도해주신 하느님. 이제는 인류가 희생을 치르지 않고 당신 곁으로 돌아갈 수 있는 시기에 와 있는 것이 아닌가 싶습니다. 저는 그 길을 보았다고 생각합니다.

이것은 틀린 것입니까? 아니오, 절대로 틀린 것이라고는 생각하지 않습니다. 진심이 살아 있다면, 저의 진심이 살아 있다면, 형제자매의 진심이 살아 있다면, 전세계의 진심이 살아 있다면.

하느님. 저는 당신 앞에 무릎을 꿇습니다. 인도해주소서. 저는 지금까지 그릇된 생활을 해왔기 때문에 노동력이 다른 이의 반밖에 안 됩니다. 저를 이끌어주소서. 저를 써주소서. 그리고 저의 모자라는 곳을 채워주는 형제자매들을 도와주소서.

이 모든 것이 저의 힘이 아닙니다. 당신의 힘입니다. 그러나 저의 진심을 통해서만 당신께서 현현하시리라는 것을 저는 믿고 있습니다.

하느님. 나는 간절하게 하느님께 예배드렸다. 나의 눈은 눈물로 가득하였다. 푸른 물결은 끊임없이 흐르면서, 친구를 안아들이면서 바다로 흘러간다.

행운이여 있어라![6]

무샤와 달리 아리시마 다케오는 자기 부모로부터 물려받은 농장을 소작인의 공동 소유로 돌려버리고, 지주로서의 자기 권리마저도 포기하였다. 홋카이도(北海道)에 있는 이 농장은 '새마을'의 경우와 달리

---

6) 무샤노코지 사네아쓰, 「토지」, 『一休와 地獄太夫』, 河出文庫, 1920, pp. 32~33.

현재도 공동 경영이라는 관습을 유지한 채 번영하고 있는데, 이는 '새마을'과 같이 전국에 공모하여 문학 청년을 모집하는 것이 아니라, 토착 농민에게 토지 소유권을 양도해버린다는 방법상의 차이가 있다. 이러한 방법상의 차이는 주목할 만하다.

　　다시 말해, 이후 여러분은 이 땅에서 여러분 자신이 조직한 자유로운 조합 형태의 생활을 하시게 될 것입니다. 그러나 실제 그 운용시에는 상당한 연습이 필요할 것입니다. 그와 관련하여, 오랜 기간 동안 이 농장의 업무를 담당해온 요시카와씨가 여러분들의 사정을 잘 살펴왔으며, 또한 주위의 사정에도 밝은 데가 있으므로, 수년간 씨에게 부탁드려(한 조합원의 자격으로서) 실무에 임해주시는 것이 가장 좋을 것으로 생각합니다. 씨와는 오랜 교제의 경험도 있습니다만, 이런 이유로 해서 저는 씨가 그 임무를 욕되게 할 분이 아니라고 믿습니다.

　　그러나 크고 작게 나누어진 시설물들에 관해서는, 삿포로농과대학 경제학부에서 구체안을 내어주시기로 한 바 있습니다. 그것이 완성된 후에 여러분이 연구해서 적당하다고 판단하신 후 이를 채용하신다면, 실제 사용시에 적지 않게 편리할 것입니다.

　　구체적인 안이 완성되는 대로 저는 완전히 이 농장에서 손을 떼겠습니다. 저도 이후로는 저 자신의 힘이 미치는 범위내에서만 경제 생활을 해나갈 각오를 하고 있습니다. 다만 종래에 부친에게서 물려받은 유산으로 살아온 관계로, 생각처럼 잘 되지 않을 경우가 생길지도 모르겠습니다. 그러한 시기가 오더라도 제가 이 농장을 해방시킨 것을 후회하는 일은 결코 없을 것입니다. 제가 옛 추억에 끌려 우연히 이곳에 놀러 오게 될 때, 며칠간 머물 곳을 여러분께서 흔쾌히 제공해주신다면 저에게는 더할 나위 없는 기쁨이겠습니다.

　　더 이상 드릴 말씀은 없습니다. 여러분의 장래가 일치 협력과 상호 부조라는 이념 아래 통일되시기를 마지막으로 빕니다. 그리고 이 시대에 엄존하는 악제도(惡制度) 속에서도 미동도 하지 않을 견고한 기초를 구축하여, 여러분의 정신과 생활이 자연스럽게 주위를 움직이고 결국은 이를 변화시키는

결과를 맺게 되시도록 기원합니다.[7]

  아리시마의 방법은 부재 지주인 그가 현지에서 노동하지 않고 다른 이들의 이익을 착취하여 생활하고 있다는 사실의 부당성을 깨닫고 이 부당한 이익을 포기한다는 과정, 즉 '부정의 자각' —— '자기 권리의 방기'라는 관념론적 방식에 의한 사회 개량 방법이다. 이 관념론적 방법은 무샤노코지의 '새마을'처럼 높은 이상을 걸고 동지를 널리 모으면서 스스로 지도자로서 운동을 추진해가는 또 하나의 관념론적 방법과 비교해보면 소극적으로 보인다.
  무샤노코지는 '새마을' 건설이라는 작업을 안이하게 본 것이 아니다. 34세부터 42세까지에 이르는 8년간을 다른 회원들과 평등하게 땀 흘리며 노동한 것이다. 1926년(대정 15년 1월)에 그가 마을로부터 이탈하게 된 동기는 노동에 패배했기 때문이 아니다. 그가 가장 고통스러워했으며 또한 패배할 수밖에 없었던 것은 하나는 '새마을' 내의 인간 관계였으며, 또 하나는 돈 때문이었다. 공모를 통해서 전국에서 모집한 문학 청년 집단이 그 상태 그대로 오랜 노동을 함께하는 생산적 공동체가 될 수는 없었다. 말만 번지르르하게 늘어놓으면서 일을 하지 않는 자가 생기거나, 동료 사이를 이간질하는 자가 생기거나 하였다. 남녀간의 문제도 반목의 원인이 되었다. 무샤노코지는 일찍 자고 일찍 일어나는 성품이어서 노동의 즐거움을 알고 있는 인간이었다. 그러나 그는 노동의 기쁨과 생산의 즐거움을 알고 있을 뿐, 그 생산물을 어떻게 처분해서 이익을 올릴 것인가에 관해서는 관심을 가질 수 없는 인간이기도 했다. 이것은 물론 사대부 집안 출신의 인간에게는 있음직한 일이라고 해야 할 것이다. 그는 돈이라는 것을 모르는 인간이었던 것이다. 돈의 결핍에 따라 인간 관계도 같이 일그러져 간다는 사실을 그는 이해할 수 없었던 것이다.

---

7) 1923년 8월 17일 집필, 『아리시마 다케오 전집』 7권, 叢文閣, 1925, pp. 129~30.

  그리하여 '새마을'은 노동 생활이 8년이나 계속된 뒤에도 자력으로
설 수 있는 기업이 되지 못하였고 모여든 이들의 사기도 산산조각이
나버렸다. 무샤노코지는 마을 밖으로 나와 문필업 전문으로 나섰고,
그 수입의 일부를 보내는 형태로 마을의 일을 돕게 된다.

  현재 남아 있는 업적에 의거해 판단하는 한, 무샤노코지의 적극적
방법은 아리시마의 소극적 방법에 비해 작은 성공 정도에 그치는 결
과를 보여주었다. 백화파의 관념론적인 방법을 가지고 사회 개량에
나서기 위해서는, 타인을 이상을 향해 끌고 가는 적극적 방법보다도
자신의 과분한 이익을 방기 혹은 제한한다고 하는 소극적 방법이 보
다 확실한 길인 것이다. 관념론의 강점은 결국 자기 자신(혹은 자기와
동질적인 집단)에 대한 설득면에서 발휘되는 것이어서, 자기와 다른
계급적 이해 관계를 가진 이들을 설득하는 국면에서는 강한 힘이 될
수 없다. 아리시마처럼 자신의 역할에 관해 깊이 반성한 후, 그때까
지 자기가 할 일이라 생각하고 있던 그것을 다른 사람들에게 완전하
게 양보해버리는 그 방법은, 관념론의 한계를 잘 깨닫고 그 한계내에
서 최대한 노력을 한 결과라 할 수 있다.

  또 하나 백화파가 낳은 구체적인 산물로 야나기 무네요시(柳宗悅)
가 추진한 민예(民藝) 운동 및 민예관(民藝館)이 있다. 이 운동은, 다
이코 히데요시(太閤秀吉)가 사용하던 다기(茶器) 등에서 볼 수 있는
바와 같이, 역사적 유래 때문에 높은 가치가 매겨지는 그러한 미술품
속에서 미(美)를 구하는 것이 아니라, 어디까지나 자신들이 지니고
있는 현재의 실감을 기초로 하여 현대의 일상 용품류 속에서 미를 추
구해나가는 방법을 대정·소화기에 확립하였다. 무명의 행자(行者)
모쿠지키 쇼닌이 남긴 불상의 가치를 새롭게 평가하는 식의 미술사적
연구(야나기 무네요시, 『모쿠지키 고교쇼닌(五行上人)의 연구』, 1925)에
서 출발하여 이윽고 도미모토 겐키치(富本憲吉), 하마다 쇼지(浜田庄
司), 가와이 간지로(河井寬次郎), 버나드 리치Bernard Leach 등 실제
민예품 작가들에게 영향을 미치는 창작 운동으로까지 발전하였다. 이

운동은 일상 잡기류를 미술품으로 감상하는 취미적인 운동이 되어, 일상 잡기를 노동 계급의 생활 맥락 속으로부터 부르주아 계급의 생활 맥락 속으로 옮겨 의미를 부여하였다는 점에서 비판받아 마땅한 측면을 갖고 있다. 그러나 40년에 이르는 야나기의 운동이 처음부터 자신과 동일한 계급의, 소위 취미인의 후원만을 받는 동질적인 집단으로서 오늘날에 이른 것은, 관념론적 방법에 기초를 두고 있으면서도 더욱 안정된 운동 형태를 만들어낼 수 있는 하나의 길이 이 백화파 속에 존재하고 있었다는 사실을 생각하게 한다.

야나기 무네요시의 민예 운동은 훌륭한 일상 용품들을 일본에 태어나게 했을 뿐만 아니라, 영국·미국의 일상 잡기 작가들에까지 영향을 미치는 국제적인 예술 운동이 되었다.

4. 백화파의 약점

개인의 선의(善意)와 노동의 기쁨, 이 두 가지만을 가지고 이상 사회 건설 운동에 발을 내디뎠던 무샤노코지는 선의와 노동을 조직하는 제도에 관해서는 이해가 결여되어 있었다. 그는 노동이 돈이라는 존재와 더불어 파악되는 자본주의 제도의 성질 역시도 이해하고 조종할 수가 없었다. 만주사변·상해사변·중일 전쟁으로 운동해가는 국가적인 움직임에 관해서도, 그들은 이를 제도상의 변화로서 포착하지 못하고 장개석이 일본인의 선의를 이해하지 못했기 때문에 사변이 일어났다는 식으로 생각하여 「장개석에게 보내는 편지」를 썼으며(『일본 평론(日本評論)』, 1940), 태평양 전쟁이 일어났을 때는 루즈벨트, 처칠, 장개석을 세계의 삼대 바보라고 조소하기까지 하였다.[8] 태평양 전쟁에 이르기까지의 기간 동안에 백화파의 거의 모든 회원이 일본의 국

---

8) 무샤노코지, 요미우리신문(讀賣新聞), 1942. 1. 1.

책을 옹호하기에 이르렀다. 이 굴절 경로 중의 한 예를 다카무라 고타로(高村光太郎)를 통해 보자.

협력 회의

협력 회의(協力會議)란 것이 생겨서
민의(民意)를 상달(上達)한다 한다.
더군다나 존경하던 이가 와서
어느 날 밤 국정의 비리를 상세하게 말씀하시고
나에게 위원이 되라고 하시다.
민의가 상달된다면
말하고 싶은 것이 산처럼 많다.
나는 결국 위원이 되었다.
톱니바퀴란 일단 돌아가기 시작하면
싫어도 전체가 움직인다.
한 사람 한 사람이 지녀온
민의는 정말로 상달되는 것일까.
이상한 중압감이
오히려 위로부터 내리누른다.
협력 회의는 일방적인
어느 의지에 따르는 기관이 되었다.
회의장 5층에서
영묘(靈廟) 같은 의사당(議事堂)이 보였다.
영묘 같은 의사당이라고 쓴 나의 시(詩)는
신문사로부터 붉게 덧칠이 되어 돌아왔다.
회의장 공기는 질식할 것 같아
내 속에 있는 맹수는
관료 냄새에 중독되고

매일 밤 광야를 바라보며 포효하였다. (다카무라 고타로, 『전형(典型)』,
중앙공론사, 1950. 10, pp. 66~69)

다카무라 고타로도 역시 백화파적 인물의 하나인 아리마 요리야스
(有馬賴寧)가 지휘했던 초기의 익찬 운동(翼贊運動)[9]에 접했을 때, 그
선의의 순수성을 믿고 몸을 내맡겼다. 그는 이와 같은 선의가, 조작
된 제도의 틀 속에서 왜곡되어 다른 방향으로 이용될 수 있는 가능성
을 상상해볼 수도 없었던 것이다.

백화파 성원들은 패전이라는 계기를 맞이했을 때에도, 자신들이 지
닌 이러한 판단상의 결함을 주목하지 않았다. 백화파에는 '제도'라는
관념이 결여되어 있었기 때문이다.

즉, 이것 없이 세계사를 보는 한은, 인간 상호간에 지니고 있는 본
래의 선의들이 뒤섞여서 세계 대전이 일어났다고밖에는 생각할 수 없
으므로, 자신들이 지니고 있는 전쟁 책임을 이해하는 것조차도 불가
능했던 것이다. 단 한 사람, 다카무라 고타로만이 전쟁 책임을 자기
혼자 뒤집어쓰고, 눈보라치는 이와테(岩手)의 깊은 산속 오두막에서
혼자 기거하면서 스스로를 형벌에 처했다. 이러한 통렬한 자기 반성
은 다카무라 이외의 백화파 구성원들에게서는 찾아볼 수 없는 것이
다.

그 출발 지점에서 본다면, 백화파는 톨스토이, 휘트먼, 윌리엄 블
레이크, 로맹 롤랑 등에 대한 경도로부터 시작되었다. 거기에는 세계
평화에의 열의가 있었으며 혁명에 대한 공감이 있었다. 파리에 있는
로댕에게 편지를 써서, 그 작품과 우키요에(浮世繪)[10]와의 교환을 계

---

9) 익찬 운동(翼贊運動) : 중일 전쟁의 장기화에 따라 기존 정당이 차례로 해산되면
   서 생겨난 파쇼 정치 조직인 대정익찬회(大政翼贊會)의 결성 운동을 의미함. 이
   조직은 1940년 신도(臣道) 실천을 슬로건으로 해서 결성되었으며, 정부의 행정
   보조 기관으로서 존재하다가 패전 후 해산하였다(역자).
10) 우키요에(浮世繪) : 에도(江戶) 시대의 유녀(遊女)나 연극을 묘사한 풍속화(역자).

획하는 등, 부르주아 자제들에게만 허락되었던 코즈모폴리터니즘(세계주의)을 실감으로서 지니고 있었다. 그 중에서도 아리시마 다케오와 다카무라 고타로는 청춘기를 유럽에서 보내면서 시민사회의 구조를 자기 눈으로 보아왔기 때문에, 유럽 사회와 일본 사회가 지니고 있는 이질성에 대하여 다른 동인 이상으로 깊은 충격을 받고 있었다. 아리시마와 다카무라의 사회 운동 참가 방식이 어딘가 외곬수적인 방법으로 나타나는 것은 이 청춘기의 충격에 의한 것이었다고 생각된다. 아리시마는 일찍 자살해버렸지만, 다카무라의 경우에는 자신이 추구한 목표로부터 탈락하였다는 그 의식이 다른 백화파의 사람들에 비해볼 때 유달리 두드러지는 바가 있다. 그리고 오직 홀로 서서 자신을 대상으로 하여 자기 고백적 방법을 통해 책임을 추궁하는 그 방식이 바로 관념론적 방법이라는 사실 역시도 주목해야 할 것이다.

'제도'라는 관념이 백화파에 결여되어 있었다는 사실로 인해서, 코즈모폴리턴적 관념에 기초하고 있는 백화파의 현실 비판이 어떻게 불철저한 상태로 끝나게 되는가를 보기로 하자. 그들에게는 제도가 인간을 조작해내는 방식에 대한 의식이 전혀 없다. 따라서 인간 각자가 지닌 실감이라는 것이 현재까지 존속해온 제도에 의해서 얼마나 큰 제약을 받고 있는 존재인가도 역시 인식할 수가 없다. 이 때문에 실감에 의존한다는 것은, 결국 자기의 피부 속에까지 스며 있는 구사회의 습관 속에 머무르면서 종국적으로는 이를 판단의 기준으로 삼는 결과를 낳게 되어버리고 만다. 전후(戰後)에 시가 나오야가 야마다 준(山田順)의 늘그막 연애를 비판하며 쓴 희곡인 『추풍(秋風)』은, 이미 엎지른 물은 다시 퍼담을 수 없다는 실감을 주인공에게 안겨주며, 그로 하여금 헤어진 처와의 결합을 거부하게 만들고 있다. 패전 직후에 나온 『신생(新生)』에서 무샤노코지는 맥아더 원수에게 공개 서한을 보내 천황 변호를 꾀한 바 있다. 좀더 시기를 옛날로 거슬러 올라가보자. 태평양 전쟁 개전 때의 자신의 심경을 다카무라 고타로는 다음과 같이 재현해낸 바 있다.

이 어려운 순간에
나의 두뇌는 란비키[11]에 걸려
어제는 먼 옛날이 되고
먼 옛날이 오늘이 되었다.
천황께서 위태로우시다.
오직 이 한마디가
나의 모든 것을 결정하였다.
어린 시절의 할아버지가
아버지, 어머니가 거기 있었다. (「진주만의 날」, 『전형(典型)』, p. 73)

더 옛날로 거슬러 올라가본다. 『가차없이 사랑은 빼앗는다』(1920)를 쓰면서 신시대의 연애관을 확립한 아리시마 다케오 역시도 모처럼 새로운 연애의 길에 들어섰으나, 남의 아내와의 연애에 대한 사회적 지탄과 소동을 견디지 못하고 드디어는 자기 속의 낡은 생활 감정에 패배하여 자살하고 말았다.

자신에게 실감으로 다가오지 않는 한은 국책에 협력하는 것이 불가능하다는 신조를 지키면서, 일관되게 연파 문학(軟派文學)[12]을 써온 사토미 톤(里見弴) 등이 오히려 군국주의에 맞서는 의미에서 역사에 한 획을 긋고 있다(사토미 톤, 『십 년(十年)』). 그러나 전체적으로 볼 때, 실감을 존중하는 백화파의 인식론은 백화파의 사회 인식을 흐리게 하였으며 동시에 보수주의 사상과의 타협의 길을 열어왔다. 소설 『야마가타(山形)』에는, 20대에 아버지와 숙부에게 반항하면서 천황제 반대론에까지 치달려나갔던 시가 나오야가 육친과의 화해 후 국책을 긍정하는 선으로 되돌아오는 과정이 제시되고 있다. 이것은 그가 실

____

11) 에도(江戶) 시대에 술 따위를 증류할 때 쓰던 기구(역자).
12) 연파 문학(軟派文學) : 연애나 에로물을 주로 다루는 문학 경향(역자).

감이라는 고정관념에 끌려가면서, 이 관념을 '실감의' 외부에서 비판하는 방법을 소유하지 못했기 때문인 것이다.

백화파의 구성원 중에는 하녀와의 육체적 관계가 최초의 심각한 인생 문제였던 이들이 많다. 무샤노코지, 사토미, 시가, 아리시마 이쿠마 등이 그들이다. 인도주의라는 이상을 갖고 있는 한편으로 '도련님'으로서의 실감 역시도 지니고 있었던 그들은, 고통 없이는 그녀들을 버리는 것이 불가능하였으며, 또한 그녀들을 계속 책임진다는 것 역시도 불가능하였다. 인도주의적 이상을 생활면에서 관철시킨 이는 이 중에 센게 모토마로 단 한 사람뿐이다. 센게 모토마로는 시마네 (島根)현 이즈모타이샤(出雲大社)의 궁사(宮司)[13]의 자손이다. 고향 이즈모에서는 얼굴을 들고 센게의 당주(堂主)[14]를 보는 것이 불가능할 정도로 절대적인 권위를 지니고 있는 가계였다고 전한다. 그의 부친인 센게 타카아리(千家尊有)는 후에 사법대신, 도쿄부(東京府) 지사가 되었다. 이 인물과 그의 첩이었던 여류 화가 사이에서 난 것이 센게 모토마로다. 위와 같은 출생 사연과, 음지 인간이면서도 직업을 갖고 자신의 길을 개척해나가고 있었던 모친에 대한 동정, 이런 것들이 센게로 하여금 아버지의 집에 대한 비판의 눈을 뜨게 한다. 센게는 자기의 하녀였던 여성과 결혼한 후, 붓 한 자루로 생활을 꾸려나가는 길에 들어섰으며 이후 궁핍한 삶으로 시종하였다. 개가 집 안을 마음대로 드나들 정도로 매우 지저분한 집에서 살고 있었다고 전한다. 다른 이들과 만나 이야기를 할 때는 부끄럼을 많이 타는 성격이어서, 얼굴을 들지 못한 채 들고 있는 떡 위에 글씨를 쓰고 있었던 일도 있었다고 한다. 또 한때는 발광하여 정신병원에 입원해 있었던 적도 있었다고 전한다. 그럼에도 불구하고 그의 작품에서는 불만 따위는 찾아볼 수 없다. 그는 자기 생활의 자세에 대한 확신이 넘치는 작품들

---

13) 구지(宮司): 신사(神社)의 제사를 맡은 신관(神官) 중 최고위직(역자).
14) 당주(堂主): 오늘날의 주지(住持)(역자).

만 썼다. 예를 들면,

서서 나눈 이야기

서둘러 집으로 돌아오다가
날이 저물다. 아내를 만나다.
둘이서 이야기를 나누다.
아내는 내게 아이를 보라고 한다.
과연! 들여다보니 아내 얼굴 뒤,
포대기 속 어둠 속에 답답할 정도로 단단하게 둘러싸여
나뭇가지에 매달린 과일처럼 단단하게 조여진 작은 얼굴이
조용히 웃고 있다.
비할 데 없이 어여쁘고 얌전한 얼굴이여
활짝 개인 기분, 포만의 얼굴이여.
내가 웃으니 조용히 웃는다, 그 눈빛
영리하고 고요한 표정, 좋은 곳에서 만났다.
아이 일을 잠시 잊고 있다가
이야기가 끊긴 김에 다시 바라보면
조용히 웃으며 두 사람의 이야기를 듣고 있다.
엄마 얼굴 뒤, 자꾸만 깜빡 잊고 마는 작은 얼굴이여
그늘 속 꽃일까, 과일처럼
만족스러운 풍요한 얼굴
어여쁘고 자그마한 날쌘 얼굴
그럼 안녕, 다녀와요.
안녕, 웃고 있어요. (센게 모토마로, 『센게 모토마로 시집』, 岩波文庫,
1915. 10, p. 37)

위와 같은 생활담을 상징적으로 응축시킨 것도 있다.

벚 꽃

황량한 겨울 하늘 위
아무 장식도 없는 머리를 틀고
드높이 벚나무가 서 있다.
섬세한 잔가지들의 무리
천도 만도 넘는 어여쁘고 신비한 잔가지가
부드럽게 얽혀서
평화로운 하늘 아래
도도하게
아름다움을 뽐내고 있다. (위 책, p. 34)

　1944년(소화 19년) 장남 전사(戰死), 그리고 이듬해 아내의 병사에
이어, 그는 1948년(소화 23년) 3월 14일, 지독한 가난 속에서 당시 새
로 시작한 그림에 몰두하고 있다가 생애를 마쳤다. 백화파의 이념을
가장 철저하게 따라 살았던 이는 센게 모토마로였지 않겠는가.
　백화 운동의 추진력이 되었던 이는 무샤노코지 사네아쓰다. 운동을
시작하던 당시 무샤노코지가 지니고 있었던 자부심은 청춘기에는 무
한대적인 것이었다. 그 초기 작품『행복자(幸福者)』(1919),『어떤 사
내』(1922) 등은 모두 자기 자신을 모델로 한 것으로서, 조금도 거리낌
없이 스스로를 이상적 인물로 묘사하고 있는 것들이다. 이런 경향은
전쟁 말기로부터 패전 후 수일간에 걸쳐 씌어진 소설『젊은 날의 추
억』에까지 계속되고 있다. 패전 후 공직에서 추방당했던 불우한 시대
의 연작인『진리 선생(眞理先生)』은 전과 같이 자기를 모델로 하여 시
작되다가, 이윽고 서서히 부주인공이었던 바카이치(馬鹿一)를 중심으
로 하는 연작으로 변하면서, 그것이『바카이치(馬鹿一)』『바카이치 만
세』로 진행된다. 여기서 이상적 인물로 묘사되고 있었던 바카이치는

센게 모토마로를 모델로 한 것이다. 이러한 이상적 모델로의 이행은
'잊어먹기 명수'였던 무샤노코지의 경우 역시도 패전을 계기로 하여
모종의 반성이 무의식적으로 행해졌음을 보여주고 있다.

5. 백화파가 남긴 공공 유산

방금 「잊어먹기 명수」(『알빌레오』, 1955)라는 말을 썼는데, 백화 운
동의 지도자인 무샤노코지의 천재적 능력은, 그의 자작시에 자각적으
로 드러나 있다.

자신의 이상(관념)을 가지고 현대라는 시대에 도전하였다가, 거듭
맞이하게 되었던 패배와 좌절의 괴로운 체험을 모든 기억으로부터 씻
어내고, 시시각각으로 갓난아기의 영혼으로 다시 태어나는 그의 능력
은 확실히 천재적이다. 이 자기 갱신의 능력은 패전이라는 사건의 전
후에 씌어진 『젊은 날의 추억』에 가장 잘 나타나 있다. 그의 집필 일
기에 의하면, 패전이라는 충격 때문에 집필 작업을 중단한 것은 전쟁
종결 소식을 들은 8월 16일 겨우 하루였다. 패전 뒤에 씌어졌을 최초
의 문장은 다음과 같은 것이다.

귀중한 것이 죽고, 귀중한 것이 태어난다.
태어나고 죽는다. 죽고 태어난다. 원래 인생은 항상 새롭고 항상 신선하
다. 귀중한 것이 죽으면, 귀중한 것이 다시 태어난다.
이처럼 어머니는 죽고, 이듬해에 딸은 태어난다. (무샤노코지 사네아쓰,
『젊은 날의 추억』, 河出文庫, 1945. 8, p. 226)

지극히 난폭하였던 전쟁의 실패 뒤에도, 그가 오히려 일본인의 당
당함을 확신하면서 이처럼 성의가 깃들인 문장을 쓸 수 있었다는 사
실에 우리들은 부러움을 느끼지 않을 수 없다. 이것은 이것 자체로

하나의 '태양의 계절'[15]적 경향이라고 할 수 있으며, 동시에 이것은 그 유래를 찾아보기 힘이 드는 독특한 자질이라고 생각한다. 관념론 식 좌절이라는 것은 그 신자가 동일 관념의 반복 때문에 서서히 지쳐 가면서 확신을 잃게 됨으로부터 생기는 것이라 할 수 있다. 그러나 무샤노코지의 경우처럼 동일 관념에 대하여 항상 새로운 열정을 재생 해낼 수 있는 인간을 보면, 그리고 그가 구사하는 문체의 성실성을 보면, 우리들의 인내심이 얼마나 연약한 것인가 하는 생각이 들게 된 다. 대정·소화기의 일본 사상계에 있어서, 이상에 대한 헌신을 어리 석은 짓으로 보는 경향과 대결한 이로서 무샤노코지의 역할은 높이 평가된다.

그러나 만주사변 이래로 현실에 대한 실천면에서 실패를 거듭하였 으면서도 그 실패를 통해서 깊게 배운 것이 없다는 사실 역시도, 백 화파가 관념론이기 때문에 지닐 수밖에 없는 약점일 것이다. 여기에 는 자기의 관념과 자기의 외부에 존재하는 현실을 비교하여 자기 비 판을 할 수 있는 통로가 없다.

아마도 백화파가 거둔 최대의 성공은 참여자 각자의 개성에 맞는 인생 코스를 찾아내게 하면서, 낙오자를 내지 않는 운동 형태를 창조 해낸 것일 것이다. 그러나 이것도 백화의 직접적 동인인 상류 계급층 에 국한해서만 말할 수 있는 것이다. 백화의 간접적 산물인 '새마을' 등에서 많은 낙오자가 나오고 있는 것이 이 사실을 입증한다. 백화파 의 관념론적 방법은 동일한 계급내의 조직 원리로서는 효용성이 있었 으나 다계급적 조직 원리로서는 효용성을 잃고 말았기 때문에, 이 점 에서는 무의식적으로 타인을 기만한 결과로 끝을 맺고 마는 것이다.

센게 모토마로처럼 한 개인이 고립적으로 자신을 영위해나가는 데 에 열중할 경우, 관념론적 방법은 커다란 성과를 올린다. 작품 속에

---

15) 「태양(太陽)의 계절(季節)」: 이시하라 신타로(石原愼太郎, 1932~)가 1955년에
   발표한 화제작. 기성의 도덕 관념을 무시하고 자신의 욕구와 감정을 마음껏 발
   산하면서 생을 영위해가는 명랑한 전후 세대상을 제시한 소설(역자).

서 센게는 타인에게 자기의 의견을 드러내지 않으면서도 밑뿌리로부터 자기를 설득하는 데에 성공하였으며, 인생에 대한 확신을 지닌 채 생애를 마친 인물로 제시되어 있다. 인생의 행복이라는 것은 궁극적으로 그것을 행복하다고 보면 행복, 불행하다고 보면 불행이 된다는 이 사실을 믿는가 안 믿는가에 달려 있는 것이다. 센게가 자신의 생애와 작품 속에 남긴 행복에 대한 확신은 금후에도 우리들에게 튼튼한 이정표가 되어줄 것이다. 관념론이라는 방법은 언어 상징을 창조해내고 이를 지속시켜나감으로써 자신에게 들어맞게 되는 존재다. 그리고 자신을 설득하기 위해서나 자신으로부터 에너지를 끌어내기 위해서는 둘도 없는 매우 소중한 힘인 것이다.

제2장
일본의 유물론: 일본공산당의 사상

1. 적(赤)이라는 개념

소화 초기에 일본공산당이 매스컴에서 어떤 취급을 받고 있었는가를 잘 보여주는 단서의 하나로 호소노 운가이(細野雲外) 저 『사상 악화(思想惡化)의 원인』[1] 이라는 책이 있다. 이 책은 1928년(소화 3년)으로부터 1930년(소화 5년)에 걸친 신문 기사들을 편집한 것인데, 학생 풍기의 문란, 청소년의 불량한 예의 범절, 상인들의 바가지 상혼, 부녀자 유괴 및 인신 매매, 남성 노동자를 유인하여 '감옥방'에서 강제 노동을 시켰던 사건, 관리의 각종 이권 개입, 혼간지(本願寺)의 법주(法主)[2] 등에 첩이 많다는 기사, 천황이 와병중임에도 불구하고 부호와 귀족 들이 불경스럽게도 댄스 파티를 연다는 등의 이야기가 나열되어 있고, 그 옆에 나란히 좌경·적화(赤化) 이야기가 소개되어 있다. 이러한 분류 방법은 편자 개인의 것이었다기보다는 당시 일본 신문들이 공통적으로 지니고 있었던 사고 방식이었다고 하는 것이 옳을 것이다. 매스컴의 이러한 분류 방식은 당시의 대중 의식과도 상응하

---

1) 호소노 운가이(細野雲外), 『사상 악화의 원인』, 巖松堂書店, 1930.
2) 혼간지(本願寺): 신란(親鸞)이 창시한 정토진종(淨土眞宗)의 본산(本山). 호슈(法主)는 그 종파의 우두머리를 뜻하는 용어(역자).

고 있다.

70세인 나의 친구 할머니는 댄스를 잘하는 젊은이를 평하여 "글쎄, 옛말로 치자면 빨갱이지"라고 하였다. 이 말의 쓰임새 속에 패전까지의 '적(赤)'에 대한 사회 통념이 잘 드러나 있다. 젊은이들이 천황의 병에도 괘념치 않고 댄스 파티를 연다는 사실과 일본공산당에 대한 동조자가 된다는 사실이, 빨갱이 사상으로 물들어 있다는 점에서는 동일한 것이다. 이처럼 '공산당'이 일본인의 대중 의식 속에서 고립되어 있었다고 하는 점, 그렇게 고립되어 있었으면서도 최후까지 자신의 진지를 수호하기 위해 노력하였다는 점, 이 두 가지의 사실을 인식하는 것이 우선 필요하다.

소화 초기 일본 사회에는 명치 시대부터 성장해온 몇 개의 고정관념이 튼튼하게 뿌리를 내리기 시작하고 있었다. 그것은 '국가(國)'와 '가(家)'[3] 두 가지가 중심이 된 것이었다.

유물론 철학을 신봉하는 자는 무엇보다도 우선 이 '국가' 및 '가(家)'와 관련된 신성 관념을 분쇄하지 않으면 안 되었다. 삼종(三種)의 신기(神器)[4]는 물론, '가(家)'의 체면 양쪽을 파괴할 수 있는 힘을 발휘하지 않으면 안 되었던 것이다. 모든 존재는 물질로 이뤄져 있는 것이므로, 그 모든 것을 내려다보면서 제압할 수 있는 인식론적 입장에 우선 서는 것이 과정상 필요하게 된다. 이렇게 되면 '삼종(三種)의 신기'나 '가(家)'나 조상이 왜 숭배되고 있는가 하는 그 조건과 이유

---

3) 가(家) : 가족이 흔히 공동 생활을 영위하는 가족 공동체나 근대적인 부부 가족을 의미하는 데 반해, 이 '가(家)'라는 개념은 직계를 중심으로 하여 초세대적으로 연속되어가는 일본 특유의 전통적인 가족 집단을 의미한다. 이러한 개념은 명치 시대에 정통적인 가족 제도로 법제화되면서 중요한 국민 교화 수단으로 사용되었다. 동시에 이 '가(家)'의 확대된 형태가 천황제 국가라는 식으로 간주되면서 이것은 천황제 이데올로기를 정당화하는 중요한 수단으로 사용되었다(역자).

4) 삼종(三種)의 신기(神器) : 일본 황위(皇位)의 표식으로 전해지는 거울·칼·보석의 세 가지 신보(神寶). 야타노 가가미(八咫鏡), 무라쿠모노 쓰루기(叢雲劍), 마사카니노 마가타마(八尺瓊曲玉)를 총칭하는 용어(역자).

를 냉정하게 고찰하면서 비판적 입장이 확립될 수 있는 것이다. 이러한 파괴라는 측면에서 본다면, 일본공산당은 일본 사회의 양민들이 신성하다고 생각해온 고정관념 가운데에서 가장 중요한 두 가지에 대해 분명하게 도전한 것이다.

전쟁이 끝나고 난 뒤 잠시 동안의 기간에 해당하는 1945년(소화 20년)으로부터 1950년(소화 25년)에 걸쳐, '적(赤)'에 대한 애개한 사회 통념이 별도로 완성되었다. 『진상(眞相)』 등의 좌익계 폭로물이 왕성하게 읽히고 있었던 시기의 일인데, 기차에서 만난 중년의 회사원 중 하나가 다른 이를 보고 "어이, 에로 잡지 사왔어?" 하고 물었다. 이 말을 들은 이는 "아니, 없어서 말야, 공산당 잡지를 사왔어"라고 대답하면서, 『세계 평론(世界評論)』을 바깥 주머니에서 꺼내고 있더라는 것이다. 공산당과 에로물은 같은 개념으로——똑같이 센세이셔널한 힘을 가진 것으로——분류되고 있었던 것이다. 역전에서 파는 여행자용 싸구려 가판대에 '저속 잡지'류와 '좌익 잡지'가 언제든지 그 위치가 바뀌어도 좋게끔 나란히 사이좋게 진열되어 있었던 시대가 있었다는 사실을 생각하니, 다시금 사회 통념의 변화라는 것이 얼마나 빠른 것인가를 절감하게 된다.

점령군 및 일본 정부의 반동화와 1952년(소화 27년) '피의 메이데이'[5]를 경계로 하여, '적(赤)'에 대한 이러한 달콤한 대접은 그 모습을 감추었다. 소화 초년대 무렵은 물론 소화 20년 무렵도 사회 통념상으로는 '적'이라고 하는 동일 용어 아래에, '어쨌든 세상은 여자와 돈뿐'이라는 속류 유물론과, 지배 계급이 강요하는 허위 관념으로부터 사회를 해방시키려 하는 변증법적 유물론이 무차별하게 혼재되어 있었다. 후에 다가온 탄압 시대가 이 양자를 분명하게 구별하는 역할을 수행하게 되기까지 이 상태는 계속되었다.

---

5) 피의 메이데이(메이데이 사건): 1952년 5월 1일, 제23회 메이데이에 궁성 앞 광장에서 데모대 6천여 명과 경찰 5천 명이 충돌하여 2명이 사살되고 1,230명이 검거되었던 사건(역자).

2. 일본공산당의 유물론 사상

소화 초기의 일본공산당은 어떤 방식으로 유물론적 조건을 충족시켰는가.

첫째, 일본공산당의 철학은 변증법적 유물론이다. 그것은 그저 세계가 물질로 구성되어 있는 것으로 인식하는 것을 의미하는 것이 아니다. 물질로 구성되어 있는 이 세계에 쓸데없는 두려움을 품는다든가 하는 일 없이 당당하고 거리낌없이 이 세계에 도전하며, 또한 인간의 힘이 미치는 한은 보다 나은 세계의 건설을 위한 노력을 아끼지 않는다고 하는 능동적인 사고 방식이다. 그러면서 이러저러하게 하면 만사 해결이라는 식의 고정적인 이상(理想)에 사로잡히는 것이 아니라, 전체적으로는 어쩔 수 없는 무게로 우리들을 압도해오는 세계, 그것의 물질적 구조를 분석함으로써 보다 나은 미래를 실현할 수 있는 가능성을 발견해내고 또 그러한 세계의 실현을 위해 노력한다는 사상이다.

일본공산당은 마르크스와 엥겔스가 처음으로 길을 제시했으며 레닌이 계승·발전시킨 이 사상의 형태를 이어받았다. 특히, 이 사상이 러시아 혁명기에 유효하였다는 사실을 확인한 후 이를 의지적으로 선택하였다는 점, 이것이 일본공산당의 사상이 지니고 있는 중대한 특징이다. 여기에는 일본 현실에 관해 지금까지 논의되어온 바(일상적 사유)로부터의 비약이 있다. 우선 원리라든가 본질이라든가 하는 사상의 차원에서 세계를 포착한 후, 거기서부터 구조 그리고 현상에 관한 추론으로 내려가는 사색의 순서 ── 즉 현실에서 출발하지 않고 본질로부터 출발하여 현실의 단계로 내려가는 방식이 오늘날까지 일본공산당이 지녀온 특징적인 사고 방식이다.

일본공산당이 받아들인 이 사상 체계는 세계사의 변동을 따라가면서 그 정확성을 입증하는 방식을 갖고 있는 훌륭한 사상 체계다. 거기에서 도출된 추론은, 그 추론의 과정이 순수한 연역에 머무는 한은 정확성을 잃지 않는다. 그러나 연역만으로 모든 올바른 추론이 얻어질 수 있는 것은 아니다. 정확한 사상 체계가 대전제로 주어져 있다 하더라도, 눈앞에 펼쳐져 있는 구체적 상황에 대한 적절한 판단을 그 대전제에서 곧바로 도출해내는 것은 불가능하다. 여기서는 대전제 이외에 또 하나의 소전제(목전의 직접적 상황에 대한 올바른 판단)가 필요한 것이다. 이 두 종류의 전제가 확보된 이후라야 목전의 상황에 대한 정확한 처방전이 결론적 형태로서 성립되는 것이다.

정확한 사상 체계가 주어진다면, 단지 연역적 방법에만 의존한다 하더라도 거기에서 몇 가지 계열의 정확한 명제를 도출해내는 것이 논리적으로 가능하다. 그 중의 첫째는 대전제의 의미 속에 포함되어 있는 잠재적 명제를 명확히해가는 과정, 즉 그 주어진 사상 체계의 해석이다. 두번째는 주어진 사상 체계 속의 명제를 동의어의 반복(부연)을 통해서 별도의 명제로 무한하게 전화시켜가는 조작이다. 이 두 종류의 정당한 연역적 방법에 의거하여 일본의 마르크스주의는 발전하였다.

처음 방법(논리적 함의의 재해석)을 통해 일본의 마르크스주의 연구는 해석적 학문으로서는 세계 최고의 수준에 올랐다. 『자본론』의 연구, 그리고 이와 더불어 그 지식의 보급면에서 일본은(공산주의 국가를 제외하고서는) 세계 제일이라 일컬어진다.

두번째의 방법(동의어의 반복)은 일본 마르크스주의의 강력한 선전 무기가 되었다. 심해지는 탄압으로 인해 외부에 대한 선전 통로가 막힐 수밖에 없는 조건에서는, 이 동의어 반복이 동료 의식을 유지시켜 나가기 위한 필사적인 방법이 된다. 패전 전까지 출간된 마르크스주의계 문헌은 외부적 존재를 배타적으로 밀어내는 동의어 반복성을 갖고 있는데, 이것은 동료 의식의 상실을 막기 위한 언어적 자위 방법이었다. 이 때문에 일본공산당은 마르크스주의 사상 체계를 절실하게 받아들이고 있는 자를 제외하고는, 인텔리층에 대한 영향력을 상실하였을 뿐만 아니라 대중으로부터도 고립되었다. 일본공산당의 사상이 지닌 고도의 연역성과 이질적인 사상 유파와의 교류를 거부하는 그 태도는 특징적인 것으로 생각된다.

두번째로 일본공산당의 유물론은 그 투쟁 대상의 성격에 따라 특수한 성격을 지니고 있다. 러시아·독일·프랑스와 중국 등에는 공산주의와의 접촉 이전부터 보편적 진리나 보편적 정의라는 관념이 예수 그리스도 신화라든가 '천(天)' 사상 등의 형태를 통하여 이미 뿌리를 내리고 있다. 그러나 일본의 경우에는 보편적 진리나 보편적 정의에 대한 관념 그것을 파악하기가 매우 어려우므로, 여기서는 '국가'와 '가(家)'라는 두 힘에 의해서 왜곡되어진 보편성과 실로 끈질기게 투쟁해야 했다. 대정기 이후에 생겨난 근대 사상의 제유파를 통틀어서, 공산주의 세력만이 유일하게 이 투쟁을 비타협적으로 또한 일관되게 지속해갔던 것이다.

세번째로, 일본공산당의 사상은 급진적 지식인들의 의지에 의해 선택된 사상이었기 때문에, 그것은 지식인 자신의 일상적 사유(실감)와 거리가 있었을 뿐 아니라 국민 대중의 일상적 사유와도 커다란 거리가 있었다. 따라서 국민 대중을 지배하고 있는 국가주의 사상의 뿌리를 이론적으로 정확하게 측정하지 못하였을 뿐만 아니라, 국가주의를 수호하는 제세력들과 대결할 수 있는 전략 역시도 결여되어 있었다.

네번째로, 일본공산당의 철학은 대국적(大局的) 유물론이었다. 큰 의미에서는 유물론적 골격을 계승하였으나 세부적인 면에서는 유물론적 견해가 결핍되어 있었다. 세계사 전체에 대한 시각은 유물론적이었으나 당원 개개인이 현대 일본의 직접적인 현실과 맞부딪치는 경우 즉시로 도움을 받을 수 있는 유물론적 파악 태도는 결여되어 있었다. 그렇기 때문에 생활 속에서 창의적 요소를 서서히 끌어냄으로써만 존재할 수 있는 섬세한 수많은 버팀목들을 이 사상 체계 속에 주입하는 것이 불가능하였다. 그리하여 처음 건축되었을 때 세워진 몇 개의 큰 기둥에만 계속 의지하면서 이 체계를 붕괴로부터 지켜내야 했다. 이를 위해서는 대국적 진리를 지속적으로 신봉하면서 버텨낼 수 있는 소수 집단의 순교자적 노력이 필요하였다. 그러므로 이 진영에는 목전의 현실을 이해하기 위해 끈질기게 현실에 달라붙는 태도, 그곳에 눈을 총집중하는 태도가 정착될 수 없었다. 더욱이 목전의 구체적 정황으로부터 실감을 얻어내는 속성을 지닌 대중을, 이 사상 속에 깊숙하게 끌어들이는 데에도 실패하였다.

3. 집합명사 '후쿠모토(福本)'

소화 시대의 일본공산당은 후쿠모토주의(福本主義)로부터 시작된다.

1922년(대정 11년)에 일본공산당은 창립되었으며, 그 속에는 마지막까지 당원으로 활동한 이치카와 쇼이치(市川正一), 도쿠다 규이치(德田球一), 노사카 산조(野坂參三), 와타나베 마사노스케(渡邊政之輔) 등이 평당원으로서 이미 참가해 있었다. 창립준비위원인 야마카와 히토시(山川均), 사카이 도시히코(堺利彦), 곤도 에이조(近藤榮藏), 아라하타 간손(荒畑寒村), 사노 마나부(佐野學) 등의 이름을 보면 알 수 있듯이, 그 지도부는 공산주의가 들어오기 이전의 사회 운동 과정 속에서 생존해온 이들이 장악하고 있었다. 그 연구 경력면이나 운동 경력면에서 보면, 이들에게는 아나키즘적인 면이나 생디칼리슴적인 면, 노장 사상, 서민적 상식 등이 혼재되어 있었다. 초기의 일본공산당은 이들이 혼합되어 흐르면서 공산주의라는 방향을 지향했던 것으로서, 그 공산주의에 대한 이해라는 것도 속류 유물론과 거의 차이가 없었다. 1923년(대정 12년) 검거 사건[6] 이후로는 '서두를 필요'도 없었으므로, 민중 의식의 성숙을 천천히 기다리자는 기분으로 소련의 국제

---

6) 1923년 검거 사건: 1923년 6월 5일 사카이 도시히코 등의 공산당원이 일제 검거된 '제1차 공산당 사건'을 의미함(역자).

공산당과 정식 대화도 없이 1924년(대정 13년)에 당을 해산해버렸다.
이와 동시대에 간사이(關西) 지방에서는 교토대학(京都大學) 교수인
가와카미 하지메(河上肇)가 개인 잡지인『사회 문제 연구』를 주재하면
서, 공산주의 보급 운동의 중심역으로 부상하였다. 가와카미 하지메
의 공산주의 역시, 사카이, 야마카와, 아라하타 등과 같이 명치(明
治)·일본적인 것이었다. 그는 불교, 그리스도교, 국가주의, 경제사
관 등의 편력을 거치고 난 뒤에 공산주의에 입문하게 된 인물로서,
공산주의 이전의 여러 사상의 흔적을 소유하고 있었다.

　당재건의 움직임은 1925년(대정 14년)부터 시작되었다. 1926년(대정
15년) 고시키온천(五色溫泉)에서 제2차 공산당이 결성되었던 때에는,
위원장 사노 후미오(佐野文夫), 중앙위원 후쿠모토 가즈오(福本和夫),
와타나베 마사노스케(渡邊政之輔), 사노 마나부(佐野學), 이치카와 쇼
이치(市川正一), 도쿠다 규이치(德田球一), 나베야마 사다치카(鍋山貞
親), 나카오 가쓰오(中尾勝男)로 구성되었으며, 후쿠모토가 당의 이론
적 지도자로 되어 있었다.

　후쿠모토 가즈오의 사상, 즉 후쿠모토주의는 대정기의 일본공산당
속에 포함되어 있는 불순한 공산주의, 그 일본적 절충주의에 대한 반
발로서의 의미를 갖고 있다. 또한 그 문체의 순수성을 무기로 하여
백지 상태에서 공산주의 문헌을 공부하기 시작한 새로운 세대의 지식
인들을 사로잡았다. 1926년(소화 원년)에 출판된 3부작인『사회의 구
성 및 변혁의 과정』『경제학 비판의 방법론』『이론 투쟁』은 전대의 야
마카와, 가와카미의 사상이 공산주의라기에는 너무나 잡다한 것을 포
함하고 있다는 사실을 비판하면서, 일본 공산주의의 사상을 이론적으
로 정화시켜갈 것을 주장한 것이다. 정화를 한다는 것은 조직상으로
볼 때에는 사상이 애매한 무리들을 잘라버리는 것을 의미하며, 사상
면에서 본다면 공산주의 사상 체계의 논리를 확고하게 학습하는 것을
의미하는 것이었다. 유물론적 입장에 의거한 일본 현실의 분석이나
유물사관의 내용적 전개는 경시하되, 그 대신 공산주의자들이 정확하

게 학습하였는가의 여부를 수시로 확인하는 논쟁적 측면, 즉 유물 변증법의 형식적 정비가 그 목표였다. 후쿠모토의 글을 인용한다.

> 우리는 종래 논의해온 바와 같이, 이제야 처음으로 단결하여 전국단일협동전선당(全國單一協同戰線黨) 수립의 필연성에 당면하게 되었다. 이러한 현실 운동의 형세에 의거하여 우리는 아래와 같은 두 단계의 결정을 내리게 되었다.
>
> 제일, 우리는 우선 마르크스주의적 요소를 '분리' 해내고 그것을 결정(結晶)화하지 않으면 안 된다.
>
> 제이, 이 원칙을 관철하기 위하여 투쟁은 당분간 이론 투쟁의 범위로 국한되어야 할 것이다. [7]

유물 변증법을 순수하게 논리적인 형식으로 파악한 후, 그것을 일본 자본주의 전체에 기계적으로 적용한 결과로 인해, 사노 마나부(佐野學)나 도쿠다 규이치(德田球一)를 포함한 당의 최고 수뇌부들은 일본 자본주의가 급격하게 몰락하고 있는 중이라고 진지하게 믿게 되었다. 이에 대해 소련의 국제공산당은 일본 자본주의의 현실에 관해 보다 냉정하고 세부적인 유물론적 분석을 한바, 그것이 드디어 부하린이 기초한 「27년 테제」 형태로 일본공산당에 전달된다. 후쿠모토의 회고록은 「27년 테제」 이전의 소화 초기 일본공산당 간부들의 논의 내용을 다음과 같이 전하고 있다.

> 사노(佐野)군이나 도쿠다(德田)군 등은 일본 자본주의가 현재 몰락 단계에 있다는 식의 이야기를 어디서나 늘어놓곤 하였다. 경제 공황이 내습하기만 하면 그것이 어떤 종류의 어떤 정도의 공황이건간에 이것은 붕괴의 시작

---

7) 호조 가즈오(北條一雄: 후쿠모토의 필명), 「'방향 전환'은 어떠한 제과정을 취할 것인가」, 1925년 9월 5일 고료(稿了), 『방향 전환(方向轉換)』, 白揚社, 1927. 1, p. 31.

임에 틀림없다, 자본주의의 급격한 몰락이다, 단말마적인 상황이라는 식의 혁명 전야설을 오리무중 속에 의기양양하게 채워넣어서는, 대구경의 대포로 쾅쾅 하고 용감하게 쏘아대는 것이었는데, 특히 도쿠다군의 특기가 이것이었다.

포연(砲煙)이든 공황의 오리무중 속이든간에, 많은 이들은 운산무소(雲散霧消)하기 전까지는 그 설이 실제로 적중하고 있는지 어떤지 알 수가 없다. 그러므로 세상 사람들은 그저 용맹한 발포음에 잠시 동안 넋을 잃고 즐거워할 뿐이었다. 그러나 포연이 사라지고 공황의 오리무중이 흩어지고 보니, 명포수라더니 목표를 맞추지 못했구나 하고 누구나 깨닫게 되는 것이었다.

그러나 아무 부끄러움도 없는 백발백중의 명포수는 쾌활성을 지니고 있었다. 들어맞는가, 들어맞지 않는가 그것은 아무래도 일단 발포해놓고 보지 않으면 알 수 없는 것이 아닌가 하면서 정말로 끝을 맺고 만 것이었다.[8]

1927년(소화 2년) 대만은행으로부터 시작된 금융 공황이 도래하였던 때, 도쿠다 규이치(德田球一)는 이것으로 인해 일본 자본주의가 급격하게 붕괴한다고 믿었으며, 그 당시를 혁명의 전야라고 생각하고 있었다. 국제공산당 대표로 일본에 파견되어 있었던 존슨은 일본 자본주의가 상향선을 밟아나가고 있는 중이라는 분석 결과를 내놓아, 당시의 일본공산당에 주의를 주었다.

유물사관의 적용에 관한 이 같은 일·소의 실력 차이는 보다 커다란 예측력면에서 분명하게 드러난다. 일본공산당은 소련의 국제공산당으로부터 전해 받은 「27년 테제」를 일본 현실에 관한 처방전으로 받아들였다. 이 결과로 소화 초기 일본공산당의 이론적 지도자였던 후쿠모토는 퇴진하고, 당시까지 후쿠모토주의의 영향 아래에 있었던 중앙위원들은 이론적 정화보다 대중과의 결합을 노리는 공공 정당의

---

8) 후쿠모토 가즈오(福本和夫), 「혁명은 즐겁지 않네」, 『회고록: 무적(無笛)편』, 敎育書林, 1952.

건설을 추구하면서 새롭게 출발하였다.

후쿠모토주의 이전에도 야마카와 히토시, 사카이 도시히코 등에 의해 유물론적 사고 방식은 들어와 있었으나, 후쿠모토는 여기에 처음으로 변증법을 첨가하였다. 이러한 사고 방식은 조직론에서 가장 뚜렷하게 나타난다.

야마카와(山川)주의는 일본공산당을 대중 정당으로 조직하려고 하였다. 점차 대중 의식이 향상되면서 마르크스주의를 받아들일 수 있는 시기가 성숙해지면 일본공산당이 무리 없이 생존해갈 수 있을 것이라는 사고 방식이었다. 후쿠모토주의는 그런 것은 쓸모가 없다, 적극적으로 당을 만들자는 사고 방식이었다. 대중 정당이 아니라 우선 전위 정당으로서의 당을 만들고 난 뒤에 대중 정당으로서의 운동을 지향하자, 즉 결합을 위해서 분리하자는 식이었다. 그리하여 거점이 되는 전위를 분리시켜 조직하는 방법으로서, 이론 투쟁(구체적으로는 해석상의 차이점을 위주로 토론을 거듭하는 마르크스주의 둔헌 학습 방법) 방식이 채용되었다. 이러한 조직론은 일단 변증법적이라고는 하겠으나, 문헌 학습상의 견해 차이를 고쳐나간다는 식으로 행해진 이론 투쟁은 현실과의 부단한 교호(交互)의 성패(成敗)에 의거하여 이론을 전파해가는 계기를 포함하지 못하고 있었기 때문에, 유물론적 변증법으로서 충분하다고는 할 수 없었다.

그러나 이러한 문제는 후쿠모토 개인에게만 귀일되는 것은 아니다. '후쿠모토'라는 것은 소화 초기 일본공산당의 경향을 대표하는 집합명사다. 후쿠모토주의라는 명칭은 모스크바의 비판에 의해 폐어(廢語)가 되었지만, 태평양 전쟁이 종결되던 시기까지 일본공산당은 이 명칭이 의미하는 상태에서 즉시로 회복되는 것은 불가능하였다.

4. 사고 방식으로서의 조직

　변증법적 유물론의 입장에서 볼 때 조직이라는 것은 핵심적 요소라고 생각한다. 당의 조직은 말하자면 두뇌인 것이어서, 어떠한 방법으로 당을 조직하느냐 하는 것은 곧 사색 방법의 중심에 해당하는 문제인 것이다. 대학 교수에게 사색은 자기 개인의 두뇌에 의해 어느 정도 지장 없이 행해질 수 있는 것이나, 공산당의 경우 사색이라는 것은 당조직 전체와 결부되어 있는 것이다. 소부르주아 분자는 마르크스, 레닌의 책을 읽고 입으로 공산주의를 떠들어댈 수는 있어도, 진짜 공산당 조직, 실제 계급 투쟁을 위한 조직이 절대로 필요하다는 것을 몸으로 알고 몸으로 보여주는 것은 불가능하다고[9] 이치카와 쇼이치는 말한 바 있는데, 이 말의 무게를 책임지는 일이 이때부터 일본공산당원의 과제가 되었다.

　조직 방침을 이끄는 실마리가 되는 국제공산당의 「27년 테제」를 본다.

　일본공산당은 그 사상적 수준의 향상을 위하여 적극 노력해야 한다는 사실, 혁명적 이론 없이 혁명적 운동이 있을 수 없다는 사실을 명확하게 깨달아야 한다는 데에는 의심할 여지가 없다. 그러면서도 당은 또한 혁명적 대중 투쟁 없이는, 대중과의 생생하고 강고한 결합 없이는, 모든 이론은 회색에 불과하다는 사실 역시도 이에 못지않게 분명하게 깨달아야 한다. 일본공산당은 그 목표 면에서 노동자당이 되어야 할 뿐만 아니라, 그 구성면에서도 노동자의 당이 되어야 한다. 〔………〕 여러 대중 조직은 한편으로는 공산당이 그 보급 세력을 축적해두는 저수지이며 한편으로는 전위와 전계급, 전노동자 대중을 연결시키는 전송대(傳送帶)이기도 하다. 프롤레타리아

---

9) 이치카와 쇼이치(市川正一), 『일본공산당 투쟁 소사』, 曉明社, 1931, p. 103.

대중 조직이 크고 또한 그 수가 많을수록 공산당이 이용할 수 있는 저수지
는 커지는 것이며, 공산당이 호소할 수 있는 청중의 범위도 넓어지는 것이
다. 대중 조직을 분열시키는 방침은 자신의 저수지의 크기를 좁히고 자신의
활동 범위를 축소할 뿐만 아니라 대중과 자기와의 결합을 약화시키면서 스
스로 대중으로부터 고립되려고 하는 방침에 다름아니다. [10]

이리하여 소화 초기에는 겨우 백 명 정도의 전위적 지식인——「27
년 테제」 시기의 소위 '마르크스주의적으로 사색하는 사람들'의 집단
이었던 일본공산당은 당비·입회·제명 등에 관한 새로운 규약을 만
들고, 당시 일본 노동자 450만과 조직 노동자 30만 속에서 당원 5천
명 획득을 목표로 하여 새로운 조직 활동에 들어간다.

지식인의 경우에 그랬던 것처럼 대중에게도 이론 투쟁을 통한 '의
식의 완성'을 요구하던 후쿠모토주의 대신에, 파업과 임금 상승 운동
등 실제적인 투쟁 체험을 통하여 대중의 의식을 각성시켜가는 방법이
새로 채택되었다. 공산당 지도하에 있던 평의회와 그것의 후신으로
전쟁 직전까지 계속 존재한 전협〔全協: 일본노동조합전국협의회: 역자〕
등이 그러한 조직이었는데, 이런 경향은 혁명적 노동조합의 조직 활
동 이후 이론 투쟁에 우선하는 사상적 무기가 된다. 다니구치 젠타로
(谷口善太郎)가 평의회의 위치를 어떻게 규정하였는지 보기로 한다.

평의회는 또한 '한 공장의 파업을 모든 공장의 파업에로!'라는 투쟁 전술
로부터 출발하여, 이 투쟁을 위해 필요한 대중 동원 조직 전술로서 '공장대
표자회의=공장위원회'라는 전술을 채택하였다. 이 공장대표자회의는 공장
위원회 또는 공장종업원회를 기초로 하여 공장내에 그 조직의 기초를 두는
대중 조직으로서, 노동조합의 조직률이 극히 낮을 뿐 아니라 조합마저도 분

---

10)「27년 테제」, 일본공산당사 자료위원회 편,『코민테른, 일본 문제에 관한 방침
　　서·결의집』, 五月書房, 1954, pp. 30~31

산되어 있었던 당시 상황에서는 가장 유효한 투쟁 조직 전술이었다. 그리고 이 운동이 통일 전선 운동의 기초적 투쟁으로서 점점 더 그 조직상의 기능을 발휘한 것은 두말할 필요도 없다.[11]

야마카와주의, 후쿠모토주의를 넘어서서 새로운 단계에 들어섰던 공산당내에는 이미 새로운 지도자가 자라나고 있었다. 노로 에이타로(野呂榮太郞, 1901~1934)는 게이오대학(慶應大學) 학생 신분으로 1924년(대정 13년), 총동맹 주최 일본노동학교의 요청을 받고 미타(三田) 노동학교의 일을 분담하게 되었다. 그리고 교사로서 노동자를 대상으로 정치·경제 문제에 관한 강의를 하였다. 이 당시 노동자들로부터 받았던 질문이 일본의 구체적인 현실 문제를 지향하고 있다는 사실을 깨닫고 난 그는, 노동 대중의 절실한 요구에 응답하기 위하여 당시까지 연구된 적이 없었던 일본 자본주의의 성립 과정에 관해 메모를 하기 시작하였다. 노로(野呂)는 그때 이미 친교를 맺고 있었던 노사카 산조(野坂參三)의 지도를 받으면서, 산업노동조사소에서 행하고 있는 일본 자본주의의 현실 조사에 임하고 있었다. 그리고 졸업 논문 예정으로 자료를 정리하고 있던 중, '학련 사건(學連事件)'[12]에 연루되어 자료를 몰수당했다. 별도의 논문인「산업 및 금융의 집중」을 급히 개고·제출하여 졸업한 후, 같은 1926년(대정 15년) 12월에「일본 자본주의 전사(前史)」, 다음해인 1927년 3월에「일본 자본주의 발달사」를 완성하였다. 이 업적들은 오리무중 속에서 혁명 전야설을 계속 주창하고 있었던 이론 투쟁 시대에 종지부를 찍었다. 후에 노로의 테제가「27년 테제」와 기본적으로 일치한다는 사실이 명료해지게 되자, 노로

---

11) 다니구치 젠타로(谷口善太郞),『일본노동조합평의회사』(상), 靑木文庫, 1953.12, pp.28~29.

12) 가쿠렌지켄(學連事件) : 정식 명칭 교토 학련 사건(京都學連事件). 1926년 1월 교토제국대학(京都帝國大學) 등 사회과학 연구와 관련된 전국의 학생들이 대거 검거된 사건. 4개월간에 걸쳐 38명이 기소되기에 이르렀다. 치안유지법이 최초로 적용된 사건으로 알려져 있다(역자).

의 일본공산당 이론가로서의 위치는 양보할 수 없는 것이 되었다. 노로의 첫째 논문, 「일본 자본주의 발달사」에서 인용한다.

명치 혁명 이후로 농업 생산 기술상의 중요한 변화가 거의 없었을 뿐 아니라 여전히 봉건적인 소규모 경영이 지배적이었음에도 불구하고, 농업 생산의 중요한 생산 수단인 토지가 완전히 자본주의적 소유제로 전화되었다는 것은 이미 논하였다. 그리하여 명치 혁명 당시부터 농업면에서 이미 생산과 소유의 모순이 존재하였는데, 이 모순은 그 후 조금도 줄어들지 않았을 뿐 아니라 우리의 자본주의 발달과 더불어 더욱더 그 대립이 가속적으로 심화되는 필연성을 내포하고 있었던 것이다. 그리하여 이 농업면에서의 봉건적 생산과 자본주의적 소유와의 모순은 일찍부터 무수한 대립 형태로 폭발되었는데, 그것은 결국 명치 6년부터 18년까지의 각종의 대소 농민 폭동으로 현실화되었다. 〔……〕

뿐만 아니라 거의 초기적인 산업 혁명 단계에 불과했던 청일 전쟁 전후까지는, 일반 생활 수준이 심히 낮은 데다가 도시 인구 역시도 아직 많지 않았기 때문에 쌀에 대한 수요가 적었다. 매년 수출 초과 상태였던 관계도 있었으나, 특히 상업 자본의 지배권이 강대한 데다가 농촌에 화폐 경제가 충분히 보급되지 않았던 이유로 해서 상업 자본에 의한 사기적 수탈이 광범위하게 행해졌다. 그러나 한편으로 상공 자본가 계급——봉건 제후 및 상급 무사도 이미 이 계급으로 변질되어 있었다——은 이 기간에 국가로부터 매우 두터운 보호를 받으면서 발달을 계속하고 있었던 것이다. 여기서 지주의 경제적 이해는 전제 정부의 상공업 보호주의와 갈등을 일으키지 않을 수 없었다. 물론 자본주의적 수탈이 지주보다는 중소 농민, 특히 소작농의 경우에 더 심하였다는 사실은 이미 언급한 바와 같다. 당시 지주는 이미 부현회(府縣會) 의원 선거 및 선거권자로서 지방 정치에 참여하고 있었기 때문에, 그들의 정치 의식이 먼저 각성되어 있었던 것은 당연하였다. 바로 여기서 농민들의 불만과 정치적 지배권을 잃은 사족(士族)들의 불만이 결합되자, 이것이 소위 자유 민권의 부르짖음이 되어, 자유당 운동으로 나타났던 것이다.

이와 같이 규명함으로써, 우리나라에서 자유주의 운동이 왜 도시에서 발
생하지 않고 농촌에서 발생하였는가에 관한 이유를 처음으로 이해할 수 있
게 되었다고 생각한다. 그러나 이와 더불어 자유주의가 왜 우리나라에서 성
공하지 못했는가——정치·경제상의 지배 원칙이 될 수 없었는가——에 대
한 설명 역시도 위와 같은 분석으로부터 도출이 가능할 것이다.[13]

후쿠모토는 변증법을 처음으로 일본에 수입하였으나, 후쿠모토의
저작물에서 변증법은 유물론에 부가되었던 형태, 즉 '변증법＋유물
론'이라는 관계가 성립되어 있었다. 노로의 첫째 논문 「일본 자본주
의 발달사」는 일본 자본주의에 내포되어 있는 모순의 발전 과정을 추
적하여 이를 일본의 현실에 적용한 변증법으로서, 여기서 처음으로
'변증법적 유물론'이 일본에 성립되게 되었던 것이다. 이 논문의 실
마리가 된 노동자의 질문이 '일본 역사의 현실 문제'에 관한 것이었
기 때문에, 사색의 방법이 본질—실체—현상이라는 순서를 취하지
않고, 현실에서 출발하여 실체·본질로 거슬러 올라가는 순서를 취하
고 있다.
　노로의 제3논문 「일본 자본주의 현단계의 제모순」(1929년 집필,
1930년 발표)은 국제적인 시각 속에서 일본 자본주의의 위치를 규정하
고 있다.

봉건적 소생산제 아래에 있는 농업은 대자본을 위한 투자 지역이 될 수
없다. 이런 모든 모순이야말로 자연 자원의 혜택이 없는 일본의 상황과 맞
물리면서, 중공업 발달 수준이 미약했던 19세기말부터 20세기 초엽까지에 걸
쳐 일본 자본주의로 하여금 시장과 원료와 투자 대상 지역 획득을 위한 식
민지 침탈에 매진하게 만들었던 것이다. 일본 자본주의의 금융 자본주의적

---

13) 노로 에이타로, 「일본 자본주의 발달사」(1924년 집필, 1925년 발표), 岩波文庫,
　　1954. 6, p. 95~98.

성숙과 더불어 이러한 모순들은 점차로 더 치명적인 수준으로 심화되면서, 식민지 분할의 필연성이 더욱더 심각하게 요청되기에 이른다. 금(金) 해금 (解禁)의 실시와 더불어 가속적으로 첨예화되고 있는 일본 제국주의의 국제 적 대립은 바로 이곳에 그 심오한 모순과 원인을 내포하고 있다. 이것은 불 가피하게 제국주의 전쟁이라는 길을 택하게 된다.[14]

이와 같은 '일본 자본주의 발달의 특질에 기초하는 그 본질적 모 순'은 일본이 세계 대전 후 승리자로서의 약진을 거친 뒤, 이 시기에 같이 약진한 미국 자본주의와의 모순을 심화시켰으며, 두 제국주의의 진출 대상인 중국과의 모순을 심화시켰다. 소화 시대 초기를 대상으 로 하여 행해진 이 분석은, 이후 현대사의 진행 과정을 거의 확실하 게 예언하고 있다.

이와 같은 현실 분석은 이런 현실에 대항하여 일본공산당이 마땅히 취해야 할 전략(천황제의 폐지를 포함하는 부르주아 민주 혁명의 임무) 을 수립하는 데에 있어서 신뢰성 있는 자료로서의 역할을 하였다. 노 로는 1933년(소화 8년) 당의 최고 책임자로 선출되었는데, 이것은 이 론과 실천의 훌륭한 통합점이 일본공산당에 제공되었다는 사실을 의 미하는 것이다. 그러나 이 빛나던 시기는 겨우 반년으로 끝나고 말 며, 1934년(소화 9년) 2월 19일 노로는 폐결핵과 고문으로 인해 시나 카와(品川) 경찰서에서 33세의 약관의 나이로 병사한다. 당의 책임자 로 있었던 잠깐의 기간 동안 노로가 동지들을 지도한 방법은 다음과 같이 묘사되어 있다.

형식 논리는 '맞아, 맞아'이든가 '아니, 아니'이든가 둘 중의 하나이다. 그것은 대상의 일면을, 대상의 표면을 기계적으로 스쳐가는 것이다. 이에 반해 변증법적 논리는 '맞아, 아니. 아니, 맞아'이다. 그것은 긍정 속에서

---

14) 위 책, p.277.

부정을, 부정 속에서 긍정을 찾아낸다. 노로의 문장은 물론 그 이야기 역시도 철두철미하게 빈틈없는 변증법적 논리의 구사와 함께 발전된다. 기계주의·공식주의만큼 그가 혐오하는 것은 없다. 다카하시 가메키치(高橋龜吉)씨의 현상적 기계론, 이노마타 쓰나오(猪俣津南雄)씨의 공식주의, 그것은 양씨만의 결함이 아니라, 프롤레타리아 진영내의 많은 동지들이 흔히 빠지기 쉬운 경향이다. 다카하시와 이노마타 양씨를 가차없이 추궁해 들어가는 노로는 동지의 사고 방식이 지닌 편향성, 기계주의와 공식주의를 정중하게 시정하고, 손을 마주 쥔 듯한 자세로 정확한 변증법적 사고 방식을 가르쳤다. 병구(病軀)의 노로로부터 건강한 방문객이 고무를 받았다. 상대방은 가슴속 깊이 고개를 수그리고 충분한 만족감과 감격을 맛보고 돌아가는 것이 보통이었다. [15]

이와 같은 미묘한 논리는 노로의 계획하에 시작된 공동 연구 『일본 자본주의 발달사 강좌』 전7권(岩波書店, 1932~1933 간행)의 완성을 통하여 많은 학자들의 것이 되었다. 사실을(나름대로 부정적 혹은 긍정적으로) 하나의 사실로서 의미를 부여할 뿐 아니라, 일본 자본주의의 전체적 구조와 관련하여 그것에 재차 의미를 부여하는 방법은, 이 공동 연구를 통하여 일본 마르크스주의 학자들이 공통으로 사용하는 방법이 되었다.

만약 이 논리가 실천의 방법으로서 일관되게 관철되었더라면, 일본 내부의 제세력·단체, 또는 개인의 경우에 '맞아, 아니' '아니, 맞아'를 통해서 제각각의 존재 이유를 평가하고, 손잡아야 할 부분에서는 손을 잡고, 그렇지 않은 부분에서는 변혁적으로 공작을 해가는 작업이 가능했을 것이다. 일본공산당을 확고하게 대중과 연결시키는 효과적인 조직 활동의 논리로서 힘찬 역할을 할 수 있었을 것이다.

---

15) 가자하야 야쓰지(風早八十二), 「혁명가 노로 에이타로에 관하여」, 『투쟁하는 휴머니스트』, 學生書房, 1948, pp. 82~83.

그러나 만주사변으로부터 태평양 전쟁에 이르는 기간 동안 일본공산당 조직 활동의 기관지였던 『아카하타(赤旗)』는 일본공산당의 논리가 실천적인 국면에서는 이미 '아니, 아니'의 전칭 부정 명제(全稱否定命題) 계열에 기대는 형식 논리였다는 사실을 보여주고 있다. 『아카하타』는 권력자측이 내놓는 모든 정책에 대해 무차별한 부정적 태도를 취했을 뿐 아니라, 같은 반권력 진영에 속하는 사회 민주주의자, 자유주의자의 활동에 대해서도 같은 식으로 무차별한 부정적 태도를 지속하였다.

소화 시대의 『아카하타』에 등장하는 전칭 부정의 대상에는, 다음과 같은 인물들이 포함되어 있었다. 가와카미 하지메(河上肇), 이노마타 쓰나오(猪俣津南雄), 아베 이소(安部磯雄), 가가와 도요히코(賀川豊彦), 아라하타 간손(荒畑寒村), 야마카와 히토시(山川均), 가토 칸쥬(加藤勘十), 스즈키 시게사부로(鈴木茂三郎), 스즈키 분지(鈴木文治)가 그들이었다. 이들은 모두 '맞아, 아니' 혹은 '아니, 맞아'로 평가해 마땅한 이들이 아니었던가.

가장 특별한 예는 사노 마나부(佐野學), 나베야마 사다치카(鍋山貞親)였다. 바로 얼마 전까지 빛나는 영웅적 지도자들이었던 이들을 향해 1933년(소화 8년) 6월 16일호 『아카하타』는 다음과 같이 썼다.

천황제 정부의 테러 정책과 밀통하여
　당 파괴에 광분하는 스파이적 배반자
　사노(佐野), 나베야마(鍋山)를 대중적 분노로 단죄하자!
프롤레타리아트 국제주의에 도전하며
　부르주아 지주의 강도(强盜) 전쟁을 찬미하는
　천황주의 파시스트의 책동을 분쇄하자!

사노, 나베야마는 노동자 대중에게 당을 불신하게 만들고
　당 파괴를 꾀한 최악의 해당주의자(解黨主義者)다

사노, 나베야마는 우리 당이 소부르주아당화(化)하였다고 트집잡음으로 써, 노동자 대중으로 하여금 일본공산당을 불신하게 하기 위해 온갖 유언 비어를 퍼뜨리고, 부르주아 지주적 천황제의 경찰 테러와 협력하여 당 파괴에 광분하고 있다. (『아카하타(赤旗)』 제142호, 1933년 6월 16일)

이처럼 '아니, 아니' 논리에 비추어 재단할 경우, 당조직의 중심부에 의해 완벽하게 올바른 것으로 인정받은 단 하나의 긍정적 명제에서 조금이라도 벗어났다는 판단을 받은 자는, 완전히 부정되면서 탈락자라는 입장으로 내몰리게 된다. 1933년(소화 8년) 6월 9일의 사노, 나베야마의 전향 성명은 그 발표가 있은 후 1개월 동안의 기간에 미결수 1,370명 중 415명(30%), 기결수 393명 중 133명(36%)에 달하는 전향자들을 생산해내었다. 이때부터 1940년(소화 15년)까지의 7년 동안은 연이은 탄압에 의해 공산주의 계통의 모든 조직이 붕괴되었던 시대로서, 1941년 12월 정부는 조직적 저항을 거의 받지 않은 채로 태평양 전쟁에 돌입할 수 있었다. 백화파 관념론자와 달리 당조직을 사색 방법의 핵심으로 삼았던 공산당원의 경우, 당조직의 붕괴는 자기 사상 그것의 붕괴이기도 했던 것이다.

전향의 이유에는 여러 가지가 있긴 하나, 가장 주된 이유는 대중적 지지가 없는데도 자기 혼자 개인적으로 신조를 지켜야 한다는 사실의 의미를 의심하는 데에 있었다. 여기에는 1) 일본공산당원과 대중 의식과의 괴리; 2) 개인 자격이 되었을 때에 일본공산당원이 보여주는 자주적 사고의 허약성이라고 하는 두 가지 측면이 관련되어 있다. 첫째면에서 보자면, 전향자들은 일본 대중 의식의 공통적 지주인 '국가'의 권위와 '가(家)'에 대한 애정의 세계에 자신을 양보해버렸다. 둘째면에서 보면, 지금까지 마르크스주의가 그것에 대해 거론하는 일조차도 수치스럽게 여기고 있었던 개인 생활상의 제문제에 눈을 돌림으로써 마르크스주의로부터 벗어난 것이 그것이다. 첫째 경사면(傾斜面)의 전향자들은 사노 마나부, 가도야 히로시(門屋博), 아사노 아키라(淺野晃)처럼 국가주의자로서 새 삶을 꾸리는 길을 택하였으며, 두 번째 경사면의 전향자들은 미요시 주로(三好十郎), 시나 린조(椎名麟三)처럼 실존주의자로서의 새 삶을 꾸려가는 길을 택하였다. 전향 문학은 일본 실존주의의 원형이었다.

5. 움직이지 않는 좌표

많은 전향자를 낸 것이 사실이면서도, 일본공산당을 다른 제정당과 비교할 경우 그 주된 특징으로 거론하게 되는 것은 비전향성이다. 일본의 사상은 기우뚱거리면서 외적인 자극을 좇아 '이동' 해간다. 이러한 특색은 명치 시대 중엽에 기타무라 도코쿠(北村透谷)가 이미 지적한 바대로다. 이처럼 모든 진영이 대세에 순응하며 좌우로 이동하며 걸어가던 와중에서, 일본공산당만은 창립 이래로 움직이지 않는 하나의 점을 지켜왔다. 그것은 북두칠성처럼 그것을 지켜봄에 의해 자기가 어느 정도로 시세에 휩쓸리고 있는가, 자기가 어느 정도 잘못된 인간이 되어버렸는가를 재어보는 것이 가능한 하나의 척도이다. 1926년(소화 원년)으로부터 1945년까지 일본의 지식인들은 이것을 사용해 왔던 것이다.

천황이라는 이념은 일본의 대중 의식 속에 깊이 뿌리박혀 있다. 이 것과 똑같이 일본공산당은 일본 지식인의 의식 속에 깊숙이 들어와 있다. 이 두 가지 사정은 구미(歐美)인들은 이해하기 어려운 특수한 것이다.

반대로 일본 지식인들은, '리버럴(자유주의자)' 이라는 말이 유럽과 미국의 역사적 문헌 속에서 어느 정도의 광채를 지니고 있는 언어인가를 이해하지 못한다. 2·26 사건 이후 군국주의에 대항하여 철저하게 싸웠던 가와이 에이지로(河合榮治郎) 같은 예외는 있으나, 이 예외는 오히려 일본 자유주의자의 소멸이라는 전체적 경향을 두드러지게 하는 역할을 한다. 현존 사회를 지배하고 있는 권력층의 움직임과 대립·긴장이라는 관계에 들어가는 것을 회피하지 않고, 권력 비판이라는 흔들리지 않는 지점을 지켜온 이들은, 소화 33년에만 국한해서 본다면 '리버럴'이 아니라 '적(赤)' 쪽인 것이다.

일본 사상사가 지닌 이러한 특수한 사정 때문에, 본래 '리버럴' 쪽으로 가야 할 지식인들의 동정(同情)이 전부 '코뮤니스트' 쪽으로 모아졌다. 대중과의 연계성면에서 본다면 일본공산당은 '천리교(天理敎)' '대본교(大本敎)' '창가학회(創價學會)' 따위의 신흥 종교의 한 종파 이하에 지나지 않는데도 불구하고 지식인에 대해서는 압도적인 영향력을 지니고 있는 것은 이런 이유 때문이다.

태평양 전쟁에서의 패배 후, 이 전쟁에 반대하였다는 이유로 투옥되었던 이들이 대거 석방되었는데, 그들 중 지식인 대부분이 일본공산당 관계자였으며, 지식인 이외의 대부분은 천리본도(天理本道) 및 대본교(大本敎) 관계자였다는 사실은 시사하는 바가 크다. 당대 권력자에 의해서도 붕괴되지 않는 사상적 전통을 쌓아올린 집단은 현대 일본에서는 이들밖에 없는 듯하다.

1934년(소화 9년) 이후, 당조직은 사분오열되었을 뿐만 아니라 당국의 스파이망에 유린되기까지 하여 점차로 연락 조직의 유지마저도 불가능하게 되었다. 이때 이후부터 1945년(소화 20년) 패전기에 이르기까지 지속되었던 활동은 소집단 위주의 동지적 유대에 의한 것이었다. 이치카와 쇼이치(市川正一), 고쿠료 고이치로(國領伍一郎), 도쿠다 규이치(德田球一), 시가 요시오(志賀義雄), 미야모토 겐지(宮本顯治) 등 옥중에 있는 그룹, 노사카 산조(野坂參三) 등과 같은 국외 그룹, 오자키 호쓰미(尾崎秀實), 쓰구미 후사코(久津見房子) 등처럼 전쟁 확대를 막기 위해서 권력층에 접근하여 간첩 활동을 하는 그룹, 가미야마 시게오(神山茂夫) 등처럼 위장 전향하여 출옥한 후 태평양 전쟁 직전까지 당재건을 위해 활동을 계속하다 재차 검거된 그룹, 오쿠무라 히데마쓰(奧村秀松) 등이 재미(在美) 일본공산당원으로 활약하며 만든 그룹, 고바야시 요노스케(小林陽之助)가 코민테른에서 파견되어 게이힌(京浜)[16] 및 간사이(關西) 지방에서 조직한 그룹, 가스가 쇼지로(春日庄次郎) 등이 간사이에서 조직한 공산주의자단 그룹, 야마시로 요시무네(山代吉宗), 가스가 쇼이치(春日正一) 등이 가와사키(川崎)시에서 조직한 게이힌(京濱) 노동자 그룹 등이 그들이다.

패전시 옥중에 있었던 비전향 공산당원은 십수 명으로 알려져 있으나, 학살된 자와 옥사한 자까지 포함한다면 비전향 공산당원의 수는 막대한 숫자에 이를 것이다. 반전 사상 때문에 체포되었던 이들 중, 미키 기요시(三木淸), 도사카 준(戶坂潤), 다카쿠라(高倉) 테루, 하니 고로(羽仁五郎) 등의 대부분이 일본공산당과 가까운 자라는 사실을 고려에 넣는다면, 일본공산당 계통의 반전 활동은 '다른 유파의 반전 운동에 비교할 때' 매우 커다란 흐름을 이루고 있는 것이라 할 수 있다. 그 중에서도 가장 큰 조직 활동 지도자였던 가스가 쇼지로(春日庄次郎)의 수기를 보자.

그의 수기 「폭풍에 대하여」에 의하면, 공산주의자단(共産主義者團)은 예방구금법·보호관찰법 시대 이전에 비전향 상태로 출옥한 이들이 당 중앙부와 아무 연락도 없이 자주적으로 결성한 그룹이다. 가스가 쇼지로는 3·15 사건[17]에서 징역 10년형을 받고, 1939년(소화 12년) 1월말 비전향 상태로 출옥하였다. 이때 당조직은 괴멸되어 연락선이 끊어져 있었으나, 야스가 기미코(安賀君子)라 하는 동지를 만난다. 야

---

16) 게이힌(京浜): 도쿄와 요코하마(橫浜). 이후 내용에서 자주 언급되는 게이힌 공업 지대(京浜工業地帶)는 도쿄, 가와사키(川崎), 요코하마를 중심으로 하는 일본 최대의 공업 지대를 의미한다(역자).

17) 3·15 사건, 4·16 사건: 1928년 3월 15일과 1929년 4월 16일 공산당원 검거를 목적으로 행해진 대규모의 검거 조치. 대규모의 검거자 수뿐만 아니라, 작가 고바야시 다키지(小林多喜二) 등이 살해되기에 이른 잔혹한 고문으로도 유명하다. 이 두 차례의 검거 조치로 인해 일본공산당 조직은 결정적인 타격을 받았다. 이 시기에 치안유지법 역시도 최고 사형 언도까지 내릴 수 있도록 개악되었다(역자).

스가는 1933년(소화 8년)에 검거되어 3년의 실형을 받고 1936년말에 출옥한 직후였다. 두 사람은 결혼하여 효고(兵庫)현 아마가사키(尼崎) 시에서 일본 공산주의자단을 결성한다. 같이 출옥해 나온 지 얼마 안 되는 요코타 진타로(橫田甚太郎), 다케나카 쓰네사부로(竹中恒三郎), 마쓰모토(松本) 소이치로 등이 함께 그 중심 역할을 맡고 있었다. 기관지는 발행 부수 300부였으며, 기관지 외에 반전 슬로건을 담은 포스터를 거리에 붙이거나 엽서로 릴레이식 선전을 하거나, 출전 병사의 수호낭(囊)이나 위문대 속에 반전 삐라를 집어넣는 등의 활동을 하였다. 검거된 숫자를 통해 보면 조직 전체의 규모는 70~80명이었으며 그 지역은 도쿄, 오사카, 교토, 와카야마, 효고, 오키나와에 걸쳐 있었다.

결성과 함께 우리는 지하로 잠적하였다. 그리고 전국의 동지들을 향한 호소문을 찍어내었다. 여기서부터 우리 일이 시작되었다. 『폭풍에 대하여』라는 이름의 기관지도 발행하였다. 이 기관지의 매호 슬로건은 다음과 같았다.

1) 군부 독재 정치, 파시즘 반대, 천황제 타도
2) 제국주의 전쟁 반대
3) 대중 생활의 옹호를 위한 투쟁
4) 코민테른의 깃발 아래로
5) 혁명적 전통을 계승하고 일본공산당을 재건

이 다섯 개의 슬로건이 우리 단(團) 투쟁의 중심 제목으로, 우리나라의 성격이나 의의를 가장 잘 드러내고 있다. 우리들은 후에 『민중의 소리』라는 대중 선전용 신문을 내었다. 프린트는 동지 오모토 야고로(大元彌五郎)와 야스가 기미코(安賀君子)가 맡아 해주었다. 오모토는 눈이 부자유스러웠음에도 불구하고 철야로 일을 하였다. 우리 단의 멋진 인쇄물이 각 방면에서 큰 환영을 받았는데, 이것은 그가 커트나 만화 등을 정성스럽게 만들어내는 등

신문을 매우 예쁘게 만들어냈기 때문이었다. 그는 스스로 일본 제일의 프린터라고 칭하곤 했다. 〔……〕

　우리 조직은 아직 경영이 불가능했음은 물론 세포 역시도 조직해낼 수 없었다. 아직 하나의 선전 조직에 지나지 않았다. 그러나 우리들이 직장이나 학교, 그리고 거주 지역에 점차로 세포를 마련해갈 수 있는 소지는 있었다. 우리의 활동비는 최초에는 우리 부부가 지니고 있는 돈과 가재(家財) 일체를 판 돈으로 충당되고 있었다. 심파[18]가 내어주는 원조금이라는 것이 점점 많아지고는 있었으나, 활동 전체를 감당할 수 있을 정도는 아니었다.[19]

　이보다 더 후인 1940년(소화 15년)까지 계속된 활동은 야마시로 요시무네 등의 게이힌 노동자 그룹에 의한 것이었다.

　1936년(소화 11년)경에는 소비조합이 쓰루미(鶴見)의 공장 지대에서 아직 활동하고 있었고, 그 중에는 야마시로 요시무네나 가스가 쇼지로 같은 비전향 출옥자들을 보호하면서 그들을 동료로 하여 조직 재건 상담을 하는 이들도 있었다.

　당시는 아직도 그들에게서 지도를 받으려고 접근하는 노동자들이 있었다. 주물공(鑄物工)이었던 고도 스에오(須藤末雄) 등이 그 대표적 인물로서, 그들은 숙련공일 뿐만 아니라 직장의 신뢰도 받고 있는 모범 노동자들이었다. 그리하여 미래를 예감하면서 『기계공의 벗』 등을 중심으로 해서 자주 모여 연구 활동을 하고, 야마시로나 가스가를 지도자로 하여 계급 이론의 공부에도 노력하고 있었다.

　1937년(소화 12년) 중일 전쟁이 시작되었다. 그때까지도 날로 팽창하고 있었던 게이힌(京浜) 공장가는 점점 더 활기를 띠어가서, 남자 노동자를 대신하여 대량의 여성 노동자층이 생겨났다. 그들 새로운 노동자 세력은 오래 된 소비조합 활동가나 차가인조합(借家人組合)의

---

18) 심파: sympathizer, 동조자·후원자(역자).
19) 가스가 쇼지로(春日庄次郎), 「폭풍에 대하여」, 『전위(前衛)』 20호, 1947, pp. 62~63.

활동가 그리고 직장의 책임 노동자(役付勞動者)나 숙련 노동자들로서, 쉽게 장악할 수는 없는 존재였다. 그러나 전시의 게이힌은 이들 젊은 노동자들이 장악하려 하고 있었다. 거기서 야마시로나 가스가 등은 자신의 처와 처제·처남 등 집안 식구들을 공장에 취업시켜, 이 새로운 노동자군 가운데 들어가게 하였다. 그들은 젊은 노동자나 부인 활동가들이 직장 생활 속에서 갖게 되는 일상적 의문들을 풀어주는 활동을 시작하였다.

야마시로 등이 이처럼 치밀한 방식으로 활동을 시작한 것은 옥중의 심각한 자기 반성——대중으로부터의 고립에 대한——에 기초한 것이었다. 야마시로는 4·16 사건의 피고로서 1927년(소화 4년) 4월 16일 검거되어 체형을 받고, 예방구금법과 보호관찰법 시대 이전인 1935년(소화 10년)에 비전향 상태로 출옥해 나온 이이다. 가스가 쇼지로도 3·15 사건의 피고로서 1928년(소화 3년) 3월 1일에 검거되어 체형을 받고 1935년 비전향으로 나온 이이다. 이들은 소화 초기 후쿠모토주의 시대의 조직 활동을 비판하고 노동자와의 일상적인 유대로부터 새로운 조직을 만들어내는 방향을 지향하였다.

같이 출옥해 나온 가토 시카이(加藤四海), 사카이 사다키치(酒井定吉), 이타야 다카시(板谷敬)가 이 그룹에 합세하자, 그룹은 새로운 성격을 띠게 된다. 가토 등은 이 그룹이 지금까지 이뤄낸 성과를, 이즈음 이미 붕괴되고 없었던 공산당의 재건을 위한 토대로 삼으려고 생각하였다. 한편 가토 등이 참가하고 있었던 후지항공계기(富士航空計器)의 경제학연구회에 대한 소문과 이들에 대한 미행을 시발점으로 하여 당국의 검거 준비가 진행되고 있었다. 상세한 기록이 남아 있는 가토의 노트를 확보한 당국은 이들을 당재건 그룹이라 판단내렸던 것이다. 1940년(소화 15년) 5월 1일, 핵심부를 시작으로 하여 25명이 검거되었고 가토 시카이(加藤四海)는 히몬야서(碑文谷署)에서 자살하였다.

옥중의 비전향파는 식량과 지적 자극의 결핍을 견뎌내지 않으면 안 되었다. 옥중에 차입 들어오는 것은 무해(無害)한 도서로 국한되어 있어, 십수 년에 걸쳐 그들은 『현대(現代)』 『웅변(雄辯)』 『킹』 등을 읽지 않으면 안 되었다. 중일 전쟁은 장개석이 나쁘기 때문에 일어났다고 하는 무샤(무샤노코지 사네아쓰)의 글 따위도 여기서 읽었을 정도다. 문자 그대로 대중적인 독서물들을 읽을 수밖에 없었으면서도 바로 거기에서 지적 영양분을 섭취해내는 방법을 그들이 소유하게 되는 과정은, 투옥 17년에 이른 이치카와 쇼이치(市川正一)가 부모에게 보낸 편지 속에도 잘 드러나 있다.

그는 1945년(소화 20년) 3월 15일 미야기(宮城) 형무소에서 영양실조로 죽음을 맞이하게 되는데, 그가 사망 전후에 남긴 편지 속에는 대중적 독서물로부터 얻은 정보에 의거하여 당시 일본의 문제점에 관해 그가 정확한 판단을 내리고 있었음이 드러나 있다. 그의 판단 내용은 감옥의 외부로 유출된 수 통의 편지 속에 차입이 허용된 독서물을 읽은 독후감 형식으로 남아 있다.

가이슈(海舟) 자신의 정견 중에서 나의 흥미를 끈 것은, 일청 전쟁에 대한 가이슈의 '반전적 태도'와 그 강화 조건에 대한 '선견(先見)적 경고'였다 (어록 뒤에 부록으로 붙어 있는 영천일문〔永川逸聞〕 및 해주유초〔海舟遺草〕 중의 반전시〔反戰詩〕). 그러나 더욱 의미 깊은 것은 권말에 첨부되어 있는 「제(諸)명사의 서간」 중, 천산만수루주인(千山萬水樓主人)이라는 이름으로 되어 있는 최후의 일 편, 후쿠자와 유키치(福澤諭吉)의 서간처럼 보이는 다음의 일 절이다. ──가로되, "선생님〔海舟〕께서는 일청 전쟁을 거부하시고 특히 요동(遼東)을 양보하자는 의견을 반복 통론(痛論)하셨습니다. 언젠가 소생이 선생님께 일본인으로서 일청 전쟁을 반대하시어 국적(國賊)이라는 오명을 뒤집어쓰시겠습니까 하고 여쭈니, 선생님께서는 의연히 안색을 고치시고 "국가를 위하여 이해(利害)를 논하는 것이오, 결코 국적이라는 이름을 쓰게 되더라도 이를 회피하지 않겠소" 운운하는 내용의 것이었다. 내가 여기서 가장 의미 깊다고 한 것은, 국적이라는 오명을 감히 감수하는 과감한 노

(老) 가이슈의 의기를 장하다고 하는 그것만이 아니다. 일본 개화와 명치 부르주아의 천재적 대선배인 후쿠자와 유키치(福澤諭吉) 그는 주지하는 바와 같이 일청 전쟁에 대해서는 열렬한 주전론자였으며, 그 승전에 대한 골수 찬미자였던 사실과는 대조적으로, 구막부(舊幕府)의 유로(遺老)[20] 중의 한 사람인 가이슈의 반(反)일청 전쟁적 태도를 가장 흥미있게 생각하는 것이다. 그가 아무리 진보적인 인물이었다 하더라도, 실상 가이슈 그는 소위 구막부 유신(遺臣)의 신분으로 명치 번벌(藩閥) 정부에 봉사하다가 뜻을 이루지 못한, 반골(反骨)기가 강한 한 사람의 관료적 인간에 지나지 않는다. 명치기 신흥 제국주의 부르주아의 대표로서, 일청 전쟁과 함께 시사신보(時事新報) 지상에 대대적인 전국민적 헌금 운동을 개시한 후쿠자와 유키치, 동 전쟁의 승리를 맞아 상공(商工) 일본의 '독립 자존'을 위해 오랜 기간 분투한 보람으로 감격의 눈물을 철철 흘렸던 '자유주의'의 선구자 후쿠자와 유키치, 이 사람이야말로 바로 그 진보적인 인간이었던 것이다. 이에 비하면, 가이슈 같은 이는 역사의 흐름에 뒤처져 있다가 이를 역행하려는 무익한 시도를 감행한, 슬픈 봉건 유물의 하나에 지나지 않는다고 할 수 있을 것이다. 그러나 위 서간에서 후쿠자와〔로 상정된 천산만수루주인〕는 최후에 "지금 동방의 천지를 보면, 조선과 중국의 정부·궁정은 러시아인의 포옹책(抱擁策)에 빠져 있으며 〔……〕 만주 철도는 러시아인이 부설하고, 대련만(大連灣)은 러시아인이 개통하려는 상황이다" 운운하고 있는데, 그가 가이슈의 선견에 굴복한 것은 역시, 다음에 치러내야 할 일로 전쟁을 앞두고 있었던 당시 일본의 '애국자' 후쿠자와로서는 당연한 일이라고 할 것이다.

소위 신것도 단것도 잘 소화해낸 노(老) 가이슈의 수많은 처세훈적 경구 중에서 또 하나 나의 주목을 끈 것은 뭐니뭐니해도 어록 맨 끝에 있는 다음과 같은 결구이다.

"세인(世人)들은 움직이기만 하면, 향기를 천재(天載)에 남긴다든가 향기를 만세(萬歲)에 흐르게 한다든가 하면서 이런 것을 처세의 표준으로 삼는

---

20) 유로(遺老): 막부 시대의 유신(遺臣) (역자).

데, 그렇게 초라한 생각으로 무엇을 이루겠는가. 남아(男兒)로서 세상에 대처할 때는, 단지 성의정심(誠意正心)으로 현재에 대응할 뿐이다. 믿을 수 없는 이 세상사가 광(狂)이건 적(敵)이건 그런 것을 꺼리겠는가. 요(要)는 처세의 비결은 성(誠) 일자(一字)일 뿐이라는 것."[21]

이처럼 대중물에서 자극을 받고 이에 대한 소감의 형태로 자기 비판을 던지는 작업은, 소화 초기의 후쿠모토주의와는 전혀 다른 차원이 이 속에 들어 있음을 의미한다. 옥중의 공산당원 쪽이 당시 감옥 밖에 있었던 진보파 지식인보다도 훨씬 더 큰 호기심을 갖고 세계를 지켜보며 정확한 판단을 내리고 있는 것이다. 감옥 밖의 진보파나 자유주의자가 태평양 전쟁의 패배를 예견하지 못했음은 물론이거니와, 미처 생각지 못했던 종전(終戰)을 맞아 넋이 빠져 있다가, 맥아더의 지령이 나오기까지 사상범 석방과 관련된 국민 운동을 조직하는 것조차도 불가능했던 것과 비교할 때, 이치카와 쇼이치(市川正一), 미야모토 겐지(宮本顯治)의 편지, 도쿠다 규이치(德田球一), 시가 요시오(志賀義雄)의 옥중 회고록은, 당시 일본 지식인의 수준을 앞서가고 있는 것이다. 그들은 감옥 밖에 있는 대부분의 사람들이 패전기의 혁명 전략에 대해 몽상하는 것조차도 포기하고 있었던 시기에, 패전 후의 전략에 대한 생생한 이미지를 기르고 있었다. 도쿠다의 말을 인용한다.

우리들은 틈을 보아 의견들을 나누면서 우리 계획에 착오가 없도록 노력하였다. 특히 부중(府中)으로 옮긴 뒤부터는, 공습 덕택에 감옥 안에서도 신문을 읽을 수 있게 되었다. 무엇보다도 서로간에 얼굴을 맞대고 이야기를 할 수 있는 기회가 빈번하게 마련되는 것이 좋았다.
10월 10일 출옥한 우리가 나오자마자 곧 일본공산당을 재건하고 기관지를

---

21) 이치카와 쇼이치, 1944년 12월 19일, 동생들에게 쓴 편지, 『옥중으로부터 부모님께 : 한 공산당원의 편지』, 曉明文庫, 1947, p. 143.

내어 활발한 활동을 시작할 수 있었던 것은, 감옥에 있는 사이에 제반 상황을 완전히 정비하고 있었기 때문이었다. 예를 들어, 『아카하타(赤旗)』 1호에 실은 「인민에게 호소함」이나 「당면의 제정책에 대하여」 따위도 옥중에서 이미 완성한 것이다. 또 우리는 정부나 자본가가 생산을 게을리하려 하고 있었던 것을 간파하고 있었기 때문에, 노동자의 손으로 이 태업을 분쇄하여 일본의 산업을 재건시켜가기 위해서는 쟁의 방법과 파업 방식을 쇄신하고 경영 관리의 방식으로 나아가지 않으면 안 된다고 생각하였고, 감옥 속에서 그 계획을 세웠다. 이것도 『아카하타』 1호의 논문에 씌어 있다.[22]

6. 요약과 비판

일본의 지식인들에게 일본공산당이 천황제 타도의 상징으로 인식되어왔다는 사실은, 오히려 지식인측에 무저항·무비판적인 추수적 태도를 야기하면서 결과적으로는 일본공산당의 태도를 안이하게 만들었다. 일본공산당이 지식인들과 맺고 있는 친밀감에 만족하는 정당이 되어버린 것은, 결코 일본공산당 쪽에 플러스적 요인이 되었다고 할 수 없다.

그러나 지금까지 논의해온 바로 보면, 일본공산당은 일본 지식인의 장점과 단점을 각각 집중해 모은 형태로 자기 속에 실현하고 있다. 일본공산당이 신봉하는 유물론은 극히 관념적인 것이었다. 아니 (외국으로부터 전해진) 유물론을 관념적으로 신봉해왔다고 해도 무방할 것이다. 더구나 그 신봉하는 방법 역시도 일반 지식인에 비해 일관되고 순수하였던 그것이, 당연하게도 오늘날의 신용을 얻게 된 것이다.

그러나 학생이나 지식인만을 상대로 하는 경우에는 대세만을 파악

---

22) 도쿠다 규이치(德田球一), 시가 요시오(志賀義雄), 『옥중 18년』, 大月新書, 1955, pp. 96~97.

하여 해석해내는 유물론만으로도 충분한 것이었으나, 사회 일반, 특히 노동 계급이나 농민을 상대로 하는 경우는 어느 쪽이 현실 인식 면에서 우위를 점하고 있는가를, 생활면의 세부 하나하나의 측면에서 경쟁하지 않으면 안 된다. 생활 세부에 걸쳐 유물론적인 인식을 단련해나가야 한다는 것이 일본공산당원에게 맡겨진 금후의 과제일 것이다.

이렇게 해서 하나하나 세밀한 부분에 대해서 올바른 인식을 갖게 된다면, 아무래도 여기서 검증 가능성(檢證可能性) *testability*이라는 것이 문제될 수밖에 없다. 소화 초기의 후쿠모토 가즈오로부터 가스가 쇼지로의 활동에 이르기까지, 일본공산당 지도자의 이념 속에는 1) 일본 자본주의 사회 구조의 분석(실재의 분석) ; 2) 이 사회 속에서 실현되기를 기대하는 당의 강령(당위의 제시)이라는 두 항목(sein과 sollen)만으로 생각해가는 경향이 지배적으로 들어 있었다. 양자의 중간항에 존재해야 할 양자의 교류나 상호 보완적 기능에 관해서는, 사색의 흔적이 보이지 않는다. 탄압기에 들어서게 되자, 이런 사고 방식은 일본공산당이 결국 1) 실재의 분석에 전념하는 강좌파나 노농파의 일부와 같은 학자 그룹; 2) 당위의 제시에 전념하는 실천가 그룹으로 일본공산당 관계자들을 이분해버리는 하나의 이유가 되었다. 이러저러한 목표를 향하여 이런 정도의 힘을 투입하면 수년내에 부분적으로 이러저러한 만큼의 성과가 달성될 것이라는 식의 '검증 가능 영역'으로 돌아와 실재와 당위를 논한 글은, 일본공산당 관계 문서 속에서는 찾아보기가 매우 어렵다. 이것은 변증법적 유물론으로 보기에는 너무도 불철저한 것이 아닐까.[23]

---

23) 일본공산당의 검증 능력이 얼마나 부족하였는가는, 각 선거 때마다 어떤 결과가 나오든간에 승리를 거두었다고 주장하는 논법을 보아도 명백하다. 전후에 치러진 각 선거가 끝난 뒤에 나온 『아카하타』의 이 논법은 창간 당시에 이미 그 원형이 마련되어 있었다. 선거 결과에 대한 아래와 같은 분석은 논리학적으로 틀린 추론의 전형적인 예다.

검증 가능 영역 *testability zone*이라는 것은 마르크스·레닌주의식 용어로 말하자면 조직론에 해당하는 것으로서, 소화 시대 일본공산당의 역사는 후쿠모토 가즈오가 도입한 조직론에 구태의연하게 휘말려 있었다고 할 수 있을 것이다. 당원인 노동자·농민으로부터 생활 세부에 대한 유물론적 인식이 확실하게 전달되고, 이것을 접수한 중앙부가 일본 현실에 관한 전체상을 확고하게 정립할 수 있는 조직이 만들어진다면, 아마 이런 조직이 검증 이론을 내포한 조직이 될 수 있을 것이다. 그러나 일본공산당의 조직은 현실적으로 이와 같은 검증 이론을 포용할 수 있을 정도의 지점까지 도달해 있지 않았다. 이것은 전쟁이 끝난 뒤에도 화염병 전술의 채용이 일본 혁명에 플러스가 된다는 식의 발상으로 나타나면서 이와 함께 대중의 지지를 상실하여, 한때는 35석에 달했던 공산당의 의석 수가 단 1석으로 전락한 것만

총선거에 대한 총결산 결과는 26일 오후에 명백하게 밝혀졌다. 각 정당의 분포 상황은 다음과 같다.

정우(政友)	219	민정(民政)	217	실동(實同)	4
혁신(革新)	4	중립(中立)	15	사민(社民)	4
노농(勞農)	2	일농(日農)	1	민권(民權)	1

공(共)히 부르주아 정당인 정우당과 민정당이 겨우 2표 차이인 것은 매우 주목할 만한 사실인 것이다. 그리고 부르주아가 이 총선거에서 완전히 실패하였다는 것을 증명하고 있는 것이다. 부르주아는 자기 계급의 이익을 대표하는 두 개의 정치 분파를 갖고 있다. 정우와 민정 양대 정당이 그것이다.

그리하여 올해 1월 이 두 정치 분파는 거의 같은 정도의 세력 균형을 이루게 된 것이다. 그러나 편파적인 정치 분파이며 정부 당이기도 한 정우회의 의석 수가 약간 적었기 때문에 의회 운영이 부자연스러웠다. 그래서 의회를 해산하였던 것이다.

양대 부르주아 정당은 각각의 정책을 소위 국민에게 제시하고 어느 부르주아 분파가 국민의 지지를 받는가를 시험하였다. 그러나 어떤가. 국민은 총선거 결과를 통하여 무어라 응답하였는가? 정우회든 민정당이든 상관없지 않는가, 쌍방이 똑같이 한 굴 속의 너구리가 아니냐 하고 응답한 것이 아닌가(『아카하타』 제3호, 1928년 3월 1일).

보아도 명백하다.

이처럼 세부면에서 단련되어 있지 못했던 유물론은, 대중의 눈으로 일본 현실을 인식하는 지점에 서 있지 못했다는 그 이유로 해서 곧 불안정하게 흔들리게 되었다. 그리하여 대국적인 이론면에서 중심적인 맥을 잡고 있었던 외국 공산당의 지령에 간단하게 굴복하게 된다. 「27년 테제」「32년 테제」 때와 똑같이, 전후에는 노사카 산조(野坂參三)의 평화 혁명 방식에 대한 코민포름의 비판에 쉽게 굴복하였다. 이와 같이 당면한 운동 방침을 결정할 때에 드러나는 자주성의 부재 현상은 일본의 세부적 현실에 관하여 확실하게 검증할 수 있는 이론을 만들어낼 수 있는 능력을 당이 갖고 있지 못했던 데에 기인하는 것이다. 이와 같은 무력감은 1955년(소화 30년) 7월 28일의 '일본공산당 제6회 전국협의회 결의'를 통하여 처음으로 자각되고 공식화되었던 것이라고 생각한다.

검증 능력의 부족은 오류를 대하는 방식과 깊은 관계가 있다. 새로운 진리에 다가가기 위해서 오류라는 존재는 필수적으로 필요한 것이다. 그리하여 그 오류를 거듭해가면서, 또 한편으로는 그 오류를 되살려가며 전진하는 것이 변증법일 것이다. 그러나 오류를 수정하면서 사태를 개선해나갈 수 있는 무기인 검증 능력이 결여된 채로, 거창한 이론 수준에서만 논의를 거듭하고 있다고 한다면, 그 어느 논쟁일지라도 분파 투쟁 쪽으로 발전하지 않을 리가 없다. 전전과 전후, 일본 공산당은 오류 속에서 많은 것을 배우고 살려나가야 할 것이었음에도 불구하고, 이를 '마르크스·레닌주의와는 무관한 것'이라든가, '아메리카 제국주의의 앞잡이'라든가, '인민의 적'이라든가 하는 식의 딱지를 붙이고 이를 내팽개쳐버리지 않았던가. 오류는 일상의 생리적 생활면에서 본다면 분뇨 처리와 같은 것이어서, 그 처리 방법의 여하에 따라 얼마든지 불필요한 경직과 독소적인 요소로 변할 수 있다.

과거 30년간 일본공산당이 처해 있었던 탄압 상황을 생각한다면, 이상의 비판은 모두 금후에 대한 소망적 표현으로서의 의미가 있을 것이라 생각한다. '가(家)'가 뒷머리를 끌어당기고 있는 현실에 굴복하지 않고 일본의 국가 권력에 대항하여 정면으로 도전해온 사상가 집단은, 소화 8년에 접어들면서부터는 일본공산당 이외엔 없었던 것이다. 사상을 소중하게 생각하는 한, 우리는 일본공산당의 성실성을 배우고 싶은 것이다.

제3장
일본의 실용주의: 생활 작문 운동

1. 소화 초년대의 실용주의

명치·대정기부터 수입되기 시작된 실용주의 *pragmatism* 는 소화 시대에 접어들면서부터 뚜렷한 하향 곡선을 그리기 시작하였다. 전체적으로 볼 때, 실용주의는 이미 유물론과 실존주의 등에 의해 극복되었다는 식으로 세간에 오르내리는 정도의 위치를 차지하고 있음에 불과했다. 실용주의와 관련된 문헌의 번역 역시도 매우 적다. 지속적인 탄압기에 직면해 있었던 유물론이 더 이상 자기를 지탱할 수 없게 되었던 시대인 1938년(소화 13년)부터 1941년(소화 16년)(중일 전쟁 초기로부터 태평양 전쟁 직전)까지에 걸쳐, 진보적인 뉴 딜 정책을 추진하고 있었던 미국의 정책의 원동력이 되었던 듀이나 미드 등 후기 실용주의적 사고 방식이 소개되었던 적은 있었다. 그러나 이러한 움직임도 진주만 공격과 더불어 단절되었으며, 일본의 국가주의에 대한 정치적 해독제(유물론보다는 조금 더 부드러운 형태의 해독제)로서의 영향력을 행사하지 못한 채 종말을 고하고 말았다.

실용주의는 태평양 전쟁 개시를 경계로 하는 소화 전기(前期)에는 일본 철학계에 존재하지 않았으나, 실업가·기술자·자연과학자·사회학자 및 심리학자 사이에서 일부 중시되는 한편으로 교육자 사이에서는 상당한 정도로 강하게 남아 있었다. 그 밖에 1921년(대정 10년)

에 창간되어 소화기 전반을 주도한 『문예춘추(文藝春秋)』의 지도 이념
이 속류 실용주의였으며, 기쿠치 간(菊池寬)의 수필, 사사키 구니(佐
佐木邦)의 샐러리맨용 대중소설 속에서 실용주의는 그 형태를 뚜렷하
게 드러내고 있었다.

교육계의 실용주의 쪽에서는 사사키 슈이치(佐佐木秀一) 등 고등사
범학교 계통 인물이 중심이 되어 미국식 교육 이론을 수입한 적이 있
었으나, 이와는 별도로 지방의 사범학교 출신 소학교 교사들이 주도
한 생활 작문 운동도 있었다. 여기서 상급 교사들이 받아들인 실용주
의와 하급 교사들이 받아들인 실용주의는, 각각 그들이 대결하고 있
는 문제점과 담당 학생들의 계급적 이해 관계에 따라 분명하게 구분
된다. 생활 작문 운동은 특정 학설의 수입·소개로부터 시작된 것이
아니라, 지방 소학교 학생들과의 만남 속에서 탄생한 자발적인 사상
운동이라는 점에서 특히 중시되어야 할 필요가 있다.

생활 작문 운동이 실용주의로서 지니는 특징을 생각해보기로 한다.

실용주의라는 것은 사상과 행동이 끊임없이 교류하는 상태에서, 사
상에 새로운 영양분을 제공하여 그 내용을 건강하게 만드는 한편으
로, 사상의 방법이 동맥경화증에 걸리지 않도록 매일매일의 생활상의
응용 문제를 제공하여 그 방법을 유연하게 만드는 사상 유파이다. 그
것은 일종의 사상 체조(思想體操) 프로그램이다.

철학 사상의 최초의 실용주의는 찰스 샌더스 퍼스가 1870년대 미국
에서 시작한 것인데, 이때의 사상 전개의 방식은 '이론에서 운동으
로'라는 순서를 취하고 있었다.

퍼스는 사상의 의미를 명료하게 만들기 위하여 이를 행동과 결부시
키는 방법을 제안하였다.

어떤 개념이 분명치 않아서 곤란을 겪을 경우에는, 그 개념의 대상이 우
리들 인간의 행동에 어떠한 (일반적) 영향을 미칠 수 있는가를 생각해보자.
그러한 식으로 상상할 수 있는 영향의 총체가 본래의 개념이 지닌 의미의 전

부인 것이다. 만약 어떤 개념(의 대상)을 생각할 때에 그 영향이라는 측면이 고려되지 않는다면, 그 개념에는 원래부터 의미가 없는 것이다.

이것이 실용주의의 금과옥조(프래그머틱 맥심) 전문이다. 실용주의적 의미론이란 이런 명제를 뒷받침하는 것으로서, 거기서는 사상의 작용과 사상이 지니는 의미·사상이 도달할 수 있는 진리 등이 항상 인간의 행동과 결부되어 분석된다. 그 핵심 논의를 더욱 응용한 결과로서, 실용주의 교육학·미학·논리학·법률학·정치학 등이 전개되었다. 이 방법은 전체적으로 문제 해결적 방법이라 불린다.

이와 같은 순서는 생활 작문 운동에서는 반대가 된다. 여기서는 우선 생활 체험을 기록하는 행동의 반복이 있고, 이미 행해진 행동에 대한 반성으로서 '이렇게 쓰자'고 하는 제안이 나오고, 다시 행동이 한차례 반복되면서 다시 '이렇게 쓰자'는 새로운 제안이 나온다.

실용주의라는 것이 행위(프라그마)가 사상에 선행한다는 것을 주장하는 입장이라고 한다면, 생활 작문 운동은 철학 사상의 실용주의보다도 더욱 철저하게 실용주의적 운동의 형태를 띠고 있다.

생활 작문 운동의 경우에는 자신의 힘과 자신의 눈으로 직접 접촉하는 진실을 반영해낸다는 것을 목표로 하였다. 이를 위한 작문 방법은, 쓰는 자가 흔히 범하기 쉬운 여러 종류의 오류를 스스로 반성하게 하는 것이었는데, 이 역시 미국 실용주의와 같이 격언(맥심)의 형태로 반복되어 정식화되어왔다.

처음에 미국 실용주의가 철학서에서 무의미한 논의를 추방하기 위하여 '독서법'의 형태로 고안되었던 데에 비해, 일본의 실용주의는 자신의 생활의 진실을 묘사하기 위한 '작문법' 이론으로서 출발하였기 때문에, 환경에 대한 작용·실천적 측면이 강하다. 미국의 실용주의(사상이 형이상학적 미로 속으로 빠져들어가는 것을 방지하기 위해서 만들어졌다)가 방어적 실용주의인 데에 반해, 생활 작문 운동은 (생활 개선에 눈을 돌리는) 공격적 실용주의가 되었던 것이다.

2. 생활 작문 운동의 발생

　생활 작문 운동의 역사를 거슬러 올라가보기로 하자. 오늘날까지 계속되고 있는 생활 작문 운동 50년 역사를 전체적으로 조망해보면 그 공격적 측면이 분명하게 드러난다. 그러나 발생기에도 그러했던 것은 아니었다. 이 운동이 형성되던 시기에는 상당히 다른 유파의 사상들도 이 속에 참여하고 있었으며 또한 그 사상들이 서로 합성되는 경향이 있었다. 이 발전 과정의 뒤를 쫓아가보면, 어떠한 방법으로 타협이 아닌 절충(좌절적 절충이 아닌 발전적 절충)이 가능해지는가를 실례를 통해서 확인해볼 수 있다.

　생활 작문 운동의 원류를 거슬러 올라가게 되면 아시다 에노스케 (葦田惠之助, 1873~1951)라는 인물을 만나게 된다. 아시다 에노스케가 그의 고향인 교토부(京都府) 후쿠치야마(福知山) 순명소학교에서 근무하고 있었던 때인 1896년에 대홍수가 있었다. 파괴된 학교 건물의 복구 공사가 쉽게 끝나지 않았기 때문에, 그는 교장으로부터 1개월의 휴가를 받아 교토시로 나와 기부금을 모집하고 다녔다. 그 과정에서 그는 수해의 실상을 모르는 이들을 위해 「병갑 수해기(丙甲水害記)」라는 기록을 직접 써서 들고 다녔다. 이 경험이 23세의 청년 교사로 하여금 작문 운동 교육에 깊은 관심을 갖게 하는 실마리가 되었다. 1898년에 소학교 창립 30주년 기념식이 교토시에서 개최되었을 때, 그는 심상소학교 작문 교수법 현상 모집에 응모하여 일등으로 당선되었다. 그러나 이때의 '작문' 이론은 어디까지나 교사 본위의 교수 방식인 것으로서, 직접 쓰는 당사자 쪽에 초점을 맞추는 사고 방식은 아니었다. "당시의 나의 사상은 언어 문자를 도구로 하여 이를 익숙하게 사용하게끔 하는 데에 목표를 둔 받아쓰기로부터 시작하여, 과제 및 사상의 정리·기술로 나아가는 극히 구식의 것"(『혜우자전(惠雨自傳)』, p. 128)이었다고 스스로 회상하고 있다.

70

동경고등사범부속소학교에서 교사로 재직중이던 그는 당시 맡고 있던 업무에 보람을 느끼지 못하고 있었다. 그리하여 40세 때에 오카다 도라지로(岡田虎次郎) 문하에서 좌선(坐禪)을 시작하였다. 이 오카다라는 이는 일본 근대 사상사에서 독자적인 사상 운동을 일으킨 인물로서, 그가 끼친 영향은 넓고도 깊으나 운동 형태에 관한 한은 아무런 흔적도 남기지 않았다. 어떤 유파에도 속하지 않은 채, 단지 그를 찾아온 이와 함께 앉아 마음을 정리하는 방법을 가르칠 뿐이었다. 이것이 나중에는 각 개인의 문제를 갖고 함께 이야기를 나누는 식의 운동 형태가 되었다. 그가 접했던 사람들로는 다나카 쇼조(田中正造), 기노시타 나오에(木下尙江), 이시카와 산시로(石川三四郎)와 같은 사회주의자, 소마 아이조(相馬愛藏) 및 곳코부처(黑光夫妻)와 같은 실업가 겸 문학자가 있으며, 그외에 아시다 에노스케와 같은 교사가 있었는데, 각 인물들에게 개별적인 의미에서 깊은 사상적 자극을 주었다. 각각의 탐방객들이 들고 오는 문제에 대해서 이야기하면서, 문제를 지니고 있는 쪽이 자기 스스로 해결의 실마리를 발견하게끔 도와준다는 것은, 선종(禪宗)의 방법에 속한다. 이것은 동양적 관념론에 그 뿌리를 두고 있는 것이긴 하나 동시에 실용주의적인 성격도 지니고 있다. 이것은 결국 비지시적 상담[1]으로서, 1950년대 이후 미국 심리학에 출현했던 경향과 동일하다. 이러한 운동 방식은, 자기 속에 수입한 것들을 거듭 축적해가다가 자신이 지니고 있는 것이 남에게서 빌린 것뿐이라는 사실 때문에 고민하기 시작하였던 명치 말기 인텔리들의 마음속으로 파고들어가면서 신흥 종교로서 유행하게 되었다. 수입품의 하중(荷重)에 비틀거리는 자기 모습에 혐오를 느낀 지식인들에게, 오카다식 좌선법은 어딘가 자기의 자연스러운 스타일에 뿌리를 내린 듯한 생활 미학을 부여하였다. 다른 대부분의 신흥 종교들처럼, 이 신흥 종교는 천황 숭배로 기운다거나 반동적 사회 세력과 손을 잡

---

1) 논디렉티브 카운셀링: 이러저러하게 하라고 강요하지 않는 신상 상담 방법.

는다거나 혹은 교조의 죽음과 더불어 내부 분열이 일어난다거나 하는 일이 없이 소멸하였을 뿐만 아니라, 처음부터 마지막까지 일관된 허무주의 사상의 길을 걸어왔다는 사실은 일본 사상사에서 대서 특필되어야 할 사건인 것이다.

아시다 에노스케는 오카다 도라지로로부터 받았던 자극을 다음과 같이 밝히고 있다.

　　이 시기의 일이었습니다. 제가 내성(內省)을 계속한 결과, 저 자신의 확고한 체험에서 우러나온 것이 매우 적다는 사실에 주의가 미치게 되었습니다. 제가 말하고 있는 것 중의 수많은 것들이, 책에서 읽은 것이거나 다른 이로부터 들은 것이었습니다. 물론 그건 그럴 수 있다 치더라도, 사람을 가르치고 사람에게 말을 전하는 자가 지녀야 할 능력이라는 면에서 본다면, 저는 그것이 매우 허약한 것이라는 사실을 깨달았습니다. 언젠가 오카다 선생께 이 말씀을 드리고 가르침을 청하자, 선생은 "그걸로 되지 않았는가" 하고 대답하셨습니다. 그러나, 저의 마음속에 일어난 초조함을 견디낼 수 없었기 때문에 재차 말씀을 청하자, "무(無)가 무(無)라는 사실만큼 확실한 것은 없다. 구(求)하는 마음은 실로 그 무(無)에 철저하지 않는다면 결코 우러나오지 않는 법이다. 남의 것을 이리저리 긁어모아 세상을 건너가려고 하는 것은 약은 생각에 지나지 않는다. 무에서 유(有)가 태어나는 이치를 잘 깨달아야 한다."[2]

아시다 에노스케는 보통 야위게 되어 있는 노이로제 증상을 지니고 있었음에도 불구하고, 13관 8백이었던 체중이 오히려 16관으로 늘었을 뿐 아니라, 마음의 안정까지 얻어 오카다 도라지로 문하로부터 돌아왔다. 그 다음해 1913년(대정 2년) 3월에 출판된 『작문법 강의(作文法講義)』에서, 그는 "자작(自作)은 작문법의 뿌리다"라고 주장하고,

------

2) 아시다 에노스케, 『혜우자전(惠雨自傳)』, 1950, pp. 209~10.

수년 전부터 교실에서 시도하였던 자유 선제(自由選題)를 하나의 작문 교수법으로서 제창한다. 명치기 교육계를 오랫동안 지배해왔던, 교사의 강요에 의한 문장(紋章) 새기기형 교육, 즉 '꽃구경'이라는 주제를 던지면 6·7세 아이들까지도 '허리에 술 한 병 차고'라 쓰기를 강요받는, 교육 칙어와 결부된 국어 교육으로부터 아이들을 해방시키는 운동의 도화선이 만들어진 것이다.

> 나의 일생을 두 개로 나눠 그 각각을 전반기·후반기로 이름붙일 수 있다면, 후반기는 40세가 되던 가을, 오카다 선생 문하에 들어가 좌선 수행을 시작한 시기였다고 말하고 싶습니다. 전반기는 밖에서는 싱싱한 듯해 보이나 속으로는 피곤하였던 시대였고, 후반기 생은 속으로 싱싱하고 낮은 곳에서 안심(安心)을 구하는 시대였지 않았나 생각합니다. 〔……〕
> 좌선을 통하여 내성(內省)의 요체를 깨닫고 그 지점에서 작문 방법을 본다, 그리고 글짓기를 하는 마음으로 독본의 문장을 본다, 이러한 식으로 저의 사고는 발전하였습니다. 그리하여 작문법은 결국 자기를 지어내는 것이며 독서법은 자기를 읽는 것이라고 믿게 되었습니다. 따라서 독본의 문장이 단순히 문학이나 어구를 가르치기 위해 존재하는 것이라고 간주하는 유치한 사고 방식에는 만족할 수 없게 되었습니다. 안다고 하는 것은 자기의 경험에 비추어보는 것이며, 읽는다는 것 역시도 자기 이상의 것은 읽어내는 것이 불가능하다는 사실을 깨닫고 나서, 당시의 독서 교육에 일대 개혁이 일어나야 한다고 생각하였습니다. 그리하여 저는 대정 5년 4월 44세 때, 『독서법 강의』를 묶어 세상에 선보였습니다.[3]

이와 같은 명치식의 전제주의적 국어 교육으로부터 자유주의적 국어 교육으로의 전환은 혹심한 공격의 표적이 되었다. 특히 『독서법 강의』에 관한 비판적 문건들을 저서나 잡지 속에서 찾아보면 그것만

---

3) 위 책, pp. 201, 222.

으로 거의 책 한 권이 만들어질 정도였다고 전한다.

아시다 에노스케는 1951년(소화 26년)까지 생존하면서 활동을 계속하는데, 그의 뒤에 나와 이 운동의 주역이 되는 것이 스즈키 미에키치(鈴木三重吉, 1882~1936)이다. 스즈키 미에키치는 1918년(대정 7년)으로부터 1936년(소화 11년) 사망에 이르기까지 2년 정도의 휴간 기간이 있었을 뿐인 『빨강새(赤い鳥)』라는 작문법 관련 아동 잡지를 계속하였다. 문하생에게 일을 맡기는 일이 없었던 그는 전국에서 모여든 작문선(選)을 일일이 직접 검토하면서, 후반생을 철저하게 작문에 몰입해 살았다. 그는 아이들의 작문을 모아 비교 검토하는 전국적 네트워크를 만든 최초의 인물이었다.

스즈키 미에키치의 작문 운동은 오늘날의 작문 운동가들로부터 다소 경멸을 받고 있는 듯하나, 이런 경멸은 정당한 것이라 할 수 없다. 스즈키 미에키치는 나쓰메 소세키(夏目漱石) 문하의 가장 유망한 신진 작가로서, 일찍이 24세 때 처녀작 『치도리(千鳥)』(1906)로 문단에 선을 보였다. 그가 후반기 생애에 이르러 소설 창작을 위한 붓대를 잡고 작문 운동에 몰두한 것은 하나의 중대한 선택이었다.

스즈키 미에키치는 유미주의자·예술 지상주의자로서 출발하였다. 아이들의 작문에 관심을 가진 것도 그런 관점에서였으며, 당시 일류 작가의 문장 수준을 넘는, 아이들의 표현이 지닌 싱싱함에 혼을 빼앗겼던 것이다. 그러나 『빨강새』와 더불어 18년간을 생활하는 중에, 그가 작문에 대해서 지니고 있었던 가치 기준은 선명하게 발전하였다. 스즈키 미에키치를 포함한 나가이 가후(永井荷風), 기노시타 모쿠타로(木下杢太郎), 다니자키 준이치로(谷崎潤一郎) 등 명치 말기 유미주의자·예술 지상주의자 들은 예술에 관하여 타협 없는 결벽 정신을 갖게 되면서, 만주사변 이후의 전쟁 시대에도 어느 선 이상으로 정치에 굴복하는 일이 없이 생존할 수 있었다. 이 점에서 이들은 소화 시대에 처음 등장한 예술 지상주의적 제유파(諸類派)(신감각파·일본 낭만파)들과 비교해볼 때, 그 골격이 매우 튼튼함을 확인해볼 수 있다.

만주사변과 상해사변을 구실로 하여 문부성이 취했던 강압적 교육 방침에 대해 스즈키 미에키치가 어떠한 태도를 취했는가를, 그의 업적의 집대성이라 해도 무방할 『작문 독본』(1935) 이론 편에서 확인해 보자.

쓸데없게도 많은 이들이 작문 실력이 늘지들 않는다고 불평하고 있다. 그러나 어떤 이들의 경우 작문력이 늘지 않는 데에는, 우선 아동들이 도저히 쓸 수 없는 것을 쓰게 하는 것과 관련된 근본적인 문제가 그 이유로 존재하고 있다. 우선 이 점에 대해 반성해야 한다. 즉 제재와 관련된 문제가 있는 것이다. 우리에게도 무엇을 쓰라고 한다면, 우선 자기 자신이 실제로 보고 듣고 느끼고 생각한 것을 쓰는 수밖에 없다. 즉, 우리 자신이 경험한 사실이 아닌 것은 작문으로 쓰기가 불가능한 것이다.

교사의 불철저한 지도가 근본적인 문제인데, 아동 중에는 자기가 직접 경험하지 못한 것을 마치 실제 있었던 일인 것처럼 공상으로 꾸며 쓰는 일이 왕왕 있다. 혹은 경험한 것이라 하더라도, 그 인상이 희미해진 나머지, 거의 관념처럼 되어버려 아무런 잔상(殘像)도 남아 있지 않은 것을 억지로 반죽해 내려고 하는 경우도 있다. 이런 것들은 모두 공상적 제작이라 해도 좋을 것이다. 이런 시도는 아예 처음부터 포기해야 한다.

무엇보다도 피해야 할 것은 교사가 아동 개개인의 경험 유무를 연구하지도 않은 채, 과제——어떤 아이들에게는 경험이 있을 수 있다 하더라도 실제 다른 많은 아이들은 전혀 경험할 수 없기 때문에 후자의 아이들은 결국 천상(天上)에서 만들어내지 않으면 안 될 그런 과제——를 내는 것이다. 아이들이 지니고 있을 수도 있는 특수한 작가적 기능을 별개의 문제로 친다고 한다면, 아이들이 공상을 통해 실감나는 것을 써낸다는 것은 불가능한 것이다. 그것을 억지로 강요한다면, 공소한 내용의 작문 혹은 그 비슷한 것이 완성될 것은 당연하다.

다음 문제는 과제로부터 생기는 병폐의 하나로서, 아이들에게 추상적·개념적 기술을 강요하는 무모함이다. 이것은 지금도 만연하고 있는 것인데, 예를 들어 '인내'라든가, '봄'이라든가, '국기'와 같은 문제를 아이들에게 과제로 내고도 태연한 이들이 있다.

물론 '인내'를 경험한 아이들도 있을 수는 있다. 그러나 인내라는 것에 대하여 특별히 내세울 수 있는 사건, 그리고 이를 한 묶음으로 묶어낼 정도의 사건이 없을 때에는, 사실상 그것에 대해 써낼 방도가 없는 것이다. 하물며, 그러한 사건적 경험을 떠나 '인내'라는 관념 그것을 분해해서, 인내의 윤리적·처세적 가치 따위를 써낸다는 것은 우리 어른들조차도 곤란한 일인 것이다.

'봄'이라는 제목에 대해 생각해보자. 이런 것은 총괄적으로 서술 가능한 것이 아니다. 상징시라든가 상징화라든가 음악이라든가의 묘사에 의하지 않는다면 도저히 그려낼 수가 없다. '봄'이라는 과제에 대해, 소학 독본에 나와 있는 듯한 유형의 글짓기를 시키고 만족할 바에는, 처음부터 독본을 베끼게 하는 편이 낫다.

'국기'라는 것도 단지 그 관념만 쓰게 한다면, 결국 누구든 공통적으로 지니고 있는 어떤 지식이라든가, 감정·사념 등의 기술 외에 새로운 것이 나올 리가 없다. 이런 것은 작문이 될 수 없다. 국기와 관련하여 특정 시기에 특정 지역에서 일어난 것을 실제로 목격한 특수한 사건이 있다면, 그것은 쓸 수 있을 것이다.

사실은 쓸 수 있다. 그러나 개념과 관념은 쓸 수 없다. 쓰더라도 몰개성적인 공유성(共有性)을 복사해내는 정도에 그칠 뿐이며, 작품으로서 그것은 하등의 가치가 없다.

전에 말한 바 있는 『아동문(兒童文)의 교단(敎壇) 실천』이라는 책에는 다음과 같은 작품이 실려 있다.

국기(심[尋] 4, 남[男])

세계 60개국의 나라에는 각각 그 나라를 나타내는 기가 있어, 이를 국기라 합니다. 우리 대일본 제국의 국기는 히노마루(日の丸)기입니다.

히노마루기가 아침 햇살을 받으며 위풍당당하게 빛나고 있는 모습은, 꼭 우리나라 국력의 왕성함을 드러내는 것 같습니다. 경축일이나 대제일(大祭日)과 같이 축하할 일이 있을 때마다 우리 일본인들은 국기를 들고 축하합니다. 우리 대일본 제국의 상선·군함·비행기에도 히노마루기를 답니다. 국기는 태양의 어기(御旗)라고도 합니다. 우리나라는 중국 동쪽에 있기 때문에 '해의 본(本)'이라고 했으므로 태양을 본받아 우리나라 국기를 히노마루라고 한 듯합니다.

작년 올림픽 대회 때, 남부(南部) 선수가, 익숙하지도 않은 3단 도약 경기에, 다리가 아픈 오다(織田) 선수 대신 출전하여 일등을 한 뒤, 히노마루기가 국기 게양대 가장 높은 곳에서 휘날리고 있었다는 말씀을 아버지로부터 듣고, 저는 뛸 듯이 기뻤습니다.

저는 열심히 학문을 공부하여 훌륭한 국민이 되어, 세계에 이르는 곳곳마다 우리나라 국기를 세울 각오입니다.

내가 윗글에서 얻은 감명이 있다면, 그것은 이렇게 어려운 과제를 내서 아이들로 하여금 괴로운 글을 짜내게 한 그 잔혹함 때문이다.

이러한 비판은, 앞장에서 살펴본 마르크스주의 운동과도 상당히 부합된다.

이상의 내용과 같은 무의미한 공상이나 개념·지식·추상적인 윤리 비판 등을 작문이 취급하지 못하게 하기 위해, 나는 작문 개혁안을 내면서 처음으로 작문은 '생활의 기록이다'라는 명제를 사용하고 강조한 것이다. 즉 아동의 살아 있는 실제 생활상의 직접 경험, 직접 본 것과 들은 것, 그 사실에 대해서 느낀 것을 쓰게 하지 않는다면 과제로서 효과가 나지 않는다는 것, 그리고 생생한 구체적 사상을 취급하지 않는다면 흡인력이 있는 진실한 작품을 얻을 수 없을 뿐만 아니라 작문의 즐거움 역시도 존재할 수 없게 된다는 것을 지적하고 싶다.

　지금 나는 작문의 제재에서 직접 본 것, 들은 것, 생각한 것이 빠지면 안 된다고 하였다. 이것은 틀림이 없지만, 그 마지막에 해당하는 느낌과 생각, 이것을 편리상 합쳐서 감상(感想)이라고 부른다고 할 때, 이 감상 자체의 기술(記述) 역시도 작품이 되기 어렵다.

　감상만으로 작품이 만들어지기 어렵다는 것이 무슨 말인가 하면, 아이들의 감상은 특히 단편적이기 때문에 그 잡다한 것들을 모으거나 확충하거나 하여 하나의 글로 모으기 위해서는, 역시 쥐어짜는 듯한 고통이 수반된다는 의미에서이다. 따라서 감상이라는 것은 어떤 경우에 아동이 이러저러한 것에 대해서 어떠한 느낌과 사고 방식을 갖고 있는가를 조사한다든가, 자기의 어떤 느낌과 사고 방식을 가슴 깊이 간직해두게 되는가 하는 등의 교육적 가치는 가지고 있다고 할 수 있겠으나, 작문으로서의 기술 가치는 적기 때문에 특히 저학년 과정에서는 제외하는 편이 좋다.

　고등과쯤 되는 학생들의 경우, 실제 이 방면에서 어떤 정도의 것을 얻을 수 있겠는가 혹은 어떻게 지도를 해야 하겠는가 등에 대해서는 나는 아직 연구한 바 없다. 내가 취급한 작품이 소학년의 것이었던 데다가, 감상과 관련된 것도 단지 사상(捨象)의 기술과 서사(敍寫)의 사이에 걸쳐 씌어진 것들만을 접수할 수 있었을 뿐이었기 때문에, 감상 그것이 독립적으로 존재하는 작품과는 만나볼 수 없었다.

　이러한 의미에서 나는 이 책에서도 감상의 방면은 제외하고 작문을 주로 하여 경험적 사실을 기술·서사하는 방면에 국한하여 논의한다.

　여기까지 거론해온 바에 의한다면, 소위 과제란 것도 이제 자연스럽게 해결된 것으로 생각된다. 현재로서는 과제의 우열 여부를 판가름하는 가치 기준은 어리석기 그지없는 것들이라 생각한다. 경험하지 않은 것은 쓰지 않기 때문에, 아동이 무엇을 쓸까 하고 당혹해하고 있을 때에 그 학생 개인에 대해서 자신이 경험한 사실을 쓰라고 지적하거나 암시해주거나 하는 경우라든가, 예를 들어 수학 여행이라든가 식물 채집, 동네에 일어난 큰 화재 등을 과제로 내는 것처럼, 전학년이 공동으로 경험한 것을 동일하게 쓰게 하는 경우 등이 아니라면, 과제란 존재할 의미가 없을 것이다.

또한 각 사람들이 공통적으로 지니고 있는 제재가 있다 하더라도, 그 중에서 추상적·개념적·지식적 기술에 해당하는 것은 과제로 넣 가치가 없음은 상술한 바대로다.[4]

국어 독본에 의한 강요를 배제하는 방법, 정부가 강요하는 유일한 시각에 따라서가 아니라 각자가 자기 눈으로 자기의 생활을 보며 쓰는 것, 스즈키 미에키치는 이러한 방법을 추천하였다. 이것은 아마추어를 포함하여 국민적 규모로 전파되고 실천된 예술 지상주의 운동이다. 그러나 이 예술 지상주의 운동은 전국민적 규모로 전파됨으로써, 이론가의 원래 의도를 넘어서서 비(非)예술 지상주의적 경향의 작품들을 낳았다.

『빨강새』, 1935년(소화 10년) 1월호에는, 「맨발 여행」이라는 도요다 마사코(豊田正子, 1922~)의 작문이 실려 있다. 이것은 눈 오는 날에 신고 갈 것이 없어서 어머니의 실내화와 아버지의 지카타비(노동자용 작업화)를 신고 눈길을 걸어 학교로 가는 고토 지구(江東地區)[5] 아이의 이야기다. 이와 같은 생활 내용은 스즈키 미에키치가 작문 운동 출발기에 예상했던 것과는 다르다. 고토 지구의 아이는 『빨강새』 편자가 권했던 '생활을 그대로 옮겨라' '실감을 생생하게 그려라' 라는 예술 지상주의적 처방전을 행동으로 옮긴 끝에 결국은 아래와 같은 작문을 쓰게 된다.

『슬픈 기록』은 어머니의 간통을 묘사한 글이다. 정직 일변도로 살아가는 양철공 남편에 대해 불만을 갖고 있던 해소병 환자 아내는, 활기가 있는 남편의 친구와 술을 마시고 밤을 보내게 된다. 거기에 남편이 들이닥쳐 분을 터뜨리나 방도가 없다. 그는 소학교의 담임 선생 거처에 마사코(正子)를 데리고 가서 해결책을 구한다. 선생님과 자

---

4) 스즈키 미에키치, 『작문 독본』, 중앙공론사, pp. 502~04.
5) 고토 지구(江東地區) : 도쿄의 동쪽에 있는 지역으로 빈민 계급이 주로 거주하였다(역자).

기 딸 앞에서 아버지가 어머니의 간통건을 호소하는 장면이 나온다.

아빠는 잠시 고개를 숙인 채 잠자코 있었으나, 다시 분해 참을 수 없다는 듯이, "베갯머리에 한 되짜리 술병이 뒹굴고 있었어. 이 개놈들. 두 연놈이 처마시고는 잤단 말이야. 어억, 그 모습이 자꾸만 떠올라서 어떻게 해야 할지 모르겠어요, 선생님. 어엉, 어엉——" 하며 얼굴을 양손으로 누르고는, 사모님이 벗어놓은 기모노 위에 괴로운 모습으로 엎드렸다. 그리고 머리를 기모노에 비비면서,

"선생님, 미안합니다. 미안합니다. 저는 바보였어요. 어엉, 바보. 선생님은 머리가 좋으시죠. 다 아시죠. 저는 선생님 말씀을 들어도 깨닫지 못했어. 저는 바보였단 말이에요. 어엉——. 더 이상, 선생님, 저는 분해서 분해서" 아빠는 큰 소리로 울었다.

선생님은 이모저모로 아빠를 위로하였으나, 아빠의 귀에는 들리지 않았다. 나는 힐끔거리기나 할 뿐 어떻게 해야 할지 몰랐다. 사모님도 아빠의 등에 손을 얹거나 당겨보거나 할 뿐, 역시 어떻게 해야 할지 모르는 모습이었다. 아빠는 쉰 목소리로 부르짖었다.

"엉 엉, 흑, 선생님 분해요. 사모님, 저는 전에도 이런 일을 당했어요. 그전 계집한테 말이에요. 그전과 똑같았단 말이에요. 전에 그년은 모직 공장에 가서 말이죠, 저의 형하고 붙어먹었어요. 쌍년, 그래서는 천벌을 받아서 병으로 뒈져버렸죠. 이걸로 저는 두번째예요. 선생님, 사모님, 저는 어떻게 해야 좋을지 모르겠어요."

"정말 불쌍한 아빠군요. 정말로 뭐라고 위로해야 할지. 정말 아빠 입장이 된다면 얼마나 분통이 터질까."

"그리구, 오유키 그년, 내 얼굴에 흙탕질을 해버렸어. 쌍년. 내 그년 어떻게 하나 두고 봐라. 어엉, 선생님. 저는 어찌해야 할지 몰라서, 화가 나서, 선생님." 아빠는 허리를 높이 쳐든 채, 머리를 바닥에 비비고 몸을 흔들며 울었다.

나는 아빠가 불쌍해서 숨이 막힐 지경이었다. 선생님은 몸을 일으키면서,

"도요다상, 분하긴 하겠지만 다섯 애들 생각을 해서 꾹 참아야 하지 않겠
나. 이 일은 이제부터 나하고 둘이서 잘 이야기해보자구. 결코 마구잡이로
생각하고 일을 벌여서는 안 돼. 칼을 쓰거나 죽이기라도 한다면, 마사코 아
빠도 캄캄한 곳에 들어가지 않으면 안 되지. 그리 되면 불쌍한 건 애들뿐이
야. 그러니까 생각할 여유가 있다면, 경찰에 알려서 이야기를 진행해보면 좋
지 않을까. 그 수밖에 없어. 결코 마구잡이로 일을 벌여서는 안 돼요."
"마사코 아빠, 지금 선생님이 하신 말씀을 잘 들어요. 마사코 아빠한테는
마사코가 있잖아요. 이렇게 예쁜 애가" 하고 사모님이 말하자. 아빠는 얼굴
을 쑥 쳐들고 외투 소맷자락으로 얼굴을 쓱 훔치면서,
"맞아요. 선생님. 저 마사코의 그 뭐라더라 하는 것을 말이죠. 쓰키치(築
地) 극장에서 상연하고 있대요. 그거 굉장한 거래요. 함께 일하고 있는 오쿠
무라(奧村)의 핫(初)쨩 말이죠. 마사코, 알고 있지? 저 그 오쿠무라의 하쓰
(初)가 말이에요, 그 사람이 말했어요" 하고 아빠는 빨간 눈을 깜빡거리면서
그런 이야기를 꺼냈다.
사모님은, 어머 그런 걸 알고 계셔요, 하고 놀란 듯이 나의 얼굴을 보면
서, "이렇게 좋은 자식이 있으면서 성질을 내면 안 돼요. 아빠가 뭔가 일을
저질러버리면 아이들 앞길이 불쌍해지잖아요. 그렇죠, 마사코 아빠" 하고 말
했다.
"그렇습니까. 사모님, 사모님——, 아아 그렇지요. 정말. 일을 안 저지를
게요. 알았어요" 하고, 아빠는 참을 수 없다는 듯이 손으로 얼굴을 누르고는
목소리를 높여 말했다.

머리를 방바닥에 비비면서 엉덩이를 높이 쳐든 채 몸을 흔들며 우
는 아버지의 모습을 지켜보는 아이의 눈은, 다야마 가타이(田山花袋),
도쿠다 슈세이(德田秋聲) 등이 자신의 성욕에 관해 기술하면서 자기
만족하고 있는 수준을 넘어서, 더 잔혹한 자연주의에 이르고 있다.
게다가 이런 사건이 일어난 후, 도요다 마사코는 결국 소학교 선생이
가르친 정직이라는 윤리에서 이탈하면서, 정직 일변도인 아빠의 힘만

으로는 우리 일가가 살 수 없다, 우리 일가를 지탱하고 있는 것은 거 짓말쟁이 어머니의 몸이라는 자각에 이르게 된다. 이 자각이 태평양 전쟁 직전인 1941년(소화 16년)에 씌어진 도요다 마사코의 제2작문집 『점토(粘土)의 얼굴』 후기에 나타나고 있는 것이 흥미롭다. 자기 체험 의 기술을 통하여, 자기를 둘러싼 사회 환경에 대하여 후쿠모토주의 보다도 더 높은 수준의 유물론적 이해에 도달하고 있는 것이다.

이 글이 씌어졌던 시기에 도요다 마사코는 『작문 교실』을 통하여 이미 전국적으로 그 이름이 알려져 있었으며, 그 작품이 쓰키치(築 地) 소극장에서 상연되고 있었다. 어떤 이데올로기의 도움도 받지 않 은 이 18세 소녀의 눈은, 극장과 출판으로 대표되는 가공의 세계와 자신이 지금 직면하고 있는 현실 세계와의 모순을 깨닫고 있었다. 그 녀는 결국 극장이나 출판사를 통하여 스크린에 비쳐지는 가공의 세계 속에 안주하며 생애를 마친 작문 운동 지도자 스즈키 미에키치의 길 과는 다른 길을 내딛게 된다.

1927년(소화 2년)은 금융 공황의 해, 1928년은 공산당 대검거와 3· 15 사건의 해, 1929년은 공산당 대검거와 4·16 사건의 해, 1930년은 가와사키(川崎) 대쟁의기에 엔토쓰오토코[6]가 나왔던 해, 그리고 1931 년은 만주사변의 해로서 도호쿠(東北) 지방에 대냉해(大冷害)가 엄습 했던 때이다. 이 시기에 작문 동인지들이 연이어 나왔는데, 특히 일 본에서 가장 빈한한 지역인 도호쿠 지방 및 도쿄토(東京都) 내 고토 지 구(江東地區)의 소학교 교사 그룹에 의해 만들어졌다. 고사카 다다요 시(小砂丘忠義)의 『작문 생활』(1929), 나리타 다다히사(成田忠久)의 『북방 교육(北方敎育)』(1930), 노무라 요시베(野村芳兵衞)의 『생활 학

---

6) 엔토쓰오토코(煙突男) : 1930년 11월 16일, 임금 인하 및 해고 반대 파업이 계속 되고 있던 후지(富士)방적 가와사키(川崎) 공장에서 한 노동자가 높이 40미터의 굴뚝 위에서 적기를 흔들며 파업을 선동하여 매스컴의 주목을 끌었던 사건. 천 황을 실은 열차가 부근을 통과하기로 되어 있었던 예정 때문에 공장측은 그와 타협을 하였으며 이 노동자는 130여 시간의 고공 시위를 마치고 무사히 귀환하 였다.

교』(1934). 그리고 문집으로는 고쿠분 이치타로(國分一太郎) 편『몸빼 형제』, 스즈키 미치타(鈴木道太) 편『수기(手旗)』, 곤도 마스오(近藤益雄) 편『공부 군대』, 이케다 가즈오(池田和夫) 편『은광(銀光)』, 사가와 미치오(寒川道夫) 편『푸른 하늘』, 사카모토 료진(坂本亮人) 편『일향가(日向家)』 등이 있는데, 운동의 중심이 확산되면서 영향이 홋카이도(北海道)로부터 규슈(九州) 끝까지 미쳤다. 처음에 문집은 교사의 손으로 편집되었으나, 나중에는 아이들이 직접 자신의 손으로 엮어내는 경우도 많아지게 되었다.

작문 운동가들이 서로 만나 토론할 기회가 없었기 때문에, 이 운동의 전달 통로는 자기가 담임하는 학급에서 만든 문집을 서로 교환하여 비평하는 식으로 되어 있었다. 이렇게 다원적인 네트워크를 지니고 있었기 때문에, 탄압기에 들어서 있던 진보 운동의 지원 세력으로서 중요한 역할을 수행하게 된다. 중일 전쟁이 시작되고 나서도 서로 신용할 수 있는 2·3인 혹은 4인의 소집단 형식으로서, 서로 다른 지구의 학교 교사들이 문집을 교환하며 운동을 계속해나갔다.

이 운동과 관련하여 검거된 최후의 그룹은 태평양 전쟁 개시 후 1943년(소화 18년)의 것이었다. 도호쿠(東北) 지방의 작문 교사들이 뒷받침이 되어 이론적 토대를 제공하고 있었던 '교육과학연구회'(회장 기도 반타로〔城戸幡太郎〕, 간사장 도메오카 키요오〔留岡淸男〕)가 탄압 대상이 되어, 기도 반타로는 장기간의 투옥 생활을 보냈다. 이 기도 반타로가 「의미에 대하여 On Meaning: The Japanese Psychological Bulletin」(1934년)라는 논문의 필자로서, 쓰루 시게토(都留重人)와 함께 1945년(소화 20년) 종전(終戰)까지 미국의 실용주의 운동에 영향을 끼친 두 명 중의 하나라는 사실은 흥미롭다.

이처럼 일본의 실용주의는 간접적인 경로를 통하여 국제적인 실용주의 운동과 관련되어 있다. 이 땅에 실용주의 운동이 뿌리내린 뒤로 그것이 20년 정도나 지속된 이후에 얻게 된 교류가 이것이라는 점을 생각해볼 때, 이 운동이 사상 운동의 발전 방법면에서 가장 바람직한 형태의 것이라는 사실을 알 수 있다.

기도 반타로는 독일 사회민주주의하의 생산주의 교육의 영향을 받고 있었다. 노무라 요시베(野村芳兵衛) 등, 도쿄의 중산 계급 아동 상대의 '아동의 마을 소학교' 계열 작문 교사들은 아나키즘의 영향 밑에 있었다. 또 사가와 미치오나 고쿠분 이치타로 등 북방계 생활 작문 교사들은 마르크스주의의 영향을 강력하게 받고 있었다. 그러나 이 외국의 이데올로기들이 작문 운동의 원동력이 된 것은 아니었다. 그 원동력이 된 것은 역시 각지의 소학교 교육 현장에서 부딪치는 실제 문제를 해결하려 하는 스스로의 노력이었다. 각지의 문제 해결 방법을 비교하며 서로 소통하는 것이 만주사변 이후 단계에 이른 생활 작문 운동의 핵심이었다.

생활 작문 운동은 이 시대에도 스즈키 미에키치가 사용한 기본 용어를 계승하여 사용하고는 있었지만, 그것이 실제 의미하는 내용은 이미 달라져 있었다. 원래 운동의 간판으로 사용되는 언어는, 그것을 사용하는 주력 그룹이 바뀜에 따라 그 의미 내용도 달라지게 되는 법이다. 생활 작문 운동에서도 '생활 기록' '실감(實感)' '활사(活寫)' 등은, 도시 소시민층 아이들을 주대상으로 하였던 아시다 에노스케나 스즈키 미에키치 지도 시대로부터 빈농 자녀들을 주대상으로 하는 고쿠분 이치타로, 사가와 미치오 지도 시대로 바뀌었을 때, 중대한 의미 변화를 일으켰던 것이다. 계급과 목표·지역 등이 달라짐에 따라 이러한 방법이 사용되었던 것이다. 마르크스주의가 외부로부터 이 운동 속으로 주사(注射)되었던 것이 아닌 것이다. 전후 생활 작문 운동에서 새로운 정점을 이룩한 무차쿠 세이쿄(無着成恭)의 방법은 무수한 도시적 평론가들로부터 마르크스주의적이라고 비판받은 바 있었다. 그러나 그 창안자인 무차쿠 자신은 마르크스주의 문헌이나 실용주의 문헌, 또는 생활 작문 운동 자체의 문헌 등등 그 어떠한 문헌 계통에도 의지하지 않았다. 그는 단지 야마가타현(山形縣) 야마모토무라(山元村) 현지의 중학생들에게 사회 과목을 가르치면서 당면하게 되는

실제적인 현장의 문제를 해결하려는 노력 속에서 직선적으로 『메아리
학교』라는 문집을 만들어낸 것이다.

앞서 논한 도요다 마사코 역시도 그녀의 『점토의 얼굴』(1941) 후기
가 보여주는 바와 같이, 마르크스주의적인 이들과 무관한 상황에서
출발하여 정직이라는 윤리를 비판하는 단계에 도달하고 있다. 그녀가
마르크스주의 진영과 접촉하게 된 것은 훨씬 뒤의 일로서, 전후 3년
정도에 이른 뒤부터의 일이다. 이러한 사색 방법은 앞장에서 논한 유
물론적인 사상 운동과 대조적이다. 미야지마 스케오(宮島資夫), 미야
지마 요시로쿠(宮島嘉六), 사토무라 긴조(里村欣三), 하야마 요시키
(葉山嘉樹), 도쿠나가 스나오(德永直) 등이 부농 출신이었다든가, 대
학생들과의 교류를 통해 상당한 학력을 지니고 있었다는 사실을 고
려해본다면, 일본 프롤레타리아 문학은 도요다 마사코나 오제키 마
쓰사부로(大關松三郎) 등의 생활 작문 작가들 속에서 발생하였다고
할 수 있는 것이 아닐까. 여기서는 스즈키 미에키치가 강력하게 배
제하려 했던 그 '개념적 파악'은 이미 흔적조차도 찾아볼 수 없다.
그리고 실제 생활에서 우러난 실감을 고통스럽게 반복하는 과정을
통하여 이 사회가 계급 사회라는 자각에 도달한 후, 이 계급 사회 속
에서 어떻게 살아가야 하는가 하는 문제 해결의 실마리에 도달하고
있는 것이다.

만주사변 후의 탄압 시대에 니가타현 고시군(古志郡) 고조무라(村)
의 생활 작문 교사 사가와 미치오(寒川道夫)의 지도하에서, 빈농의 아
들이었던 오제키 마쓰사부로(大關松三郎)가 소학교 6학년 시절에 쓴
시를 보자.

괭이 한번
쿵 하고 내리치니 뒤집힌 흙 속에서
꿈틀꿈틀 벌레들이 기어나온다
흙 속에 숨어 있던

어둠 속에 살고 있던 벌레들이
내 괭이질 한번에 허둥지둥 대소동이다
너는 버러지새끼라 불리고
너는 지렁이라 불리고
너는 방구벌레라 불리고
너는 징그럽다고 불리고
너는 개미라 불리고
너희들은 벌레라고 불리고
나는 인간이라 불리고
나는 백성이라 불리고
나는 괭이로 밭을 갈아야 하고
나는 너희들의 집을 부숴야 한다
나는 너희들의 대장도 아니고
적도 아니지만
나는 너희들을 쫓아내고
죽여버린다
괴롭다
나는 괭이를 세우고 생각한다

그러나 벌레들아
역시 나는 밭을 갈아야 한단다.
너희들을 쫓아내야 한단다.
응?
벌레들아 벌레들아

이와 같이 반복·중첩되는 실감 있는 형상과 그 실감이 갖춰진 구
조 위에 마르크스주의가 관념의 구조로서 더해지는 경우, 그것은 매
우 탄탄하게 받아들여져 더 이상 쉽게 허물어질 수 없게 된다. 소화

초기 소시민 계급 출신의 많은 학생들이 대부르주아 출신의 백화파 관념론자들을 "부르주아적 관념에 사로잡힌 조발성(早發性) 치매증"[7]이라고 경멸조로 부른 적이 있었던 것을 기억한다. 이들은 관념 구조를 발판으로 삼고서 자신의 무게를 지탱하려 했던 이들이었다. 외국제였기 때문에 견고하게 보였던 그들의 토대는, 당초 예상과는 달리 똑 하는 소리를 내고는 부러져버렸다.

그들은 실생활의 고통(이미 몇 년씩이나 견뎌낸 자가 많았다)을 직접 견뎌내었던 것이 아니라, 시대 풍조의 흐름에 거스르지 않고 편승해버렸다. 그들은 시대 풍조의 흐름에 휩쓸리지 않은 채 자기의 실감이라는 토대 위에 서는 것이 불가능했던 것이다. 동시대어 생활 작문 운동은 자신들의 생활 조건이 허용하는 범위내에서 눈에 띄지 않는 저항을 계속하였다. 일본의 거의 모든 소학교 교사의 무의식적 습관 속에 짜넣어지게 된 이 운동은, 저류(低流)라는 형태로서 흐름을 계속하였다. 그리하여 패전이라는 커다란 사건이 다른 모든 사상 유파들에 긴 불모의 기간을 가져다주었음에도 불구하고, 생활 작문 운동은 이 저류를 따라간 결과 『메아리 학교』를 선두로 하여 풍부한 결실의 시기를 맞게 되었던 것이다.

흔히 일본 근대 사상의 허약성은 도시에 거주하는 인텔리들이 그 주체가 되면서 전국 각지의 생활자 인텔리 계층이 소외되었던 데에 기인한다고들 한다. 이에 반해 생활 작문 운동은 사범학교 출신의 하급 교사와 빈농 및 공장 노동자의 아이들과의 협력을 기본축으로 한 것이었다. 여기서는 일본의 사상 운동에 공통적으로 들어 있는 허약성이 극복되기 시작하고 있는 것이다. 그러나 결국 거대한 전쟁이 도래하면서 이러한 전파 방식은 탄압에 직면하게 된다.

---

7) 오야 소이치(大宅壯一), 『모던상(相)과 모던 계급(層)』.

3. 생활 작문 운동의 특징

Ⅰ. 조직에 대하여

이 운동이 양적으로 정점에 달한 것은 중일 전쟁 전야, 즉 소화 11~
12년경이었다고 생각된다. 이때 교사 상호간에 교환된 대표적 문집들
은 다음과 같은 분포 지도를 형성하고 있었다.

문집 분포도 (1936년 2월 현재)

홋카이도(北海道) 지방	10점	도호쿠(東北) 지방	10점
간토(關東) 지방	25점	추부(中部) 지방	14점
긴키(近畿) 지방	17점	추고쿠(中國) 지방	15점
시코쿠(四國) 지방	1점	규슈(九州) 지방	5점
조선(朝鮮)	3점	만주(하얼빈 보통학교)	1점
지나(上海 西部 일본 소학교)	1점		

합계   112점[8]

도호쿠 지방에 국한된 것이긴 하나, 『북(北)일본 문학 명부』 편집
작업을 하고 있는 센다이시(仙台市) 국어교육연구회가 홋카이도로부
터 시작되는 보다 상세한 문집 목록을 만들고 있다고 하는데, 이로
보아 실제 문집 수는 더욱 많았을 것이라고 생각된다.

소화 8년 사노·나베야마 등의 집단 전향을 시작으로 마르크스주의
가 좌절된 이후로부터 소화 16년말 반파시즘 세력에 대한 대대적 검
거가 완료되기까지의 8년간, 작문 운동은 다른 모든 진보적 사상 운
동보다 더 견고하고 우월한 네트워크를 구축하고 있었다. 그 네트워
크는 한 사람의 리더가 꼭대기에 존재하는 식의 것이 아니었다. 위

---

8) 미네이케 미쓰시게(峯池光重), 『작문 교육 발달사』, 啓文社, pp. 246~56.

목록에 올려진 모든 지방 교사가 소(小)리더들이었던 것이다.

당사자 중의 한 사람이었던 사가와 미치오(寒川道夫)는 당시 조직
에 대하여 다음과 같이 말하고 있다.

사가와 생활 작문 운동이라는 것은 주체가 분명치 않아서 말이죠. 이게
무슨 말인고 하니, 일하고 있던 이들이 전부 진짜 시골 문사여서, 여기저기
에 분산되어 있었다 그 말입니다. 게다가 주체가 되었던 지역이 극히 빈한한
농어촌이었으니까 경제적으로도 매우 어려웠지요. 그래서 상호간의 연락이
라는 것도 매우 적었고, 또 소학교 교원이라는 이들도 자그마한 부락에 몸을
걸치고 있을 뿐이었기 때문에, 세간에 거의 알려지지 않은 이들이 대부분이
었다고 기억합니다. 문제가 발생하고 난 뒤로는, 이전에는 거의 볼 수 없었
다고 할 정도로 모두들 활발하게 상호 연락을 취했지요.

혼다 슈고 맨 처음에는 기관지 같은 것이 있어서 각 지방으로부터 연락
이 있었습니까?

사가와 그런 것이 있었습니다만, 성격상 매우 분산되어 있었지요. 저 같
은 경우도 매우 강력하게 활동하고 있었던 분들과 거의 만난 적이 없어요.
생활 작문 운동가라면, 최초에 손을 대었던 고쿠분 이치타로 선생 등과 전쟁
전에 만난 것이 2, 3회 정도였을까요. 무라야마 슈타로(村山俊太郞)나 스즈
키 미치타(鈴木道太), 곤도 마스오(近藤益雄), 세오 데루오(妹尾輝雄) 등 생
활 작문 이론의 전개나 건설의 주역을 맡고 있었던 이들과도 한 번도 만난
적이 없어요. 그런 주제에 편지로는 거의 1주일에 한 번 정도 여기저기 연락
을 취하면서 자기들이 하고 있었던 작업을 보여주곤 했는데, 이것은 또 '교
실 문화의 교류'라는 이름으로 하였지요. 모두가 얼굴도 모르는 채로, 단지
잡지나 편지상으로, 혹은 '등사판 문화'라 불리는 아이들 문집을 통해서 서
로 손을 잡고 있었던 셈이지요.[9]

---

9) 아라 마사토(荒正人), 사사키 기치(佐佐木基一), 히라노 겐(平野謙), 혼다 슈고
   (本多秋五) 편, 『일본 프롤레타리아 문학 운동사』, 三一書房, 1955, pp. 156~57.

Ⅱ. 사상의 발전 방식

대부분의 일본 근대 사상 운동들이 특정한 외국 사상가를 출발점으로 하는 외줄기 사상사 운동인 경우가 많은 가운데, 생활 작문 운동이 지니고 있는 절충성은 매우 두드러지는 바가 있다. 그리고 다른 사상과의 합류라는 측면에서 볼 때, 이 운동은 각 사상 유파간의 타협이나 정퇴(停退)라는 방식이 아니라 절충이라는 방식을 통하여 50년이라는 전통을 유지하고 있는 것이다. 우리는 여기서 정체적 절충성과 대비되는 창조적 절충성의 존재를 생각하게 된다.

도쿄의 문화인들이 주도한 사상 운동 중 많은 수가 정체적 절충성의 실례가 되어 있음에 반해, 생활 작문 운동은 향토적 소집단이 주도한 사상 운동이었기 때문에 정체성을 탈피하게 되었던 것이라고 생각한다. 이 운동의 지도자가 향토의 소사회로부터 빠져나오지 않고 그곳에 뿌리를 내린 채 운동을 추진하였다는 것은, 금후 일본의 사상 운동 전체에 있어 중대한 의미를 지닌다. 일본의 사상 운동은 그 무엇보다도 이 점을 배워야 하는 것이다.

생활 작문 운동의 경우 그 창조적 절충성은 주된 역점이 문제 상황 그것과 밀착되어 있다는 점으로부터 나온다. 누가 언제 어느 책에서 말했는가 하는 사상의 출전에 역점을 두게 되면, 각 사상의 출전의 고귀성과 순수성을 서로 내세우면서 갈등이 생겨날 것은 뻔한 일이다. 서로 다른 출전들 속에서 나온 사상들을 합친다는 것은 물론 어려운 일이다. 설사 그것들을 억지로 합쳐놓는다 하더라도 단지 등을 맞대놓는 정도에 그치게 되고 만다. 그러나 어느 출전에서 얻은 착상인가 하는 것을 문제삼지 않고, 미약하더라도 눈앞의 문제 해결에 도움이 되는가 안 되는가의 여부에 역점을 두게 된다면, 도움이 되는 생각이라면 얼마든지 이를 받아들이는 것이 가능하게 된다. 먼저 동양풍의 허무 사상, 다음에 유럽 세기말의 유미주의, 아나키즘, 마르크스주의의 순서로 영향을 받고 있었던 생활 작문 운동의 이러한 존재 방식은, 이 운동이 이곳저곳으로 떠돌며 동요하고 있었다는 것을

90

입증하는 증거가 되는 것이 아니다. 오히려 그 영향들이 축적되면서 독특한 성격이 이 운동에 부여되고 있는 것이다. 또 이 운동의 생성 과정에서 승려 취향의 아시다 에노스케, 유미주의자인 스즈키 미에키치, 아나키스트 노무라 요시베, 마르크스주의자 고쿠분 이치타로 등이 불같이 화를 내며 서로 '반동'이라든가 '배신자'라든가 하는 딱지를 붙이며 싸운 흔적이 보이지 않는 것도, 같은 시기의 철학·문학·정치상의 사상 운동들과 비교할 때, 두드러지는 특성이라고 할 수 있다. 바로 이런 이유로 해서 생활 작문 운동의 창조적 절충성이 실현되는 것이다. 이 점 역시도 금후 일본 사상 운동의 공공 유산으로서 충실하게 계승되어야 할 것으로 생각한다.

Ⅲ. 그 이론

아시다 에노스케의 발상이 '제목을 자유롭게 골라야 한다'는 극히 단순한 격언의 형태를 취하고 있었던 것과 마찬가지로, 다음의 스즈키 미에키치는 '실감을 갖고 묘사하자'는 슬로건을, 노무라 요시베 등은 '예술 작품으로서만이 아니라, 생활 개선의 방법으로서, 교육의 방법으로서 작문을 사용하자,' 고사카 다다요시(小砂丘正義)는 '계급의식도 작문 속에 포함되도록 지도하자,' 고쿠분 이치타로는 '개념만으로 완성되는 문장이 아니라 개념을 구체화하는 표현을 추구하자' 등등의 슬로건을 내걸었다. 이처럼 생활 작문 운동은 각자의 실천 과정 속에서 축적해낸 간결한 격언들을 그 이론적 핵심으로 삼고 있는 것이다.

이 슬로건들 속에는 각 개인들이 매우 긴 실천 과정 속에서 얻어낸 수확이 단 한 마디의 어구로 집약되어 있다. 이런 식으로 창조되는 격언은 금후에도 계속 축적되어나가야 할 것이다.

금후에 제시되어야 할 격언이 있다면, 그것은 감정과 인식의 미분화에 기인하는 혼란을 정리하는 일일 것이다. 『도사 닛키(土佐日記)』 『사라시나 닛키(更科日記)』『마쿠라노소시(枕草紙)』 등 일본에는 옛날부터 일기풍으로 신변 잡기를 기술하는 관습이 있었으며, 그것이 또한 단가풍의 감정 표현과 밀착되면서 발전되어왔다. 쓰키나미 단카(月並短歌), 쓰키나미 하이쿠(月並俳句)[10]가 도쿠가와 시대 이후 민중 사이에 상당히 퍼졌는데, 명치기 이후 활판 문화의 발달과 더불어 이와 같은 신변 기록 양식이 국민적 행사로 발전하였다. 전후의 아사히신문의 '잠시(一時)'란이나 인생 잡지류 등의 생활 기록란은 3매나 10매 정도 되는 한정된 지면 안에서 하나의 감정적인 매듭을 짓고, 단순한 상을 만들어내서 마무리를 지어야 하는 식으로 되어 있다. 그 결과 일상사에 대해서도 점차 쓰키나미 단가와 유사한 무리한 단순화·정식화가 적용되게 된다. 인생 잡지나 생활 기록에 대한 문학자들의 반발은, 복잡한 구조와 다양한 감촉을 지닌 인생을 이처럼 억지로 몇 개의 덩어리로 표현해버리고는 그것을 가지고 현실 파악이 이뤄진 셈으로 치는 태도에 대한 비판에 뿌리박고 있는 것이다. 오늘날 인생 잡지류에는 전국의 수많은 하이쿠 잡지와 단가 잡지들에서 볼 수 있는 정형성이 드러나 있다. 이와 같은 정석적인 감정 표현 방식을 분쇄하는 것이 현재의 과제일 것이다. 어떤 중대한 문제를 풀기 위해 깊이 사고하는 '인식' 과정을 일찌감치 생략해버리고는, 자신의 감정을 3매 혹은 4매 원고지 속에 정형적으로 표현하면서 중요한 문제 의식을 흘려내버리는 일이 있어서는 안 된다. 이것은 감정 표현을 해서는 안 된다는 말이 아니다. 끈질기게 파고드는 인식의 뒷받침이 있을 때에야, 정형적인 감정 표현이 아니라 정밀한 감정 표현에 도달할 수가 있다는 말이다. 생활 작문 운동 속에 더욱 집요한 문체와 산문 정신을 끌어들이지 않는다면, 이것은 성인의 표현 수단으로까지는 발전해나갈 수 없을 것이다. 이렇게 3매라든가 10매라고 하는 현 저널리즘의 요청에 허리를 굽히고 투서하는 자세 속에, 생활 작문 운동

---

10) 쓰키나미 단카(月並短歌), 쓰키나미 하이쿠(月並俳句): 관용적·상투적 표현이 자주 쓰이는 단가와 하이쿠 양식(역자).

의 발전을 방해하는 요인이 있다고 생각한다. 역시 생활 기록 운동은 각자가 길이의 제한 없이 개인적으로 써서는, 일정한 시간이 지난 뒤에 동료들이 낭독하거나 문집으로 공개하는 것이 올바른 방식이라고 생각한다. 저널리즘 속에 말려들어가버리면 가장 소중한 것을 잃고 마는 것이다.

Ⅳ. 금후의 다른 사상 유파와의 유대 관계

생활 작문 운동이 작문법 이론으로서 발달해온 것은, 미국 실용주의가 읽기법 이론으로 발달해온 것과 비교해서 한번 더 반성해볼 만한 일이라 하겠다. 또한 미국 실용주의 속에는 없었던 '계급' 개념이 일본의 생활 작문 운동 속에 등장한 점은 앞으로 더욱더 탄탄하게 정식화되어도 좋을 것이다.

20세기 중엽의 세계에서는 매일같이 매스컴을 통해 대상의 기호가 개인 속에 흘러 들어온다. 이 기호들을 올바르게 읽어내는 것이 20세기 인간의 과제가 된다. 독해 방법은 원래 19세기 중엽 퍼스가 형이상학 서적을 읽는 데 사용하여 성공한 방법인 것으로, 이와 같은 방식으로는 오늘날의 요구에 부응할 수 없다. 그런 의미에서 우리는 새로운 실용주의적 핵심을 생산해내야 하는 것이다.

매스컴을 통해 전달된 기호의 의미를 판단할 때에, 우리는 어떤 계급적 이해 관계를 지니고 있는 집단이 어떠한 계급적 목적을 위하여 그 기호를 사용하고 있는가를 따져보지 않으면 안 된다. 또 권력 계급의 외부에 있는 우리와 같은 여러 집단의 힘이, 그 기호를 원래의 계급적 목적으로부터 어느 정도나 분리시켜 사용할 수 있는 조건을 지니고 있는가 하는 점 역시도 따져보아야 한다. 그러므로 일정한 조건의 변화가 생길 때 외기(外氣)의 온도를 끊임없이 재어볼 필요가 있듯이, 기호의 의미는 현재로부터 미래에 걸쳐 있는——반복적인 개정을 필요로 하는——역사적 경향에 대한 예측으로서 판단해보는 것이 가능할 것이다.

'평화'라든가, '국토 방위'라든가 '민주주의' '자유' 등 추상적 의미를 지닌 제기호들은, 그것이 누구에 의해 어떠한 조건으로 진술되었는가를 인식할 때에 그 의미 내용이 풍부하게 될 수 있는데, 기호들은 이런 식으로 해서 실용주의적인 요소로 만들어낼 수 있는 것이다(이러한 방향을 계속 추진해나가면, 만화의 의미론의 문제도 좀더 명확하게 될 수 있다고 생각한다. 시사 만화의 재미란 것은, 기호는 동일하나 실제로는 그 내부에서 둘 이상의 힘이 서로 다른 의미를 지향하면서 서로 충돌하고 투쟁하는 그 리듬 감각에 있다고 생각한다). 이 같은 훈련이 소학교나 중학교, 그리고 조합 등지에서도 공공연하게 시행된다면, 생활 작문 운동과 생활 독서 운동 양쪽에 역점을 같이 둔 공격적·방어적인 새로운 실용주의의 탄생을 기대해볼 수 있을 것이다.

생활 작문 운동의 이론에 체계성이 부족한 점은, 이 운동이 마르크스주의와 접촉하기 시작한 소화 중기 이래로 오늘날 역시도 안타깝게 생각된다. 생활 작문 운동은 마르크스주의의 과학적 세계관의 제법칙을 예해(例解)하는 것으로 재편되어야 하지 않겠는가 하는 견해도 제시된 바 있다. 이러한 견해는 전후에도 등장하였지만, 시기를 쭉 거슬러 올라가보면 1930년대에도 이미 등장했던 사실이 확인된다. 전협일본일반사용인조합교육노동부(全協日本一般使用人組合敎育勞動部), 신흥교육동맹준비회(新興敎育同盟準備會), 그리고 이들을 기반으로 하여 성립된 일본프롤레타리아과학동맹(日本プロレタリア科學同盟)은 그 영향하에 있는 소학교 교원들에게 독자적인 교육 프로그램을 제공한 바 있다. 그 작문 교수법 프로그램 중에 다음과 같은 수기가 있었다.

1. 자유작제(自由作題)
목적: 제목을 자유롭게 달게 하고 창작 태도에 대하여 지도함.
교육 순서 ―교육 단계
(1) 예비 단계
(a) 올해의 계획을 아동에게 제시한다.

(b) 아동이 준비한 제목의 발표 및 기술 내용의 정리

(c) 창작상의 주의

(2) 교수(敎授) 창작

교사는 아동의 창작을 혼란에 빠뜨리게 하지 않기 위해서 전학급 아동의 태도를 관찰하고 지도한다.

(3) 정리

(a) 아동의 퇴고

(b) 작품 제출

창작 시간에 교사가 노력해야 할 중심점은 교수(敎授)보다도 오히려 예비 단계인 (b)에 있어야 한다. (b)에서 생활 표현에 대한 중요한 힌트가 제시되는 것이다. 그러나 작문 지도의 중요성은 그 창작 시간에 있는 것이 아니라 창작된 작품을 어떻게 처리하느냐에 달려 있다. 따라서 이 처리에 임할 때, 당연히 지도자의 세계관이 작용하게 되는 것이다.

50명 아동 각각의 다양한 생활을 작문으로 표현한다. 많은 교사들은 그것이 어떠한 생활이든지간에 공교하게 잘 묘사되어 있으면 좋은 작품—모범 작문으로 상을 준다. 특히 저학년 아동 작품에 대해서 그렇게 한다. 그런 교사들은 예술 지상주의자들일 것이다.

계급적 교사는 이러한 태도를 취해서는 안 된다. 일체의 활동을 계급 투쟁·정치 투쟁으로 집중시켜야 한다. 그 때문에 심상(尋常) 1학년 과정의 작문에 임할 때에는 다음과 같은 입장을 지니고 있지 않으면 안된다.

(1) 프롤레타리아 빈농 아동으로서의 생활을——무엇보다도 있는 그대로의 생활을 충분히 표현한 작품을 위주로 해서 전체를 그쪽으로 유도하는 방식으로 지도해야 한다.

(2) 두번째로 있는 그대로의 생활을 비판해야 한다. '무엇 때문에 쓰지 않으면 안 되는가?'

제2의 단계가 '심상(尋常) 1학년 과정에서는 무리가 아닐까' 하고

묻는 이도 있을 수 있을 것이다. 그러나 결코 그렇지 않다고 나는 단언할 수 있다. 예를 들어 아동은 이러한 작품을 쓰고 있다. "정월인데 새 게다(일본 나막신)를 사지 못했다. 아빠가 실직을 해서 돈이 없기 때문이다"라는 내용인데 매우 애처로운 표현으로 써왔다. 교사는 이를 전학급적 차원에서 취급함과 동시에 '왜 아빠는 실직했을까' 하고 묻는 문제를 내서 연구를 시켜야 한다. 이런 식으로 취급하면서 사회 조직에 대한 관심을 갖게 하는 것이 매우 필요하다. 이렇게 되어야 작문은 그 역할을 다할 수 있으며 또한 중요한 과목이 될 수 있다는 것은 전술한 바와 같다.

우리가 의미하는 감상, 즉 하나의 구체적인 작품을 감상·비판하게 함으로써 아동들을 사회 조직에 대한 인식 방면에로 인도하는 것이다. 단순히 교묘하다든가 졸렬하다든가 하는 식의 감정적 취급으로 끝나서는 안 되는 것이다.

작문은 읽기법보다 열등한 존재가 아니다. 아니 1·2학년에서는 오히려 읽기 이상으로 계급적 교육의 입장에서 중요하다. 그것은 아동 생활의 직접적 구체적 생활을 소재로 하기 때문이다.[11]

2. 우리집
생활을 구체적으로 표현한다.
(1)가족 수 (2) 가업(家業) (3) 생활 정도 (4) 작자의 존재의 지위
이러한 것을 통하여 아동의 생활과 가정 생활을 알 수 있게 되어야 한다. 결식 아동·빈곤 아동 문제에 대처할 수 있는 구체적인 시각도 여기에서 나온다.

3. 우리 마을
(1) 호수 (2) 계급 관계 (3) 반동적인 조직 (4) 진보적 조직 (5)

---

11) 와키다 히데히코(脇田英彦)의 수기에서.

현재 마을 사람들의 생활 태도 (6) 마을에서 일어난 사건의 명기

4. 소 풍

(1) 목적지의 파악——이를 중심으로 하여 그 마을의 상황을 자세히 살펴본다.

(2) 반동적 역할을 하고 있는 절, 신사(神社), 파출소, 또는 유명한 자가 있다면 그는 거주민에게 어떠한 영향을 미치고 있는가?

(3) 부자(富者)에 관해 조사하게 한다(누구 대[代]에 어떻게 벌어들였는가).

(4) 기타 거주민의 생활

(5) 최후로 작자의 감상과 시각을 쓰게 한다(이대로 간다고 할 때 이 마을은 어찌 된다고 생각하는가 등).[12]

이 교수법 프로그램이 실행된 결과, 다음과 같은 성과가 교육 부문에서 나왔다. 야마가타(山形)현 히가시오이타마(東置賜)군 이사자와(伊佐澤) 심상고등소학교 교사 다카하시 우몬(高橋卯門)[13]이 담당하였던 학생의 작문을 보자.

만주에 계신 병사님을 생각하며

심상과 제6학년
와타나베 다케오(渡邊武男)

아아, 저 추운 만주에서 황야를 지키는 우리 병사들이, 포연 속을 용감하

---

12) 이상 2~4, 『신흥 교육(新興敎育)』, 소화 8년 6월호(문부성 학생과 편, 『일본프롤레타리아 교재』, pp. 109~12.).

13) 다카하시 우몬(高橋卯門): 전협일본일반사용인조합교육노동부 야마가타 지부 관계자로서 1932년 3월 31일 휴직, 동년 9월 26일 징계 면직, 기스 유예가 됨.

게 돌진하며 쓰러지며 행진하며 파리 같은 마적떼와 싸우고 있는 것을 생각하네. 그 추운 날씨에 그 얼마나 떨었을까. 얼었을까. 아아, 증오스러운 정규병, 비열한 편의대(便衣隊), 그리고 저 증오스러운 중국군을 박살내고 만주를 획득하면 나라에 영광 있으리.

평(評) : 노래는 잘 만들어졌어요. 그러나 만주를 빼앗는다고 해서 여러분의 가정이 과연 좋아지는 것일까? 대흉작 때문에 굶어죽을 지경이 된 아오모리(靑森)현 농민들은 움직일 수 있는 젊은이들이 모두 전쟁터에 나갔든가 혹은 전사했기 때문에, 목매달아 죽는 이가 속속 나올 것이다.

중국인도 전부가 나쁜 것은 아니며, 살기 위해서 돈 몇 푼에 팔려 총을 잡는 이들이 대부분이다.

좋은 중국인, 전쟁으로 인해 집이 불타서 영하 수십 도의 엄동설한에 굶주리면서 방황하는 아무 죄 없는 중국인 아이.

중국 사람을 죽이기 위해서 수많은 돈을 연기로 만들어버리는 짓을 그만두고 그 돈으로 홋카이도(北海道)와 아오모리(靑森), 이와테(岩手) 등에서 굶주림으로 죽어가는 우리 형제, 같은 일본인의 목숨을 구하는 편이 좋지 않을까?

이즈음 전협(全協)일본일반사용인조합교육노동부 나가노현(長野縣)지부 편 『각과 교수 방침 비판』『수신과 무산자 교수 교정(修身科無産者教授教程)』, 신흥교육동맹준비회 편 『소학교의 각과 교수 방침』, 전협일본일반사용인조합교육노동부 가나가와(神奈川) 지부 책임자 와키다 히데히코(脇田英彦)의 수기 『소학교 교육 각 교과목에 대한 지도 방침 요강』 등은 당시로서는 가장 잘 정리된 프롤레타리아 교육 프로그램이었다고 할 수 있는데, 이 속에는 '계급'이라는 개념을 깊이 주입시킨 의미론적 실천 과정이 제시되어 있다.

이 소학교 교사들의 업적은 높이 평가되어 마땅하나, 동시에 그들이 자신의 세계관을 학생들에게 강요하는 데에 급급했던 나머지, 충분한 설득 효과를 거두지 못한 점 역시도 간과할 수 없다. 학생 자신의 납득을 통한 사상 발전 방식은, 아시다 에노스케 이래로 스즈키 미에키치, 노무라 요시베, 고쿠분 이치타로를 거치면서 생활 작문 운동의 중심적 원리가 되어온 바 있는데, 여기서는 그 원리가 상당히 경시되고 있다. 아마도 이 언저리가 실용주의와 마르크스주의와의 경계선에 속하는 곳일 것이다.

생활 작문 운동은 자유 선제(自由選題)로부터 출발하였다. 자신의 자유 의지에 따라 주제를 선택한 다음에 자기가 납득하는 한도내에서 주제를 전개시킨다. 이것을 그 배경으로 하고 있는 한, 아무래도 이는 자아를 축으로 하여 전개해가는 사상의 방법이라고 하지 않을 수 없다. 사회 집단에 의한 토의를 거치는 자아의 사회화, 계급 투쟁에의 참가를 통한 자아의 행동화, 세계사 속에 자신을 놓는 자아의 객관화가 다시 그 위에 부가된다 하더라도, 생활 작문 운동이 자아를 축으로 하여 기술해나가는 방법이라는 사실에는 변함이 없다.

생활 작문 운동은, 세계를 기본축으로 한 기술 방법에 기초해 있는 세계관 체계 속에 완전하게 흡수되지 않게끔 최후의 선에서 저항을 하는 내적 장애를 갖고 있었다. 생활 작문 운동이 자아와 자기 체험을 기반으로 해서 세계를 납득해가는 노력인 한은, 세계의 법칙 체계를 이해하는 과정 속에서 각각의 무게 차이가 생기게 되며, 따라서 체계 전체를 통째로 소화해내는 것이 도저히 불가능하게 된다. 자기의 개별적 체험을 출발점으로 해서 일반적 이해에로 나아간다고 생각하기 때문에, 자기의 구체적인 체험으로 번역 가능한 것 외에는 다른 일반 법칙을 받아들일 방도가 없다. 여기에 생활 작문적 방법의 한계가 있는 것이다.

자기 체험의 구조 자체가 곧바로 일반 사회 구조의 훌륭한 모델이 되는 위치에 있는 사람은, 예를 들어 도요다 마사코가 마르크스주의의 세례 없이도 태평양 전쟁 직전기에 이미 정직이라는 윤리를 비판하는 지점에 도달한 것처럼, 상당한 전진이 가능할 것이다. 그러나 도요다 마사코와 대조적으로 도시 부르주아 계급에 속하는 아이들은,

자기 체험을 직시한 결과 "집에 칸나가 외롭게 피었다"는 문장을 만들어내는 그 이상으로는 나아가지 못했다. 이런 종류의 아이들, 예를 들어 아베 가즈코(阿部和子), 다나카 히데쓰쓰(田中英光) 등이 도요다 마사코처럼 『빨강새』의 우등생이면서도, 마르크스주의 이론 학습을 통하여 처음으로 사회 구조의 인식에 도달할 수 있었던 것은, 체험 장소가 이처럼 서로 달랐던 데에 기인한다.

이런 종류의 한계를 돌파하기 위하여, 생활 작문 운동은 정밀하게 계량된 각 체험의 분포도에 기초하여 문집을 만드는 작업을 시도해볼 수 있을 것이다. 이 문집을 통하여, 그리고 동시대 사회 각 계급의 체험 기록들을 비교함으로써, 자기 체험의 장(場)을 자연스럽게 반성(反省) 쪽으로 인도하는 것이 가능할 것이다. 예를 들어 중일 전쟁하의 일본 아동이 자기가 처해 있는 상황을 이해하려 한다고 하자. 그리고 일본 침략하에 있는 중국 아동의 작문이 또 있다고 하자. 이렇게 된다면, 일본 아동은 동시기에 자기 체험의 기술만을 통해서는 파악할 수 없는 일본의 '제국주의'라는 일반 개념에 대한 또 다른 경험적 등가물을 중국 아동으로부터 제공받게 되며, 이를 통해서 자신이 처해 있는 공간을 대상으로 하여 생활 작문 방식에 의거한 반성을 하는 작업이 가능해지는 것이다. 금후에는 역사적 규모나 국제적 규모로 이러한 문집 운동을 정밀하게 조직함으로써, 생활 작문 운동 방식에 의거하긴 하되 그 방법이 마르크스주의에 국한되지만은 않는 접근 방식이 가능해질 수 있을 것이다(마르크스주의측은 생활 작문 운동 방법에 접근함으로써 그 강요적인 요소를 보다 줄여나갈 수 있을 것이다). 그러나 자아를 축으로 하여 기술하는 입장에 서 있는 한, 이런 접근 방법에는 한계가 있다. 우리와 세계와의 관계에 대한 현실적인 위치 점검이 필요시되는 한은, 자아가 아니라 객관적 세계를 축으로 하는 사상 전개 방법을 또 하나의 좌표로서 지니는 것이 필요하게 되는 것이다.

제4장

일본의 초국가주의 :
소화 유신(昭和維新)의 사상

1. 초국가주의의 원형

소화 시대의 초국가주의(超國家主義)는 당시의 주요 인물들을 차례로 암살함으로써 기존의 국가 기구와 전통적 제도에 심각한 타격을 가하였다. 그러나 이렇게 암살이 계속되었음에도 불구하고, 구제도나 기구를 일신하여 새롭고 독자적인 출발점의 계기를 만들어내는 작업이 곧 성공한 것은 아니었다. 그것은 구제도가 낳은 망나니 자식이었지, 신제도의 주인이 될 수는 없었다. 그 출발점을 전면적으로 갱신하는 데에 성공한 독일과 이태리의 파시즘은 이 점에서 크게 다르다.

이러한 점과 관련하여 소화 시대 초국가주의는 다음과 같은 사상적 특성을 드러내고 있다.

1) 전통적 국가주의와의 사상적 차이가 뚜렷하지 않다.

2) 근대 사상과 혁명 사상이 좌절된 후의 공백을 메워주는 토착적 상징의 회복이었기 때문에, 이 두 사상과 사상적인 측면에서 정면으로 대결하고 있지 않다.

3) 사상간의 자유로운 경쟁을 통하여 대중의 혼을 사로잡는 것이 아니라, 국가 기구 내부의 기성 세력, 예를 들어 군부나 신관료와 결탁하는 방향으로 가고 있다.

4) 따라서 결탁 대상에 따라 그 역점을 다르게 두기 때문에, 전체

적으로 사상적 통일성이 부족하다.

5) 최후로는 전통적 국가주의의 압력에 굴복하고 그것에 병합되어, 그 별동대 역할을 하기에 이르렀다.

소화 시대 초국가주의를, 그 실무자들이 확신하였던 그대로의 원형적인 모습으로 규명해보기로 하자.

1921년(대정 10년) 9월 28일, 신주의단 단장(新州義團團長)인 아사히 헤이고(朝日平吾, 1892~1921)는, 야스다(安田) 재벌의 회장 야스다 젠지로(安田善次郎, 1838~1921)를 그 저택에서 자살(刺殺)하고, 자신도 그 자리에서 자해하였다. 경찰과 검사국은 잔칸조(斬奸狀)[1]를 압수하고 그 살해 동기가 외부로 유출되는 것을 필사적으로 막았다. 그러나 「죽음의 절규」라는 제명의 9월 3일부 유서가 은밀히 보관되어오던 중, 그것이 결국 「아사히 헤이고군의 유서」라는 이름의 임시판(版)으로 간행되어 일부에 유포되기에 이르렀다.

그 「죽음의 절규」 내용의 일부를 인용한다. 그는 일본 현실을 어떻게 인식하고 있었는가.

원로들이 이미 모범을 보여줬던 바와 같이 원흉들이 정사를 맡고 있다. 후지타 덴자부로(藤田傳三郎)는 이토 히로부미(伊藤博文)의 명에 따라 지폐를 위조하여 남작이 되었으며, 오쿠라(大倉)는 돌덩어리 통조림을 들여와 얻은 부정 재산의 일부를 헌금하고 남작이 되었으며, 야마모토 곤노효에(山本權兵衞)는 군함을 꿀떡 삼키고 시멘즈[2] 사건을 통해 거재(巨財)를 축적했으며, 오쿠마, 야마가타(山縣) 기타 노성(老星)들의 호저(豪邸)는 재임 당시의 악덕으로 지은 것이며, 헌정회(憲政會)는 이와사키(岩崎)가 뒷줄을 대고,

---

1) 잔칸조(斬奸狀): 간악한 자를 베어 죽일 때에 그 이유를 밝히는 문서(역자).
2) 시멘즈 사건(1914): 독일의 시멘즈 회사가 일본 해군의 전기 기계 공급과 관련하여 군 수뇌부에 뇌물을 공여한 사실이 탄로나면서 정계와 군에 파문을 불러일으킨 사건. 해군 대장 출신으로 당시 수상의 자리에 올라 있었던 야마모토 곤노효에도 이와 관련하여 퇴진하였다(역자).

정우회(政友會)는 만철(滿鐵)과 아편으로 군자를 조달하고, 기타 정치가나 현직 관리들은 각각 간부(奸富)와 내통하면서 사리 채우기에 급급하고 있다. 이렇게 탁부(濁富)를 축적한 이들로 미쓰이(三井), 이와사키(岩崎), 오쿠라(大倉), 아사노(淺野), 곤도(近藤), 야스다(安田), 후루카와(古河), 스즈키(鈴木) 등 거부가 있으며, 기타 부호들 역시 그렇지 않은 자가 없다. 〔……〕 이런 시기를 맞으니 위태롭도다, 우리 국체(國體)와 부합되지 않는 흉악 사상이 일거에 도래하였고, 그들 특권 계급은 오랜 세월 동안 빈자(貧者)를 억압하여 극심한 원한을 불러일으켰다. 그들의 차가운 냉소와 잔인한 눈은 실로 흉폭한 살기를 드러내고 있으며, 자폭(自暴)의 극은 국가를 돌아보지 않으며 성노(聖盧) 역시도 경시하여 마지않는 경향을 만들어내고 있다. 〔……〕 과로와 불결과 영양 부족 때문에 폐병에 걸린 백성들이 있다. 아비가 죽은 뒤에 자식들을 먹여 살리기 위해 매춘부가 되는 백성들이 있다. 염천(炎天)과 풍우(風雨)에 좌로 우로 부르짖으며, 사방에 서서 움츠리고 있는 백성들이 있다. 굶주림 때문에 경죄를 범하고 감옥 속에서 괴로워하는 백성들이 있다. 이에 반해, 대죄(大罪)를 범하면서도 법률을 마음대로 주무르며 이를 피해가는 현관(顯官)이 있다. 〔……〕 우리들의 조상들을 전사(戰死)시키고 병화(兵火)로 몰아넣은 다이묘(大名)[3]는 화족(華族)[4] 대열에 올라 유타음일(遊惰淫逸)하고, 우리 형제들의 전사(戰死)를 발판으로 해서 장군이 된 관리는 마치 자기 한 사람의 공인 것처럼 거만하게 충군애국을 팔아먹고 있다. 틀림없다고 생각한다. 그들 신화족(新華族)들은 우리들의 피를 빨아먹은 원수이며, 다이묘(大名) 화족은 우리 조상들의 생명을 빼앗은 원수라는 것이.

---

3) 다이묘(大名): 대규모의 영지를 가진 무가(武家). 특히 에도(江戸) 시대에 봉록이 1만 석 이상이었던 무가를 뜻함(역자).

4) 화족(가조쿠, 華族): 공후백자남(公侯伯子男)의 작위를 받은 이와 그 가족을 일컬음. 세속 귀족은 물론 국가 공훈자와 그 후손에게도 수여되었다. 명치 시대 초기에 이 제도가 생겨 1940년에는 그 수가 각각 공(公) 19, 후(侯) 48, 백(伯) 112, 자(子) 392, 남(男) 441가(家)에 이르렀으나, 1946년 일본국 헌법 시행과 더불어 폐지되었다(역자).

그는 어떠한 목표를 세웠으며 어떠한 수단에 호소하여 이 추악하기 그지없는 현실을 변혁하려고 했던 것인가.

　세간의 청년 지사에 호소한다. 경들은 대정 유신을 실행해야 할 천명(天命)을 지니고 있다. 이를 이루기 위해서는, 우선 첫번째로 간부(奸富)를 장사지낼 것, 두번째로 기성 정당을 와해시킬 것, 세번째로 현관(顯官)·화족(華族)들을 장사지낼 것, 네번째로 보통 선거를 실현할 것, 다섯번째로 세습 화족제·세습 재산제를 철폐할 것, 여섯번째로 토지를 국유화하고 소작농을 구제할 것, 일곱번째로 10만 이상의 부(富)를 지닌 자의 재산을 일체 몰수할 것, 여덟번째로 대회사(大會社)를 국영으로 할 것, 아홉번째로 병역을 일 년으로 할 것〔……〕 등을 마땅히 엄수해야 한다. 그리고 무엇보다도 시급한 것은 간부정벌(奸富征伐)로서, 이를 위해서는 결사적인 마음으로 이들을 암살하는 수밖에 다른 길은 없다.

그는 어떤 세력에 기대를 걸고 있었는가.

　최후로 나의 맹우에게 전한다. 경들은 평소의 나의 주의(主義)를 체화(體化)하여 잠잠하게 행동하라. 소동 부리지 말고 겉으로 드러내지도 말 것이며, 묵묵한 가운데 단지 칼질하고, 그저 공격하고, 그저 찌르고, 그저 몰아내라. 그리고 동지 사이에는 왕래를 할 필요도 없으며 약속을 할 필요도 없다. 오직 한 명씩만 죽여 장사지내라. 오로지 자기 자신만을 수단으로 해서 방책을 만들어내라. 그리하면 혁명의 기운은 뜨거워지고 도처에 봉화는 오를 것이며, 동지들은 운집할 것이다. 모든 이익을 취하지 말라. 명예를 좇지 말라. 단지 죽어라. 단지 잠들라. 현(賢)을 취하지 말라. 대우(大愚)를 캐고 대치(大痴)를 배워라.

계속하여, 11월 4일, 최초의 정당 내각의 수상인 하라 다카시(原敬)

가 무명의 청년 나카오카 료이치(中岡良一, 19세)에 의해 도쿄역 앞에서 자살(刺殺)당했다. 동기는 아사히의 경우와 거의 다름없었다. 나가오카는 현직 수상을 향하여, '국적, 국적(國賊)'이라 외치면서 달려들었다 한다. 경찰과 검사국은 이유서와 유서의 공표를 금지하고 사건의 내용을 계속 은폐하였으므로, 당시 신문들은 "흉행의 동기 등에 관한 이유서와 유서 등이 있으나 이를 발표할 자유가 전혀 없음이 유감이다"라 탄하였다.

1923년(대정 12년) 9월, 관동대지진으로 야기된 혼란을 틈타 사회 운동의 지도자인 오스기 사카에(大杉榮)[5] 부부가 육군 헌병대의 아마카스(甘粕) 대위에 의해 불법 구금되었다가 살해당했다. 가메이도(龜戶)의 노동자 히라사와 게이시치(平澤計七) 등 17명도 군대와 관리들에 의해 자살(刺殺)당했다.

이 일련의 흉악 사건은 상호간의 사전 연락에 의해 이뤄진 것은 아니었다. 그러나 같은 모양의 사건들이 사전에 아무 연락도 없었던 상태로 각 방면에서 일어났다는 사실이야말로, 정당 내각이나 노동 운동을 말살해야 한다고 생각하고 있는 사람들이 민간이나 군부 속에 얼마나 뿌리깊게 도사리고 있었는가를 말해주고 있는 것이다.

아사히의 유서는 명치 이래 전통적 국가주의의 지주였던 원로, 중신(重臣), 신구(新舊) 화족, 군벌, 재벌, 정당의 수뇌 들을 무차별하게 악의 원흉으로 단죄하고, 닥치는 대로 무차별하게 죽여버리라고 주장하는 것으로서, 명치 이래의 전통적 국가주의와 차이가 있음을 명료하게 보여주고 있다. 그 차이점은 천황이 전통의 상징보다도 변혁의 상징으로 여겨지기 시작했다는 점에 가장 잘 드러나 있다.

---

5) 오스기 사카에(大杉榮, 1885~1923) : 명치 시대 사회주의자들의 영향을 받아 사회주의 운동에 투신하였으며, 대정기에 들어서서 『근대 사상』, 평민신문(平民新聞), 노동신문(勞動新聞) 등을 발간·운영하며 명치 말기의 사회주의 운동을 계승하였다. 대정기의 아나키즘 운동을 주도하다가 1923년 부인과 함께 아마카스 대위에게 살해되었다(역자).

둘째로 여기에는 외래 사상의 배격이나, 직접적인 테러 행동과 지사 의식, 그리고 천황의 적자관(赤子觀) 등 소화 시대 국가주의의 특색이 모두 드러나 있다. 아직 제시되지 않은 것은 국내 개혁을 대외 정책과 결부시키는 본격적인 초국가주의적 주장뿐이다. 아사히의 유서는 그의 기대와는 달리 대정 유신의 실현을 초래하지 못하였다.

대정 유신은 왜 기대처럼 실현되지 못하였던 것인가. 아사히의 유서가 분명하게 폭로한 바대로, 명치 이래의 전통적 국가주의는 내외적 이유로 인해, 막다른 길에 이르는 파국의 과정을 그대로 보여주어 왔다. 그러나 이 파국은 대정기에 이르면서 초국가주의와는 다른 방향으로 해소되려 하고 있었다.

요시노 사쿠조(吉野作造)를 이론적 지도자로 하는 정치적 민본주의자나 기타의 사상적 근대주의와 사회주의는, 위로부터 '국가'와 '가(家)'을 지배하려는 입장이 아니라 밑으로부터 '국가'와 '가'를 지탱하려는 입장에 서서, '국가'와 '가'를 중심으로 하는 명치 시대 이래의 국가주의를 개혁하려고 계획하고 있었다. 이 운동이 국민을 흡인하고 있는 이상은, 초국가주의가 역사의 무대로 춤추며 나올 기회를 포착하는 것은 불가능하였다.

그러나 이 운동은 여러 가지 이유로 인해 하나하나 좌절되고 있었다. 그리고 이 좌절은 외래적 근대 사상은 일본에서는 희망이 없는 것이 아닌가 하는 의심을 국민 사이에 불러일으키게 되기에 이르렀다. 이러한 의심은 결국 천황을 토착적 사상의 상징으로 만들어내기에 이르면서, 지하에 숨어 있던 초국가주의가 이제 표면으로 폭발해 나오게 되는 것이다.

천황을 중심으로 하는 국가주의는 토착화에 실패한 외래 사상의 경우와는 반대로 명치 시대 이래 큰 실패 없이 성공적인 역사를 계속 이끌어온 것이 아닌가, 밖에서 들어온 사상은 하나도 남김없이 어딘가에서 치명적 오류를 범한 데 반해 내부로부터 나온 사상은 아직 한 번도 커다랗게 실패한 적이 없는 것이 아닌가, 이렇게 느껴지기 시작하였던 것이다.

소화 시대가 진행됨에 따라, 적극적인가 소극적인가 하는 차이, 또는 노동자나 농민·소시민 등의 차이는 있었으나, 국민의 마음속 깊은 곳에 나타난 이러한 정서적 변화는 이윽고 국민 전체를 미묘하게 장악하기 시작하였다.

천황의 권위를 역이용하여 천황과 국민과의 사이를 가로막은 담장을 걷어내려는 초국가주의가 천황의 주변을 척결한다는 목표를 내걸고, 대정기가 아닌 소화 시대에 춤추며 나온 것은 국민 대중의 이 같은 미묘한 정서상의 변화를 배경으로 하는 것이었다. 부패해버린 전통적 국가주의 체제를 다시 한번 원점으로 되돌림으로써 일본에 토착적인 혁명을 실행하려고 하는 것이다. 물론 이 입장도 여러 분파로 나누어지는데, 그것은 그 출발점을 역사의 어디에 두는가에 따라 달라진다.

그러나 이렇다고 해서 소화의 초국가주의가 국민 대중 속에 뿌리를 내렸으며 국민 대중을 대표하였다는 식의 이야기는 도저히 성립할 수가 없다. 예를 들면, 초국가주의가 지니고 있는 '지사 의식'은, 국민의 일상 생활로부터 문제 의식을 끌어내는 데에 실패하였다. '지사'들의 일상 생활은 '무법자'들의 생활과 큰 차이가 없었다. 그리고 그들의 생활과 감정이 국민 대중의 생활이나 감정으로부터 격리되어 있었던 것은, 그들이 증오하는 외래 사상과 그들이 지닌 사상 사이에 큰 차이가 없었기 때문이었다. 지사들은 생업에 종사하는 일이나 조직에 참여하는 일을 싫어하였으며, 관리나 자본가의 부정을 파헤친 대가로 돈을 뜯어내었고, 요로에 있는 대관이나 실업가에게 빈 깡통을 들이대어 생활을 꾸려가고 있었기 때문이었다.

둘째로 아직 대정기의 초국가주의는 군부라는 장래의 단짝과 조직적으로 결부되어 있지는 않았다. 군부는 사단 증설 문제를 둘러싼 전횡(1916), 시멘즈 사건이라는 커다란 오직(汚職) 사건(1914), 시베리아 출병을 정점으로 하는 커다란 실책(1918~1921) 등의 뼈아픈 사건들의 타격을 받고, 군벌에 대한 대정기 민본주의의 비판으로부터 자신을 지키기에 여념이 없었다.

후에 군부는 1924년부터 중국에서 진행된 국민당 혁명과 소련의 5개년 계획의 발전(1928)을 자기 세력 확장을 위해 역이용하는 정책을 수립하지 않았다. 국외에서 탄생하고 있었던 새로운 현실에 적응하는 대륙 정책 역시도 수립하지 않았다. 그리고는 과거에 이미 실패한 바 있었던 대륙 정책을 다시 한번 무력으로 관철하는 정책을 추진하게 되는 것이다. 초국가주의는 군부가 이러한 방식으로 자기 세력을 회복하게 될 때까지, 그 시기를 기다려야 했다.

2. 천황의 국민, 천황의 일본

명치 시대 이래 전통적 국가주의는 사상이라기보다는 제도에 가까운 것으로서, 그저 움직이기 위한 해석 체계 이상의 존재는 아니었다. 그리고 이 제도를 만들어낸 것은 이토 히로부미를 지도자로 하는 명치기의 원로들이었다.

일찍이 역사가 부르크하르트도 『이탈리아 문예 부흥기의 문화』 속에서, '문예 작품으로서의 국가'에 대해 논한 바 있지만, 명치 천황을 중심으로 해서 이토가 만들어낸 명치 국가야말로 무엇보다도 훌륭한 예술 작품의 한 모델로 보아도 좋을 것이다. 그러나 그것이 우리에게 그렇게 보이지 않는 이유는, 우리가 이토 등이 국가를 만들어내기 위하여 사용한 소재에 현혹되기 때문이다. 혹은 우리들에게 그 명치 국가가 훌륭한 자연적 소산——훌륭한 예술 작품——으로 보이기 때문이다. 사실 이것은 이토 자신이 의도한 바이기도 했다. 재래의 일본 전통이나 외래의 제도·사상 들은 단지 소재로서 사용되었을 뿐이었다. 이 중의 어느 것이 그대로 작품이 되어 국가 구조를 지배하게 된 것은 아니었다.

이토가 명치 헌법과 교육 칙어를 두 지주로 하여 명치 시대 전(全) 시기에 걸쳐 고심에 고심을 거듭한 끝에 만들어낸 국가는, 한마디로 말해 '천황의 국민, 천황의 일본'이었다.

1) 천황은 정치적 권력과 정신적 권위 양쪽을 함께 획득함으로써 독일 황제와 로마 교황의 두 자격을 한몸에 갖추었으며, 국민은 정치적으로 천황의 신민이 될 뿐만 아니라 정신적으로 천황 신자(信者)가 되었다. 이렇게 하여 천황은 한편으로는 법률을 제정함과 동시에 다른 편으로는 교육에 관한 칙어, 정신 작흥(作興)에 관한 조서 따위를 발포한다. 국민 쪽은 외면적 행동면에서 법률을 지킬 것을 명받았을 뿐 아니라, 내면적 의식에 있어서는 칙어와 조서에 따를 것이 요구된다. 학교마다 천황의 사진이 내걸리고 교장에 의해 칙어와 조서가 봉독되며, 국민은 그 사진과 칙어 앞에서, 문자 그대로 옷깃을 반듯하게 여미지 않으면 안 되었다. 이렇게 정신적 가치와 정치적 권력이라는 지주가 동일해진 그 결과로서, 윤리와 권력, 공(公)과 사(私)가 보기 좋게 융합되었으며, 권력은 윤리를 겸하고 윤리는 권력에 뒤따르게 되어, 이것이 전혀 이상하다고 느껴지지 않게 되었다. 법률이 칙어의 의미를 지니며 칙어가 법률의 의미를 지니는, 이러한 국체가 그대로 진·선·미의 극치로 간주되었다.

게다가 천황은 교황처럼 단지 현세에 대한 신적 권위의 대행자라는 자리에 머무는 것이 아니라, 진짜 신의 아들이며 현인신(現人神)인 것으로 간주되었다. 천황은 황제=교황일 뿐만 아니라, 민족 신앙적 측면에서 신의 아들 예수의 역할까지도 맡아야 했다. 그는 권력·진·선·미뿐만 아니라, 성(聖)스러운 영역에서까지도 카리스마적 권위로 간주되었던 것이다.

종교의 '신 앞에서의 평등'과 민주주의의 '법 앞의 평등'이 '천황 앞에서의 평등'으로 대치되었다. 이렇게 하여 성립된 일군만민(一君萬民) 시스템은 봉건적 신분 제도로부터 해방되기를 원하는 국민을 포

섭해들었다. 천황을 매개로 하여 국민의 통일과 독립과 평등을 위로
부터 보증해주고, 또한 평등하게 된 국민의 자유로운 입장과 출세와
영달의 길을 보증해준 것이다. 한편으로는 천황의 상징적·실질적 지
배를 철저하게 확립하는 것과, 다른 편에서는 이러한 지배 체제에 속
하게 된 국민이 그들의 재능에 따라 권력과 영예를 자기 것으로 획득
하는 것, 이 둘을 제도적으로 양립시키고 조화시키기 위하여 이토는
고심을 거듭했던 것이다.[6]

　2) 일본의 국체는 절대적 권위자인 천황이 조상의 유훈에 의거하여
국민 전체의 행동면만 아니라 의식면까지 주재하는 방식을 지니고 있
었다. 천황은 실로 절대적인 주체인 것이어서, 천황의 입장에서 볼
때 국민은 절대적인 객체에 불과하며, 평등성 역시도 그 한도내에서
만 확보되는 것이다. 천황은 내정과 외교의 최고 결정권자였을 뿐만
이 아니라, 실로 진·선·미·성(聖)의 영역, 즉 가치의 세계에 있어
서도 최고의 권위로 간주되었던 것이다. 그러나 이것만이라면 다른
나라의 역사 속에서도 확인할 수 있는 절대 군주의 모습과 큰 차이는
없다.

　이토의 고심은 바로 이곳, 즉 국민의 주체성을 어떻게 회복시키는
가에 있었다. 여기에서 비로소 명치기 일본 국가의 뚜렷한 특색이 나
타나는 것이다. 천황만이 절대적 주체가 되고 국민이 절대적 객체 자
리에 머무르게 되면, 국민의 에너지는 필히 반정부적인 것——즉 결
과적으로 반(反)천황적인 방향——으로 폭발하게 되며, 국가의 앞날
은 위험에 빠지게 되는 것이다. 자유 민권 운동의 에너지는 커다란
실제적 교훈이지 않았던가.

　여기서 이토는 국민이 천황의 대정(大政)을 '익찬(翼贊)한다'든가,
천황의 친정(親政)을 '보필한다'는 형식을 고안해내어, 국민의 주체
적 활동을 이 형식 속에 '유입'시키는 통로를 열어놓았다. 이와 동시

---

6) 마루야마 마사오(丸山眞男), 「초국가주의의 윤리와 심리」, 『세계』 제5호, 1946.

에 천황의 지배 권위를 상징화하고 형식화하여, 실패나 오류의 책임
이 천황에게 있지 않고 오히려 익찬의 방향이나 보필의 방법에 있게
된다는 시스템을 만들어내었다.

공적 형식면에서 본다면 국민의 활동은 전부 익찬과 보필이 되며,
사(私)적 내용면에서 본다면 국민의 모든 것이 입신(立身)과 영달책
(榮達策)이 되었다. 이리하여 국민이라고 하는 절대적 객체는 천황에
대한 반역자가 되지 않는 한, 그 주체적 활동성을 얼마든지 회복할
수 있는 길이 마련되었다. 『신민(臣民)의 도(道)』에서 인용한다.

> 일상적으로 우리가 사생활이라고 부르는 것도 곧 신민의 실천이며, 천업
> (天業)을 익찬하고 신민이 영위하는 업(業)으로서의 공적 의의를 지니는 것
> 이다. 〔……〕 이렇게 우리는 사생활의 와중에서도 천황에 귀일하고 국가에
> 봉사한다는 염(念)을 잊어서는 안 된다. 우리나라에서는 관에 봉사하거나
> 실업에 종사하는 것, 부모가 자식을 키우는 것, 아이들이 학문을 하는 것 등
> 의 모든 것이 이 본분을 다하는 것이며, 몸으로써 힘을 다하는 것이다.[7]

국민의 익찬과 보필의 도는 정신적으로는 일군만민(一君萬民), 현
실적으로는 원로·중신(重臣)·내각·군부·추밀원(樞密院)·귀족
원·내대신(內大臣) 그리고 제국대학으로부터 지방의 지사·군장(郡
長)·촌장·교장·경찰서장 기타에 이르는 계통을 통하여 실현된다.

여기서 중요한 것은, 천황이라는 지위만 제외한다면 원칙적으로 누
구나 어떤 유력자의 위치에라도 오를 수 있다는 규칙이다. 그리하여
한편으로는 지배 기구이면서도, 다른 편으로는 영재들을 수하에 모아
그들이 카운터 엘리트(반체제적 에너지 쪽의 지도자) 쪽으로 규합되는
것을 미리 방지하는 사회적 해소책으로서의 역할을 수행한다는 특색
이 생겨나는 것이다. 여기에는, 무명의 신분 출신임에도 불구하고 혁

---

7) 『신민의 도』 제 3장, 「신민의 도의 실천」.

명의 폭풍을 주도하였으며 결국은 명치 시대에 찬란한 지위에 오르게
되었던 이토 등 원로들의 체험이 교묘하게 배합되어 있다.

이러한 짜임새야말로, 링컨의 경우로 잘 알려진 바와 같이, 소위
민주주의가 자랑하는 '통나무집에서 대통령으로'라는 사회적 유동성
*social mobility*을 대용할 수 있는 장치인 것이 아니겠는가. 그러나 이
장치는 하부의 대표가 아래에서 위로 올라가는 식이 아니라, 하부가
상부에 흡수되고 상부의 앞잡이가 된다는 점에서, 어디까지나 대용
장치에 지나지 않는 것이다. 육·해군 학교, 사범학교, 제국대학은
이 사회적 대용 장치 역할을 수행하는 가장 유력한 기관이었다.

둘째로, 천황은 국민 전체에 대하여 그야말로 절대적 권위자, 절대
적 주체로 존재하였다. 초·중등의 국민 교육, 특히 군대 교육을 통
하여 천황의 이러한 성격이 국민 속에 철저하게 주입된 결과, 결국은
이것이 일본 국민의 제2의 천성으로까지 발전될 정도였다.

그러나 천황 측근이나 주위의 보필 기관의 입장에서 볼 때 천황의
권위는 오히려 상징적·명목적 권위에 불과할 뿐이었다. 그리하여 각
기관의 담당자가 천황의 실질적 권력을 전면적으로 분할하고 대행하
는 체제가 만들어졌다.

주목할 것은 천황의 권위와 권력이 '현교(顯敎)'와 '밀교(密敎),'
즉 통속적이면서도 고등적인 두 모습으로 해석되었다는 점, 그리고
이 두 종류의 해석 체계를 미묘한 방법으로 운영하는 그 조화의 묘를
토대로 하여, 이토가 만들어낸 명치 시대 일본 국가가 성립되어 있었
다는 점이다. 현교(顯敎)란 천황을 무한한 권위와 권력을 지닌 절대
군주로 보는 해석 체계이며, 밀교(密敎)란 천황의 권위와 권력이 헌법
기타에 의해 제한되는 제한 군주(制限君主)로 보는 해석 체계이다. 더
분명하게 말하자면, 국민 전체에게는 천황을 절대 군주로 신봉하게
하면서도, 이 국민의 에너지를 동원하여 국정을 행하는 비결로서는
입헌군주제, 즉 '천황 국가 최고 기관설'을 채택하는 방식이다.

천황은 국민에 대한 '간판'적인 측면에서는 어디까지나 절대 군주

였으며, 지배 계층간의 '합의(申し合わせ)'라는 측면에서는 입헌 군주, 즉 국정의 최고 기관이었다. 그리하여 소·중학교 및 군대에서는 '합의'로서의 천황상이 최초로 확립되었으며, '간판' 적인 측면에서 교육받은 국민 대중은 '합의' 개념에 익숙해진 제국대학 출신 관료에게 지도를 받는 시스템이 만들어진 것이다.

외국의 학제에 비해 일본의 학제가 초등 교육과 고등 교육과의 차이, 국민 대중과 인텔리와의 차이가 큰 특색을 지니고 있는 것은 이러한 사정에 기인하는 것이 아닐까. 외국에서는 초등 교육 과정에서 기본적 내용을 가르치고 고등 교육 과정에서 개별적·전문적 내용을 연구하게 하는 것이 일반적 관행으로 되어 있다. 이에 반해 일본에서는 초등 교육 과정에서 단정적으로 결론을 가르치고, 고등 교육 과정에 이르면 이 결론에 이르는 과정이나 기타의 해석 방법을 가르치기 때문에, 이러한 결과를 낳게 되었던 것이다.

그러나 이토의 고심에도 불구하고, 천황의 익찬과 보필이라는 시스템 속에서 군부와 중의원(衆議院)만은 제각각 다른 의미에서이기는 하나, 치수가 서로 맞지 않는 톱니바퀴처럼 불길한 소리를 계속 내고 있었다.

즉, 원래 밀교(密敎) 속에 존재하였으면서도 현교를 계속 수호하던 군부는 초등 교육을 관장하고 있는 문교부를 복종시키고, 현교를 통한 밀교 정벌──즉 국체 명징 운동(國體明徵運動)──을 개시하여 이토가 만들어낸 명치 국가 시스템을 결국 엉망으로 만들어버렸다. 이후 군부가 밀교 정벌을 개시하면서, 그간 현교식 교육에 취해 있었던 국민 대중을 동원하여 인텔리들의 천황 기관설을 정벌하게 만드는 데에 성공하게 되는 바로 그때에, 소화기의 초국가주의는 춤추면서 역사의 무대 전면에 등장하게 되었던 것이다.

천황 자신의 지지에도 불구하고, 명치 말년 이래 국가 공인의 합의 사항이었던 천황 기관설──즉 명치 국가에 대한 입헌군주적 해석── 은 이상과 같은 연합 세력의 공격에 직면하자 완벽하게 붕괴하였던 것이다.[8] 천황 기관설이 국민 대중과 절연된 밀교 상태로 존재하는 이상, 이 운명은 피할 수 없었던 것이다. 이렇게 상층 계급의 해석 테두리 안에서만 존재할 수 있었던 밀교는 단 한 번도 국민 대중을 장악할 수가 없었던 것이다.

이토는 국회, 특히 중의원(衆議院)[9]을 대정 익찬 시스템 기관으로 봉사하게 하면서, 이를 보필 기관인 내각과 더불어 자동차의 두 바퀴 역할을 수행하게 하려고 많은 노력을 기울였다. 그러나 중의원을 익찬 시스템 속에 머물러 있게 하는 것은 도저히 불가능하였다. 아래로 부터, 즉 국민으로부터 위로 올라오는 표현 기능을 소유한 중의원을, 위로부터 밑으로 내려가는 지배 기구로 완벽하게 바꿔버리는 작업은, 온갖 수단이 동원되었음에도 불구하고 결국 실패로 끝나고 말았던 것이다.

그러나 대정기에 들어서게 되면 상황은 달라진다. 정당 내각의 성립과 보통 선거의 실행을 통해서, 중의원은 역으로 익찬 시스템을 만들어내며 국정의 중심부를 점령하기에 이른다. 여기서는 납세하는 국민 *tax payer*이야말로 국정의 주체이며 중심이라는 사상—— '국민의 대표를 인정하지 않는 상태에서 부과되는 과세는 폭정(暴政)이다' 라는 민주주의의 철칙이 국소적으로나마 존재하고 있었기 때문이다. 천황의 보필 기관인 정부는 국민의 세금으로 예산을 편성할 수밖에 없게 되어 있다. 이 예산안을 심의하며 경우에 따라서는 부결할 권리도 가지고 있었던 중의원이, 밑(국민)으로부터 올라오는 요구를 무기로 하여 천황의 정부를 견제하는 기능이 죽지 않은 채 끈질기게 생명을

---

8) 오자키 시로(尾崎士郎), 『천황 기관설(天皇機關說)』, 角川文庫 참조.

9) 당시는 천황과 내각 아래에 귀족원과 중의원으로 구성되는 양원제(兩院制) 의회가 존재하고 있었다. 귀족원은 천황이 직접 임명한 다이묘, 황족, 저명 대학 교수 출신의 의원들로 구성되었으며, 중의원은 일정액 이상의 납세가 가능한 평민 계급(사실은 그 중의 극소수)으로 구성되어 있었다. 중의원은 각료 선출권은 없었으나 예산 심의권과 의안 발언권, 그리고 의회에서 각료의 출석을 요구하고 정책 질의를 할 수 있는 질의권 역시도 소유하고 있었다(역자).

114

지속하고 있었기 때문이었다.

3) 이토의 시스템은 천황을 역사와 세계의 중심(최초엔 국가와 일본의 중심이었으나, 결국은 무책임한 자기 팽창 과정을 거쳐 세계사나 아시아의 중심 위치에 오르게 된다)에 세우고 국민과 일본을 천황 중심으로 통일하는 것이었다. 따라서 그것이 아무리 선의적인 것이라 하더라도 천황에 대한 회의나 비판·반대 등이 있을 경우는 이 시스템의 기반을 흔들 여지가 있으므로, 이에 대비한 용의주도한 예방 조치와 금지 법안을 마련하였다.

즉, 국민이 외적 행동면에서 천황의 법률이 명하는 의무로부터 벗어날 수 없다는 사실만 가지고는 아직 일본 국민으로서의 자격이 있다고 할 수는 없는 것이다. 철저한 국민인가 혹은 비국민(非國民)인가를 아직 구별해낼 수 없는 상태이기 때문이다. 내적 의식면, 즉 무의식 속에서도 천황의 권위와 가치가 가장 소중한 것이라고 믿지 않는다면, 그는 아직 일본 국민이라고는 할 수 없는 것이다. 국민은 거의 이 시기를 출발점으로 해서, 이러한 사고 방식의 이수를 필수 조건으로 하는 교육을 가정과 학교에서 받으면서 성장하였던 것이다.

교육 제도, 특히 초·중등 교육 제도는 국민이 이런 사고 방식에서 벗어나지 못하게끔 예방 조치로서의 역할을 수행하였고, 국민 하나하나를 그 네트워크 속에서 교화시켰다. 만일 교화 체계 속에서 새어나가는 경우가 생긴다면, 불경죄·대역죄·조헌 문란죄(朝憲紊亂罪), 치안경찰법(후의 치안유지법) 등 수많은 법률의 네트워크가 단 한 명도 놓치지 않을 자세로 잔뜩 도사리고 있었다. '천황은 벌거벗은 임금님, 인간이다'라고 속으로 생각하더라도 그것을 공표하는 것이라든가, 건국 신화가 지어낸 이야기라는 걸 알고 있더라도, 그것을 입 밖에 내는 것이라든가, 천황의 사진에 대한 예배를 피하는 등등의 자그마한 모든 행동들이 법률의 네트워크에 분명하게 저촉되는 범죄 행위가 될 수 있었다. 설령 범죄가 되지 않는 경우가 있다 하더라도, 그 최종적 판단은 관리의 자비심에 좌우될 수밖에 없는 형편이었다.

천황 신앙이 이렇게 과학은 물론 상식과도 명백하게 충돌하는 특성을 지니게 되고, 이를 통하여 위로부터 국민을 장악하려는 압력이 강화되면 될수록, 천황 신앙은 겉치레(立て前)화되면서, 겉 태도(立て前)와 속마음이 표리이체(表裏二體)로 분리되어 존재하는 위선적 태도가 국민을 지배하지 않을 리가 없다. 실로 이 시스템은 신앙과 지식을 타협시키는 서양 중세 말기의 '이중 진리설'을 사실로서 묵인하는 것까지는 허용하였으나 이를 공인하는 것은 절대로 허락하지 않았을 정도의 섬세함까지도 지니고 있었다.

역사학자나 사회과학자들은 자기의 영역에서 학문적 양심을 희생하지 않고서는 이 두 존재를 동시에 인정할 수 없었다. 이들로부터 이후 많은 희생자가 속출하게 된 것은 당연한 결과였다.[10]

그리하여 천황 신앙은 극도의 겉치레 형식으로 발전하였다. 이것은 결국 반대파나 타인을 이 겉치레 명분으로 공격하는 흉기로 악용되면서, 이토의 원래 의도와는 달리 심각한 결과들을 초래하게 되었다.

천황 중심의 시스템이 사회적 안전판이라는 장치를 통하여 아웃사이더나 카운터 엘리트가 출현하는 것을 방지하는 한편으로, 막상 아웃사이더가 출현하였을 경우에 이것이 얼마나 끔찍한 전시용(展示用) 탄압 기구로 변하였는가는 '고토쿠 사건(幸德事件)'(1909)[11]이 생생하게 말해주고 있다.

고토쿠 사건은 그때까지 동화와 통일의 영역을 넓히면서 심화되어 온 천황 중심의 시스템이 막상 그 동화와 통일의 정점에 서게 되자, 이젠 거꾸로 퇴보하면서 방어와 배척적 성격을 띤 시스템으로 변화하는 전환점을 보여주는 것이었다. 천황주의의 완성은 동시에 그 한계를 의미하는 것이다. 그리고 이후 역사에 등장하게 되는 일본 특유의

---

10) 사키사카 이쓰로(向坂逸郎) 편, 『폭풍 속의 100년: 학문 탄압 소사』, 頸草書房.

11) 고토쿠 사건(幸德事件): 대역 사건(大逆事件)이라 불린다. 고토쿠 슈스이(幸德秋水) 등 급진적 사회주의자들의 명치 천황 암살 계획과 관련하여 1910년 당시의 사회주의자들이 대거 검거되어 그 중 12명이 사형, 12명이 무기 징역에 처해진 사건(역자).

'사상 문제'야말로, 시스템과 스핑크스가 서로 물고 뜯는 전쟁터에 지나지 않았다. 대정기는 이 한계 지점에서 정지한 사상의 시스템을 새롭게 해석하면서 그 한계를 극복해내려고 하는 사상과, 한계를 극복하기 위하여 시스템 그 자체를 파괴하려고 하는 사상이 서로 교착하는 시대가 되었다.

여기서 주목해야 할 점은 자본가와 노동자, 지주와 농민의 대립이라는 사회·경제상의 근본적 대립 구조가 이 시스템 속에서 자기를 직접적으로 표현하지 않고, 이 시스템을 통하여 간접적으로만 자기를 표현하고 있다는 중대한 사실이다. 이 근본적 대립 구조는 시스템 내부의 여러 세력의 내분이라는 모습으로밖에는 나타나지 않았다. 그리하여 이 시스템은 그 근본적 대립을 끊임없이 와해시키고 변용시키면서 그 방향을 전환시키는 역할을 수행하였다. 대정기는 이 근본적인 대립 구조가 이 시스템 속에서 명료한 형태를 띠기 시작하면서, 시스템의 각 방면에서 생각하지 않았던 여러 가지 반발 현상이 일어나, 결과적으로는 시스템의 역작용이 여러 형태로 뚜렷하게 나타나게 되던 시대였다.

3. 국민의 천황, 국민의 일본

이토는 자신들의 예술 작품인 '천황의 국민, 천황의 일본'을 어떻게 움직여가야 하는가 하는 문제를 둘러싸고 고심에 고심을 거듭하였다. 그는 최초의 수상으로서 정부를 운영하는 규칙을 만들어냈을 뿐만 아니라, 헌법을 만들었으며, 『헌법 의해(憲法義解)』를 스스로 집필하였다. 또 금후 '천황의 일본'이 어떻게 움직여가야 하는가 하는 근본 원칙을 제시하고, 추밀원(樞密院)[12]을 만들어 그 초대 의장이 되었

---

12) 이토가 초대 의장의 자리에 올랐던 추밀원(樞密院)은 번벌의 유력자들로 구성된

다. 국회가 개설되자 최초의 귀족원 의장이 되었고, 특히 '천황의 일본'이라는 치수에 맞지 않는 톱니바퀴인 중의원(衆議院)에 맞서서 정우회(政友會)[13] 총재가 되어, 시스템과 모순되지 않는 모범적인 정당 운동상을 제시하려고 하였다. 최후엔 한국 통감이 되어, '천황의 일본'의 팽창 정책과 관련된 규칙을 제정하였다.

그러나 이토의 이러한 노력에도 불구하고, 그의 사망 후 그 예술 작품은 작자의 손을 떠나 독자적인 길을 걸을 수밖에 없었다.

외부로 그것이 뚜렷하게 드러나지는 않았으나, 천황 중심의 시스템은 차차 통합력과 구심력을 잃게 되면서 내부로부터 해체되기 시작하였다. 이때, 이토가 만든 헌법의 허점을 논파하면서, 이토의 헌법——즉 '천황의 국민, 천황의 일본'——으로부터 역으로 '국민의 천황, 국민의 일본'이라는 결론을 끌어내어, 이 결론을 새로운 통합 원리로 삼으려 하는 두 사람의 사상가가 출현하였다. '주체로서의 천황, 객체로서의 천황'이라는 규칙을 만들어내려 한 것이었다.

그 중의 한 사람이 요시노 사쿠조(吉野作造), 다른 이가 기타 잇키(北一輝)였다. 요시노는 의회·정당의 책임 내각을 기초로 하여 이 규칙을 실현하려고 계획하였다. 두 사람 모두, 천황과 국민 사이에 개입하고 있는 여러 기관들을 배제하고, 한편으로는 국민 다른 편으로는 천황과 직결되는 정부를 만들어내려고 하는 점에서 동일한 방향을 지향하고 있었다. 그러나 전자는 여론과 민중 운동에 기대고 있다는 점에서, 후자는 폭력과 쿠데타에 기대고 있다는 점에서 그 방향을 달리하고 있었다. 한편은 합법과 민주주의라는 입장에 섰으며, 다른 편은 비합법과 독재주의라는 입장에 서서, 각자 자신들의 온 생애를 걸

천황의 직속 자문 기관으로서 중요한 조약·칙령 등 국사에 대한 자문뿐만 아니라 대외 침략·국내 탄압을 추진하는 국권의 실질적인 최고 고문부(顧問府)로서의 기능을 하였다. 태평양 전쟁 종료와 더불어 폐지되었다(역자).

13) 청일 전쟁 후, 황실과 번벌(藩閥)만으로는 정국 안정이 어렵다고 보고 1900년 이토가 중심이 되어 결성한 정당. 이토 휘하에 있던 구관료와 구헌정회(憲政會)계 인물들이 중심이 되었다. 지주적 색채가 농후했다고 알려져 있다(역자).

고 전력을 기울여 일본의 현실에 도전하였다.

4. 기타 잇키의 출발점

기타 잇키야말로 명치기의 전통적 국가주의로부터 절연된 소화기 초국가주의의 사상적 원류였다. 그는 1883년(명치 16년) 사도(佐渡)에서 태어나, 23세 때인 1906년(명치 39년), 1,000페이지에 이르는『국체론(國體論) 및 순정 사회주의(純正社會主義)』를 자비 출판하여, 사회주의 및 혁명 사상의 일본 토착화 문제에 관하여 그가 내린 대담한 결론의 전모를 공개하였다.

젊은 그는 그전해 9월 6일, 러일 전쟁 후 포츠머스 강화 조약과 관련하여 도쿄 전시가에서 폭발적으로 발생하였던 반대 운동[14]을 통하여 국민의 에너지를 깊이 느꼈음에 틀림없다. 그리하여 이 에너지를 어떻게 하면 사회주의와 결부시킬 수 있겠는가 하고 진지한 사색——반동적 에너지로부터 변혁적 에너지를 끌어내는 방법——을 한 끝에 얻어낸 결론을『국체론 및 순정 사회주의』로 세간에 내놓게 되기에 이르렀다. 자유주의적인 사이온지(西園寺) 내각의 성립어 보낸 그의 기대와, 그의 주의깊은 기술 방법에도 불구하고, 이 책은 어용 저널리즘(예를 들면 동경일일신문〔東京日日新聞〕)의 중상 공격에 휘말려, 당국에 의해 발매 금지 처분에 처해졌다.

현재 남아 있는 것은 태평양 전쟁 후 출판된 본서의 4편「국체론의 복고적 혁명주의」뿐인데, 이를 통해서 내용의 전모를 그려볼 수밖에 없다. 우선 기타의 얘기를 들어보자.

---

14) 9월 5일 히비야(日比谷) 공원에서 흑룡회(黑龍會) 등 군국주의자들과 3만여의 시민이 중심이 되어 시작한 강화 조약 반대 운동이 당국의 무력 진압으로 인하여 9월 6일 전 시가에 걸친 폭동과 방화 사건으로 확대된 사건. '히비야 폭동 사건'이라 불린다(역자).

일본이라는 이름이 붙어 있는 이 국토에는, 사회주의가 창도되기에 이르렀다는 사실과 더불어 특별하게 해석해보아야 할 기괴한 것이 남아 있다. '국체론'이라 칭해지는 것이 그것으로서, 사회주의가 국체에 저촉되는가 아닌가 하는 가공할 문제가 이와 관련되어 있다. 이것은 비단 사회주의뿐만 아니라 어떠한 신사상이 들어오더라도 필히 심문되는 바로서, 이 '국체론'이라는 로마 법왕의 금기에 접촉하는 순간, 이미 그 자체로서 그 사상에 교수형이 언도되는 것을 의미한다. 정론가(政論家)도 이 때문에 그 자유로운 혀가 묶여, 전제 정치하의 노예 농노처럼 살아가며, 이 때문에 신문 기자는 괴기하기 그지없는 아첨투성이의 봉건적 글을 나열하고 있으며, 이 때문에 대학 교수로부터 소학교 교사에 이르기까지 모두가 윤리학설과 도덕론을 훼손 모욕한다. 이 때문에 그리스도교나 불교도 점점 타락하여 우상 종교가 되고, 기타의 것도 닥치는 대로 국체에 위험한 것으로 비방받고 배격의 대상이 된다. 이처럼, 금일의 사회주의가 국체에 저촉된다는 이유로 학자와 정부의 박해를 받는 것은 원래부터 당연한 것이라 친다 하더라도, 한 가지 탄식해 마지않는 바는 사회주의자라는 자들이 이 로마 법왕의 전면에 서서 당당하게 답변을 하지 않는다는 점이다. 적어도 국체에 저촉된다고 생각한다면, 공언(公言)에 따를 위험을 피하는 침묵의 길은 있을 수 있다. 그러나 답변을 교묘하게 해서 법에 저촉되지 않게 하거나, 더욱 심한 것은 일치한다고 하면서 빠져 달아나는 것인데 이는 일본에서만 볼 수 있는 창피스러운 일이다. 특히 저 국가 사회주의라는 것을 창도한다고 하는 짓거리 같은 것은, 이 '국체론' 위에 사회주의를 구축한다고 하는 추태인 것으로, 이는 결국 사회주의에 대한 암살자가 되는 것과 다름없다.[15]

일본 민족의 역사와 현금의 국체는 '국체론'의 존재를 조금도 허용하지 않고 있는 것이다. 아아, 국가 대혁명 이후 39년, 오늘의 우리가 소위 국체

---

15) 기타 잇키(北一輝), 『국체론』, 기타 잇키 유저 간행회, 1950. 1, pp. 21~22.

론을 타파하지 않을 수 없게 된 이유는 무엇이냐. 우리는 한 사회주의자로서 말하고 있는 것이 아니다. 세계 어느 곳에도 학술의 신성을 모욕하는 것으로서 이처럼 심한 예가 없으니까 말이다. 실로 학술의 신성을 위해서인 것이다. 결코 사회주의를 위해서가 아니다. 아니 ! 국체 그것을 위해서다 ! 일본 역사 그것을 위해서다 ![16]

일본에서 사회주의를 생존할 수 있게 하려면, 외국 사회주의의 직역(直譯)이나 수입에 의존해서는 안 된다. 이것이 기타의 발상이 지닌 첫번째 특색이었다. 여기에서 사회주의를 일본의 민족주의에 어떻게 접목시키는가 하는 문제가 나온다. 다시 한번 그의 말을 인용한다.

강력하고 절대적인 압박 아래에서 고투하고 있는 현시대 일본의 사회당 〔사카이 도시히코 이하의 사회주의자들이 모여 명치 39년 결당하였으나, 다음해 40년 금지됨: 역자〕에 대하여 나는 많은 공감을 갖고 있다. 그러나 그렇다고 해서, 그들의 논의에 경의심을 갖고 있다는 것은 아니다. 그들의 대부분은 오로지 감정과 독단에 따라 행동할 뿐이다. 그 말하는 바 역시도 순수하게 직역적인 것으로서, 특히 그 근본 사상은 불란서 혁명 시대의 개인주의다. 〔……〕 필자가 사회 민주주의자의 충복이기 때문에, 그 공감과 배치되는 논의를 부득이하게 제기할 수밖에 없었던 것을 유감으로 생각한다.[17]

동시에 사회주의가 일본에서 살아 남기 위해서는 일본 민족주의의 표현 양식 그것에 근본적 개혁이 가해지지 않으면 안 된다. 이것이 기타의 발상이 지닌 두번째 특색이었다. 거기서부터 이토가 세운 '천황의 국민, 천황의 일본'이라는 시스템과 그 현교(顯敎)인 국체론을

---

16) 위 책, p. 23.
17) 위 책, p. 11.

어떻게 취급할 것인가 하는 문제가 나온다.

그는 이 발상으로부터 '만국사회당의 결의에 반대하여 러일 전쟁을 시인하듯이, 전일본 국민의 여론에 반하여 국체론을 부인하는' 입장에 서 있음을 긍지로 여겼다.

이 책은 당시의 학계·언론계·민간·관계(官界)의 대부분을 풍미한 국체론——즉 천황주권(天皇主權)·만세일계(萬世一系)·군신일가(君臣一家)·충효일치(忠孝一致)라는 주장——이 실제 일본의 역사적 사실과 다르며, 또한 국가의 현실적 발전에 역행하는 속론(俗論)이라는 것을 증명하려고 노력하고 있다.

국체론자는 입을 열면 '국가 주권은 만세일계의 황위(皇位)에 있으며 다른 곳으로 이를 옮길 수 없음을 우리 국체로 한다'(호즈미 야쓰카〔穗積八束〕, 동경대 헌법학 교수), '주권의 용(用)은 막부에 위임한다고 할 수 있더라도, 주권의 체(體)는 만세일계의 천황에게 존재한다'(아리가 나가오〔有賀長雄〕, 동경대 교수)고들 주장하는데, 그렇다면 어째서 명치유신이라는 혁명이 필요했던 것인가. 이토의 『헌법의해(憲法義解)』를 보자. 유신이 주권의 회복이라고 단정하고 있는 것은 아닐까. 회복이라는 것은 상실을 전제로 해야만 의미를 지니는 언어인 것이 아닐까. 그는 이처럼 반박한다.

이 문제점은, 천황이나 주권이 역사에 의해 결정된다고 하면서도 천황이나 주권이라는 언어가 역사 속에서 동일한 의미를 지닌 것이라 보고 현재의 의미를 그대로 과거로 적용시켜버리는 시대 착오로부터 생긴다. 그렇기 때문에 국가도 천황의 역할도 모두 역사적 발전이라는 국면에서 포착되지 않는 것이다.

그에 의하면, 일본의 국체는 결코 만고불역(萬古不易) 따위의 것이 아니다. 천황이 가장(家長) 군주로서 전일본의 통치자였던 군주 국가시대(고대), 복수(複數)의 가장 군주가 제각각 통치자였던 귀족 국가시대(중세), 군주도 국민과 함께 국가의 생존 진화라는 목적을 위해 행동하는 기관이며 천황을 포함한 국민이 전체로서 자기를 통치하는 공민 국가 시대(현대)라는 3단계를 거쳐, 일본의 국체는 발전한 것이다. 기타의 결론을 인용한다.

　"금일의 국체는 국가가 군주의 소유물로서 그의 이익을 위해 존재하는 시대의 국체가 아니라, 〔……〕 천황은 토지·인민이라는 두 요소를 국가로서 소유하는 시대의 천황이 아니라, 〔……〕 국가의 일(一) 분자로서 다른 분자인 국민과 동등하게 국가의 기관이 됨으로써, 커다란 특권을 소유하게 된다는 의미의 천황이다. 신민이라는 것은 천황의 소유권 밑에 대어보(大御寶)로 존재하거나 경제물로서 존재하는 것이 아니라, 국가의 분자로서 국가에 대하여 권리와 의무를 지닌다는 의미에서 국가의 신민(천황의 신민이 아니라)이 되는 것이다. 또 정체(政體)면에서 볼 때, 우리의 정체는 특권 있는 한 국민(천황)의 정치라는 의미에서의 군주 정체가 아니며, 또한 평등한 국민이 통치자가 되는 순수한 공화 정체도 아니다. 최고 기관은 특권 있는 국가의 한 분자(천황)와 평등한 분자(국민)로 구성된다. 〔……〕 때문에 군주만이 통치자가 되거나, 국민만이 통치자가 되는 것이 아니라, 통치자로서 국가의 이익을 위해 국가의 통치권을 움직이는 것이 최고 기관이다." "이것이 법률이 지정하는 바 오늘날의 국체이며, 또 오늘날의 정체이다." 그러므로 "사회주의적 혁명주의라는 것이 국체에 저촉되는 것이라는 비난에는 근거가 없다. 혁명주의라는 이름이 붙은 그것은, 경제적 방면에 있어서 가장(家長) 군주국을 그 뿌리면에서 타파하고 국가 생명의 원천인 경제적 자료를 국가의 생존 진화라는 목적을 위해, 국가의 권리로서 국가에 귀속해 마땅한 이익으로 만들려고 하는 것이다."[18]

나아가서 그는, "일본 민족은 충성으로 만세일계의 황통(皇統)을 받든다"라는 국체론이야말로 역사를 기만하는 것이며, 역사에서는 오히려 "황실의 충신의사(忠臣義士)는 두셋 정도에 그치는 미미한 예외

────────────

18) 위 책, pp. 68~69.

적 존재였음"에 지나지 않으며, 결과적으로 '난신적자(亂臣賊子)'의 횡행으로 가득차 있었을 뿐 아니라, 이 난신적자들도 자기 눈앞에 있는 각각의 군주에 대한 '충군적 양심' 때문에, 무의식적으로 황실에 대해서는 난신적자로서 기능하고 있었다는 사실을 지적한다. 그러므로, 황실이 만세일계로 존재하였다고 할 수 있는 이유가 있다면 그것은, 황실이 일본의 최고 실력자였던 시대에는(소수의 예외를 빼면), 유교적 국가주권론을 정치 도덕으로 채용하고, 다른 실력자에게 황실이 눌려 있었던 시대에는 "우온한아(優溫閑雅)한 시인으로서 정권 쟁탈권의 밖에 소외되어 방관자로서"의 위치를 지니고 있었기 때문이라 할 수 있다. (그런 의미에서 이것은) 황실 자신의 긍지라고는 할 수 있어도, 결코 난신적자역을 맡았던 국민의 긍지라고는 할 수 없는 것이 아닐까.

나아가서 그는 군신일가(君臣一家)론을 좇아 충효일치론을 주장하는 국체론자에 대하여, 여러분은 말가(末家)로서 각자 자기가 소속된 본가(本家)를 위해 실제로 피를 흘리고 몸을 바치고 있는가 하고 반문하고는, 그렇지 않은데도 황실과 국민 사이에만 본가·말가라는 관계가 있다고 왜곡한다면, 바로 여러분이야말로 오늘의 일본 국가를 옛 시대로 돌이키려고 하는 과격한 복고적 혁명주의자인 것이라고 단정을 내린다.

일본의 국체는 군신일가(君臣一家)가 아니라 당당한 국가이다. 천황은 본가·말가(本家·末家)가 아니라 국가 기관으로서의 천황이다. 황실비(費)는 말가(末家)에 대한 본가의 약탈을 통해서 마련되는 것이 아니라, 국가에 대해 황실이 요청할 수 있는 권리 영역에 속한다. 병역은 본가의 이익을 위해서 말가가 살육되는 그런 것이 아니라, 국가에 대한 국민의 의무 영역이다. 천황이 그 어떤 것과도 비교할 수 없는 영예권을 소유하고, 국민의 평등한 요구를 수락하지 않을 수 없는 것은 국가의 이익을 위해서이다. 국가가 유지하는 제도에 있어 〔……〕

천황은 국민과 평등한 친적(親籍) 관계를 지니고 있는 본가·말가가 아니라, 국가의 이익을 위한다는 그 이유 때문에 국가에 대해 중대한 특권을 지니고 있는 국가의 일원인 것이다. 실로 군신일가론을 근거로 하여 충효일치론을 주장한다는 것은 국가에 대한 반역이라 해도 마땅하다.[19]

그가 주장한 것은 공식적인 국가주권론, 즉 천황 기관설인 것으로서 밀교(密敎)적 차원에서는 이미 자명한 것으로 묵인되어온 학설이었다. 그의 특색은 현교(顯敎)에 교화되어 있는 국민 대중에게 이 밀교를 보급하고, 대신 현교는 우상 숭배로 몰아 추방하려는 데에 있었다.

"만세일계(萬世一系)라는 (국체의) 철퇴에 두개골을 두들겨닳은 백치 같은 일본 국민들은 원래부터 일본사를 진화적으로 연구하지 않는 존재들이다. 정치사와 윤리사가 지니고 있는 진화 법칙 속에서 일본 민족만 예외적 존재로 제외해놓고서는, 단지 역순론(逆順論)에 의거하여 역진(逆進)적 비판을 할 뿐이다." "역순론이란 일본 민족이 각각 황실의 충신의사(忠臣義士)이며, 난신적자(亂臣賊子)는 예외적 존재라고 생각하는 망상을 뜻한다."
국체론자들은 "일본 민족사에서 황실과 국민과의 관계는 이주 당시의 원시적 생활 시대 때부터 오늘에 이르기까지 동일하다. 그리하여 오늘날의 관계는 웅략(雄略)·인덕(仁德) 시대 때와 같다. 이렇게 원시 동굴 시대 때부터 충과 효로 교육 칙어를 받들어온 것처럼 생각하고 그 윤리사를 이어받고 있다. 서글프기 짝이 없는 동양의 토인 부락이여. 〔……〕 정치적 형식은 2,500년 동안 동일한 궤도를 순환한 것이 아니다. 도덕적 내용도 또한 개벽 이래 여지없이 진화하고 있다. 그러나, 후대의 정치를 가지고 쾌고 시대를 미루어 생각하고, 태고의 도덕을 오늘의 규범에 의거하여 평가하는 이것이 토인 부락이 아니고 무엇이랴."

---

19) 위 책, p. 89.

"신도(神道) 신앙으로 가장 국체(家長國體)를 만들고 천황을 그 신앙의 꼭대기에 제주(祭主) 격으로 올려놓는 시대는 역사의 먼 페이지 속에 이미 매장되었다. 국체사(國體寺)의 산승(山僧)들은 오늘날의 국체와 정체가 미신이라고 하지 않고, 원래 산승들이 그러하듯, 오히려 국가 미신이라는 최면에 모두들 빠지기를 빈다. 그리고는 법률을 깨뜨리고 헌법을 유린하고 천황과 전 국민을 보고는 신(神)이 탄 가마에 예배드리라고 호소하고 있는 것이다."
"호즈미 야쓰카(穗積八束)씨는 진짜 국체사의 주지로서 산승들의 장군이라 할 만하다." "금일 우리는 국가의 옹호자라는 이름으로 궐기하여 과학의 이도(利刀)를 뽑아 마땅할 뿐이다. 바라건대 국민이 조용히 미신으로부터 각성하여, 국체사를 불지르게 되기를."
" '군주를 위해'라는 충군의 시대는 군주 주권의 중세 시대이다. '국가를 위하여'라는 애국 시대는 국가 주권의 근대 시대이다." "일본 천황의 위력으로 보이는 것이 많기 때문에, 이것이 각자가 품고 있는 관념과 국가가 단결되는 힘이 된다." 그러나 "우리를 국가 만능주의자라고 오해하면 안 된다. 국가 만능주의라는 것은 국가가 국민의 사상·신앙의 내부적 생활까지 간섭하는 것이 허용되었던 시대를 의미한다. 국민의 외부적 생활을 규정할 뿐이라는 범위 안에서만 국가가 완전과 자유를 지니는 주권체가 된다는 의미에서, 사회주의의 법리학이 국가주의와 일치한다는 것이다."
"일본 천황은 원래 로마 법왕이 아니다. 천황은 학리(學理)를 제정하는 국가 기관이 아니다. 〔……〕 천황이 의학자로서 미생물학의 원리를 명령하거나 이과대학에 화학 방정식을 제정하는 법률을 선포한다고 해서 효력이 있을 리 없다. 명석한 천황과 국체론 속에 있는 흙인형이 결코 혼동되어서는 아니 된다. 〔……〕 천황이 아무리 윤리학 지식이 명석하건, 역사철학에 그 아무리 조예가 깊다고 하건간에, 우리는 국가의 앞에 있는 권리에 따라, 교육 칙어의 바깥에 독립해 있어야 한다. 천황이 윤리학설의 제정권을 가지고 있으며 또 그가 역사철학의 공정(公定) 기관이라는 이야기는 대일본 제국에 존재하지 않는 것으로서, 이는 망상에 의거하여 만들어낸 환영(幻影)을 가리켜 천황이라고 하는 우를 범하는 것이다. 〔……〕 학리(學理)상의 문제에 정치적 특권자의 견해를 끌어붙여서 자기의 추비(醜卑)를 덮어씌우는 미친 짓은 동양의 토인 부락 말고는 할 데가 없다."[20]

"유신 혁명이건 왕정 복고이건간에 이것들은 모두 야만인이다〔……〕 유신 혁명은 대화(大化) 시대의 왕정[21]에 복고한 것에 지나지 않으며, 대화의 혁명에 있어서 이상(理想)이라고 할 수 있는 유교적 '공민 국가(公民國家)'가 1,300년의 긴 진화 뒤에 겨우 실현된 것이다.〔……〕 공민 국가의 도덕 법률은 사회적 이기심 때문에 희생된 '애국'이다."[22]

기타가 꾀한 것은 밀교를 통한 현교 정벌이었다. 위로부터의 관료적 지배의 상징이 된 천황을 밑에서부터 국민적 통일의 상징으로 만들려고 하는 것이었다. 그가 말하는 바의 사회주의를 가지고 천황과 국민이 공식적으로 협력할 수 있는 체제를 실현하지 않는다면, 국가의 독립은 물론 앞으로의 발전 역시도 불가능하다고 그는 생각하였다.

한편 그는 어떠한 세력을 기반으로 하여 그의 사상을 실현하려 했던 것인가. 이 가장 중요한 문제는 그가 몸을 던진 중국 혁명의 체험을 통하여 이윽고 명백한 형태를 갖추고 나서, 일본에 역작용을 일으키기 시작한다. 그러나 이렇게 되기까지는 아직 십수년에 걸친 세월과, 또 그 동안 일본에서 근대 사상과 혁명 사상이 좌절에 이르게 되기까지의 긴 시간을 기다리지 않으면 안 되었다.

기타의 책은, 출판 당시 가타야마 센(片山潛), 가와카-미 하지메(河上肇), 후쿠다 도쿠조(福田德三), 야노 류케이(矢野龍溪), 타가와 다

---

20) 위 책, pp. 96~97.
21) 일본의 정치 체제가 황실의 주술적 종교적 통치 형태 및 지방 호족들의 사적(私的) 세력 관계로부터 탈피하여 중국식의 합리주의적, 중앙 집권적 형태로 발전된 시기를 뜻함. 7세기 중엽에 이뤄진 이 시기의 변혁을 다이카카이신(大化改新)이라고 부른다. 나라(奈良) 문화는 이 시기의 정치·경제적 진보를 기반으로 하여 성립할 수 있었다고 한다(역자).
22) 위 책, pp. 184~85.

이키치로(田川大吉郎) 등의 진지한 주목을 끌면서 커다란 반향을 일으켰다. 이타가키 다이스케(板桓退助)는 "이 책이 20년 전에만 나왔었더라도" 하고 탄식하였다고 전해진다. 자유당은 이토에게 대항하기 위한 전체적·현실적 지도 이념을 만들어내지 못했었기 때문에 이토의 시스템에 굴복한 바 있다. 만약 자유당이 기타의 사상을 가지고 이토의 시스템과 대결하는 것이 가능하였다고 한다면, 이후의 일본 역사는 그 발길이 조금 달라졌을지도 모른다. 이러한 의미에서 이타가키의 탄식은 결코 과장이 아닌 것이다.

그러나 실제로 기타를 맞이한 것은 위험 인물·사회주의자 기타에 대한 당국의 박해였다. 고토쿠 사건의 검거 열풍 속에서 빠져나온 그는, 일본내에서 손문을 지도자로 해서 결성되어 있었던 중국 혁명 비밀 결사 '중국동맹회'[23]에 가입하였다. 그리고 혁명 투사 송교인(宋敎仁) 등과 혈맹을 맺고, 실의에 잠긴 채 일본과 이별하였다. 그리고 몇 번인가의 실패를 거듭한 끝에, 1911년(명치 11년) 무한 혁명(武漢革命)에 참가할 목적으로 중국으로 건너갔다.

5. 요시노 사쿠조(吉野作造)의 민본주의

이토의 고심의 결정체인 명치 국가 시스템, 즉 '천황의 국민, 천황의 일본'은 그 중핵이었던 명치 천황과 그 작자였던 이토의 죽음과 함께 각 부분이 제멋대로 움직이기 시작하면서, 전체의 조화와 통일

---

23) 중국동맹회(中國同盟會: 중국 국민당의 전신)는 손문(孫文)·호한민(胡漢民) 등의 흥중회(興中會)와 채원배(蔡元培)·장병린(章炳麟) 등의 광복회(光復會)·황흥(黃興)·송교인(宋敎仁) 등의 화흥회(華興會)를 대동 단결시킨 통일 조직으로서 국민 혁명의 방략을 기초(起草)하였다. 기관지는 『민보(民報)』였으며, 강령은 1)현재의 열악 정부를 전복시킨다; 2) 공화 정부를 건설한다; 3) 세계 평화 유지; 4) 토지 국유; 5) 중·일 양국의 국민 연합을 주장한다; 6) 중국 혁명 사업에 대한 세계 각국의 찬성을 요구한다 등이었다.

성이 무너지기 시작하였다.

우선 천황의 측근에서 천황의 대권을 대행하였던 제세력인 천황의 중신(重臣), 황실의 번병(藩屛)과 천황의 고굉(股肱)인 추밀원, 귀족원, 군부=관료 등이 이토가 만든 규칙에 따라 국가에 대한 책임과 그 본분을 다하지 않고, 자기의 특권을 주장하였다. 또 각자 자기 요새에 은둔하여 권한과 영역 다툼을 벌이는가 하면, 마음대로 국정에 간섭하기 시작하였다. 명치 시스템은 적어도 누군가가——예를 들어 이토를 중심으로 하는 세력이——국정 전체에 심혈을 기울여 통일성 있는 예술 작품을 만들어냄으로써, 그 파국을 모면해왔던 것인데 이제 이런 세력은 어디에서고 찾아볼 수 없게 되었다. 그리하여 어느 세력이 국정 전체에 책임을 지는가를 다시금 명료하게 만드는 작업이 필요하게 되었다.

두번째로 한층 더 중대했던 문제는 지배 그룹간의 잠재적 분열과 무책임성이 밀교 내부에 그치지 않고 현교를 신봉하는 국민의 눈에 분명하게 드러나게 되었다는 사실, 그리하여 국민이 정당이나 저널리즘의 지도를 받으면서 사회적 피라미드의 저변으로부터 자기 에너지를 드러내기 시작했다는 사실이다. 가쓰라(桂) 군벌 관료 내각을 넘어뜨린 제1차 호헌 운동의 히비야(日比谷) 폭동 사건이야말로 이 에너지의 실제 교훈이었다. 현교의 대중적 에너지를 지배 그룹의 밀교가 통제하고 구사하는 명치적 규칙은 분명하게 붕괴되기 시작하였다. 국민은 내대신(內大臣)·추밀원·귀족원을 벌족(閥族) 및 관료의 아성으로 간주하고 군부를 군벌이라 부르면서, 과감하게 정면 공격을 하기에 이르렀다.

최후로 유럽 대전의 충격 및 새로운 계급 투쟁의 기운이 이 경향의 저류에 있다가 표면화되기에 이르자, 이러한 경향은 더욱 박차를 가하게 되었다.

명치 시스템을 새롭게 통합해내는 원리가 제기되어야 할 필요성은 이제 초미의 관심사가 되었다. 요시노는 고토쿠 사건 이후 사회 사상계를 뒤덮은 빙하 시대의 두꺼운 얼음을 깨고 민본주의의 기치를 내걸었다. 그리고 기타가 결국 망명할 수밖에 없었던 그 지점에서 새롭게 문제를 제기하였다. 이리하여 기타의 경우와는 다른 방식으로 '천황의 국민, 천황의 일본'으로부터 '국민의 천황, 국민의 일본'을 도출해내는 논리가 새롭게 제기되기에 이르렀다.

명치 헌법의 국가는 천황의 국체론적 해석을 허용하지 않는다, 그러므로 국체론적 해석은 현실 국가에 대한 반역이며, 체포되어야 할 것은 그쪽이다, 기타는 이렇게 주장하였으나, 실제로 체포된 쪽은 기타 쪽이었다. 책과 본인이 받은 박해야말로 그가 낸 책의 주장에 대한 가장 심각한 반박이 아니었겠는가.

요시노는 우선 국가적 현실이 아직 헌법을 충분히 활용하지 못하고 있으며, 국체론의 횡행을 낳는 지반이 존재하고 있다는 사실을 분명하게 파악하였다. 그리고 이러한 판단에 근거하여 헌법의 완전한 실현을 위한 방향으로 현실을 개혁하려는 계획을 세웠다. 그의 입장은 목전의 벌족 관료 정치로 인해 붕괴된 이토의 시스템과 국민적 에너지와의 충돌을, 정치 혁명이 아닌 입헌 정치의 철저화라는 방향으로 해결하려는 것이었다.

그는 1914년(대정 3년)부터 『중앙공론(中央公論)』을 통해 민본주의를 주장하였다. 나아가서 신사상의 중심 단체인 '신인회(新人會)'(후의 노동 운동 및 사회주의, 공산주의 이론가 들은 거의 다 이 단체에서 나왔다)를 동경대학에 조직하는 한편으로, 국체론자들의 전위 조직인 '낭인회(浪人會)'24)를 공개 토론회 석상에서 굴복시켰다. 그리고 그를 상대로 한 끈질긴 박해에 굴하지 않고 구사상에 대한 도전을 계속하면서 커다란 영향을 미쳤다.

그에 의하면, 입헌 정치는 단지 헌법에 따를 뿐인 정치 수준에 머물러서는 안 된다. 근대 국가가 헌법 정치를 채택하게 된 그 근본 정

---

24) 흑룡회(黑龍會)의 우치다 료헤이(內田良平), 사사키(佐佐木) 몽고왕 등.

신 자체를 실현하는 정치이어야 한다고 한다. 그 근본 정신이란 무엇인가. 그것은 인민 권리의 보장, 삼권 분립주의, 민선 의원 제도의 원칙이라는 세 가지 원칙으로 표현된다. 이 3원칙은 현대적 정치가 특권 계급이 아니라 일반 민중의 행복을 그 목적으로 하며, 정부의 정책은 민중의 행복을 실현하기 위해서만 행해져야 하는 것이므로 자연히 민중의 뜻에 복종하지 않으면 안 된다는, 보다 근본적인 원리에 기초하고 있다. 정치의 목적도 정치의 기능도 일변하였다. 일본만 이렇게 뒤처지게 되면, 일본의 국력은 쇠퇴하게 될 뿐이다. 어떻게 해서든 미래 지향적으로 문제를 해결하지 않으면 안 된다.

여기서 그는 자신의 민본주의가 주권 재민을 주장하는 민주주의와 달리, 주권 운용의 목적과 중심을 일반 민중에 두는 주장이라는 해석을 첨가한다. 현재라는 시점에서 보면, 이러한 주석은 확실히 타협적이며 그의 한계를 드러내는 점이라 할 수 있다. 그러나 당시의 실제 정황으로 눈을 돌린다면, 이것은 우선 가능한 조건을 최대한 이용하여 자신의 뜻을 확실하게 실현하려고 하는 깊은 배려의 산물이었다고 할 수 있지 않을까. 그의 말을 인용한다.

> 물론 이 주의가 민주 국가에서 보다 더 적절하게 시행될 수 있다는 것은 두말할 나위도 없다. 그러나 군주 국가의 경우라도, 이 주의가 군주제와 조금도 모순되지 않을 것이라는 사실 또한 믿어 의심치 않는다.[25]

민중을 장악하고 민중이 움직일 수 있게 하지 못한다면 마지막이다. 민중과 격리된 상태에서, 천황 주권을 주장하는 국체론에 돌격해 들어가 실패하고 마는 민주주의자들의 비극을 더 이상은 묵과할 수 없다. 아마도 그는 이렇게 생각하고 민주주의를 제창하였을 것이다.

---

25) 요시노 사쿠조, 「헌정(憲政)의 본의를 설(說)하여 그 유종의 미를 구할 방도를 논함」, 『중앙공론(中央公論)』, 1916. 1.

그의 주장은 헌정 옹호론과 보통 선거론의 둘로 나누어진다. 국정의 중심은 정당 내각에 두고, 날로 해체와 무책임의 외중으로 깊이 빠져 들어가고 있는 이토 시스템을 다시 통일시켜내야 한다는 것이 전자의 핵심이며, 정당을 어떻게 민중의 것으로 만드는가 하는 것이 후자의 핵심 문제이다.

그는 기타처럼 천황 주권론과 정면으로 충돌하지는 않는다. 그는 역으로 천황 주권론의 정치적 구체화 결과인 천황 친정론(天皇親政論)이 실행 불가능한 형식론에 불과하며, 그것이 실제로 관료적 전제 정치와 내각의 무책임성으로 귀결될 수밖에 없는 이유를 자세하게 밝힌다. 그리고 친정론을 밑받침하고 있는 여러 종류의 천황 대권(天皇大權) —— 예를 들어 정부에 대한 군부의 독립을 보증하는 통사 대권(統師大權)과 같은 것 —— 을 근본적으로 개혁하려고 한다. 천황 대권을 명분으로 내걸고 중의원 중심의 정당 책임 내각을 와해시키려 하는 군부나 추밀원·귀족원 등을 개혁하려고 하는 그의 열의와 이론은 맹렬하였다.

이미 1918년(대정 7년), 오쿠마 내각의 서기관장(書記官長)으로서 정치권의 중추부와 관련을 맺고 있었던 에기 다스쿠(江木翼: 후의 민정당〔民政黨〕 간부)는 다음과 같이 자신의 체험담을 털어놓은 바 있다.

군부라는 치외 법권 지대를 허용하는 한, 일본 정부는 반신 불수 상태를 면하기 어렵다고 에기는 말하고 있다. 정부는 육·해군의 편성에 전혀 관계할 수 없으며, 육·해군 대신을 뽑을 수 있는 권리도 갖고 있지 않다. 참모 본부는 정부와는 별도로 세계 각지에 독립적인 정보망을 설치해놓고서는, 그 정보에 의거하여 외무 당국의 업무에 간섭하기 때문에 결국 이중 외교(二重外交)와 이중 정부(二重政府)라는 현상이 발생한다. 시베리아 출병을 둘러싸고 벌어진 문제[26]는 그

---

26) 시베리아 출병 문제: 당시 국내의 쌀 폭동 문제 때문에 곤란을 겪고 있던 일본은 러시아 혁명 정권 타도를 위한 열강들의 군대 파병시, 국내 문제를 해소하고

직접적인 예다. "이와 같은 제도 및 실제상의 사태가 장래에도 존속하게 된다면, 모든 군벌이 외교와 산업을 독점하고, 더 나아가서 학문과 사상까지도 독점하게 되는 사태를 결코 막을 수 없게 될 것이라고 나는 믿는다."

에기의 말은 뜻밖에도 역사에 대한 모순이 되었다. 군부의 통수권이나 육악상주(帷幄上奏)에 대한 당시 요시노의 통렬한 비판은, 그것만으로도 귀중한 사상적 성과를 이루었다고 해야 할 것이다.

"현금의 법제가 공인하고 있는 군벌 계급의 지위가, 과연 헌정의 대의(大義)면에서 볼 때, 정당한가 아닌가도 크게 의심스럽다고 생각한다. 비록 그러하더라도 만약 군부가 그 부여받은 권한을 수호하기 위하여, 끊임없이 근신을 계속하였더라면, 실제적으로는 아무런 물의가 없었을지도 모른다. 그러나 최근 수년간 그들의 태도는 어떠하였는가. 특히 유럽 대전 후, 중국·시베리아에서 그들의 행동은 어떠하였던가. 이것은 일일이 열거할 필요가 없을 정도로 식자 사이에 널리 알려져 있다. 이것은 통수 대권의 영역이다, 이것은 군막상소로 천황의 재가를 얻은 것이라 하면서 총리대신이나 외무대신을 따돌리고는, 마음대로 행동한 것은 도저히 묵과할 수 없는 일이다."

"참모 본부와 해군 군령부는 이미 그 제도적인 측면에서 명백하게 국무대신의 보필 책임과 충돌하고 있다. 이것이 입헌의 본의에 어긋나는 것임은 두말할 필요도 없다. 〔……〕 혹 그 성질을 바꿔 고문부(顧問府)라 한다 치더라도, 실질적인 직무는 그대로 놓아둔 채 육·해군 대신의 지휘 명령 아래에서 움직이고 있는 사실이 변하지 않는 한, 위헌이라는 혐의를 피할 수가 없다고 확신한다."

<hr>

시베리아의 자원을 확보할 목적으로, 군부의 주도 아래에 37만 3천 명에 달하는 대규모 병력을 러시아에 파견하였다. 열강들의 철수 후에도 군대를 잔류시킨 채 시베리아 점령에 대한 야욕을 버리지 않고 있었던 일본군은 결국 대패를 당한 뒤, 국제적인 비난을 받는 가운데 1922년 철수하고 말았다. 일본 제국주의가 국제전에서 당한 최초의 대패배라고 일컬어진다(역자).

"군주가 의사 결정을 내리기까지는, 통수권뿐만 아니라 모든 국무에 걸쳐 대신의 보필이 꼭 있어야 한다고 헌법이 요구하고 있다. 〔……〕 군주가 군의 통수를 친재하신다는 것은 말할 필요도 없다. 그러나 여하히 군을 통수하는가 하는 방식에 관해서는 미리 못박아두어야 할 사항이 있다. 대신의 보익을 필히 요한다고 하는 것은, 지금까지처럼 개원식(開院式)의 조서(詔書)를 기초(起草)할 때에 대신이 관여하고, 외신(外臣)의 사알(賜謁)시에 대신이 배(陪)한다고 하는 사실과도 같은 것이다. 그러나 어떤 실질적인 행동을 군주 스스로가 맡아 실행한다고 하는 취지를 확장하여, 이와 관련된 일체의 사항을 모조리 대신의 보필권 밖에 둔다고 하는 것은, 대신을 국정에서 소외시켜버린다는 사실을 의미하는 것이다. 이와 같은 문제는 전술한 양자의 차이를 구별하지 않는 데에서 오는 커다란 오해에 기인한다. 다시 말해서 대신을 국정에서 소외시킨다고 하는 사실은 결과적으로 대신 이외에 별개의 보필 기관을 둔다는 사실이 되는 것이다. 이 같은 것은 〔……〕 오히려 국무의 통일을 분쇄하는 커다란 병폐를 그대로 방치해두는 것과 마찬가지다."[27]

요시노가 주장한 헌정 옹호론과 보통 선거론은 아사히신문을 비롯한 대신문들의 지지를 받았을 뿐 아니라, 국민 대중과 정치가들을 확실하게 사로잡았다. 그리하여 이 이론은 명치 자유 민권 운동 이래의 대민중 운동으로 귀결되면서, 이윽고 정당 내각과 보통 선거의 실현을 가능하게 하였다. 천황이 의회와 정당을 중심으로 하는 국민의 천황이 되고, 일본이 국민의 일본이 되는 날이 도래하였다고 생각될 정도였다. 명치 이래의 국가와 '가(家)'는 이 시점에서 밑으로부터 거대한 규모로 변화하려 하고 있었다. 그렇기 때문에 보선 반대파는 필사적으로 선거권 소유자를 호주로 제한하려 하였던 것이다.

---

27) 요시노 사쿠조, 「유악상주론(帷幄上奏論)」, 도쿄아사히신문(東京朝日新聞), 1922. 2.

민본주의를 실제 정치에 적용시킨 대표 주자격이었던 이누카이 쓰요시(犬養毅)는 1920년(대정 9년), 다음과 같은 낙관적 연설을 한 바 있다.

> 몇몇 분의 연설에서 군벌·번벌(藩閥)·관료라는 말을 듣긴 하나, 금일 번벌은 붕괴하였다. 매우 유력하였던 군벌이 지금 어디에 존재하고 있는가. 군인이 정치에 관여하여 내각을 좌우하는 일이 그 어디에 존재하는가. 오늘날의 군인은 순수한 군인들로서, 군인들 중 가장 유력한 이들인 원수들 가운데를 큰 북채로 휘저으며 찾아보아도, 정치에 관여하여 내각을 좌우하려는 이들은 찾아볼 수 없다. 그렇다면 군벌은 실제로 소멸한 것이다. 관료는 지금도 역시 존재하고 있긴 하나, 수령이 없고 또 통일되어 있지도 않으므로, 관료도 실은 없어진 상태다. 번벌·군벌·관료라는 존재들은 이미 소멸해버렸으며, 지금은 단 하나 정당만이 정권을 잡고 있는 것이다.[28]

후년에 일어난 5·15 사건[29] 당시 군부의 손에 의해 암살되었던 수상 이누카이의 이 연설을 읽으면서 우리는 깊은 감회를 느낀다.

성공과 실패라는 차이는 있으나, 당시 반동으로 분류되고 있었던 정우회(政友會) 내각의 하라 다카시(原敬) 수상조차도, 만주사변의 선례로 간주되는 시베리아 출병을 둘러싼 군부의 독단적 행동에 대하여 정면으로 반대한 바 있다.

> 지금까지는 독일 등을 예로 하여, 뭐든지간에 황실을 중심으로 하여 통수권 등을 극단적으로 휘두르려고 하였지만, 금일은 선제(先帝: 명치 천황: 역

---

28) 시노부 세이자부로(信夫淸三郎), 『대정 정치사(大正政治史)』 제3권 재인용.

29) 1932년 5월 15일, 일단의 국가주의자들과 이들의 사상을 지지하는 육·해군 소장 군인들이 군국주의를 표방하면서 수상 관저를 포함한 주요 기관을 습격하고 주요 인물들을 차례로 암살한 사건. 이 사건으로 군부 전제 체계가 득세를 하게 되면서 정당 정치는 패퇴일로에 접어들게 되었다(역자).

자)의 시대와는 전혀 다르다. 정부가 정치상의 모든 책임을 지고 국정의 방침을 새롭게 하지 않는다면, 장래 황실에 누를 끼칠 염려가 있다. 이럼에도 불구하고, 참모 본부 등이 천황에 직소한다고 하면서 정부 밖에 별도로 존재라도 하고 있는 듯이 일일이 통수권을 휘두르려 하는 것은, 사려가 부족한 태도라고 할 수밖에 없다. 그러므로 오늘날 이 병폐를 씻어내는 일은 곧 국가와 황실을 위하는 일이 되는 것이라고 생각한다.

다카하시 고레키요(高橋是淸) 대장대신(大藏大臣)은 군국주의와 관련된 오해를 풀기 위해, 참모 본부와 문부성을 폐지하자는 의견서를 인쇄하여 수상에게 제출하였다. 하라 수상이 암살되고 군부가 다시 등장하고 난 후, 2 · 26 사건[30]이 일어나자, 다카하시도 역시 참혹하게 살해되었다. 위의 의견서 제출건이 군부측에 알려져 있었던 때문이었다.

하여튼 군벌은 항복 일보 직전까지의 상황에 몰려 있었던 것이다. 그렇다면, 이 민본주의가 패퇴하고 군벌이 그 힘을 회복하게 되었던 이유는 무엇이었는가. 이것을 논하기 전에 중국에 건너갔던 기타가 혁명 과정 속에서 무엇을 배웠는가를 먼저 알아보지 않으면 안 된다.

6. 중국 혁명에서 기타가 얻은 교훈

기타가 참가한 중국 혁명은 청조의 지배를 타도하고 중화민국을 건설한 신해 혁명이었다. 이 혁명은 1911년 10월 10일──쌍십절(雙十

---

30) 2 · 26 사건: 1936년 2월 26일, 황도파(皇道派) 청년 장교들을 중심으로 한 1,400여 명의 병력이 군부 내각 성립을 목표로 하여 일으킨 군사 쿠데타. 이 쿠데타에 이론적 토대를 제공한 기타 잇키(北一輝)를 포함하여 이 사건의 주동자들 모두가 사형에 처해졌다. 이 사건의 여파로 잠시 숙군 작업이 군부내에서 행해졌으나, 실제로는 이를 계기로 군부 독재 체제가 확립되기에 이르렀다(역자).

節)은 이 혁명의 봉기를 기념하는 날이다——기타의 맹우인 담인봉(譚人鳳)이 조직한 비밀 결사 '중부동맹회(中部同盟會)'의 영향 아래에 놓여 있었던 무한신군(武漢新軍) 병사들의 무장 봉기가 그 직접적인 계기가 되었다. 무한(武漢)에서 군 정부 조직에 착수하여 전국을 거의 장악하다시피 하였다. 일시적으로는 지도자 손문과 중부동맹회가 남경(南京)에 신정부를 창립하였으나, 마지막 단계에 가서 신군벌인 원세개에 굴복하면서 좌절되고 만 첫번째 혁명이었다.

그는 맹우 송교인(宋敎仁)과 함께 한구(漢口)·남경(南京)·상해(上海)를 전전하였다. 이 체험을 통해 그는 자신의 사회주의 혁명을 실현하기 위해서는 그 주축이 되어야 할 군대가 필요하다는 것, 군사 혁명은 군사 독재를 필요로 한다는 신념을 굳혔다. 군대라는 조직적 폭력에 대한 깊은 신앙, 이것이 기타가 중국 혁명에서 얻은 첫번째의 교훈이었다.

그는 "반역의 칼을 통치자의 허리에서 훔쳐내려고 하는 군대와의 결탁"[31]만이 혁명을 보증할 수 있으며, 중국 혁명은 이 결탁 과정을 경시하였기 때문에 실패하였다고 주장한다.

그는 담인봉(譚人鳳)의 중부동맹회 조직 활동에 대한 기술 내용 속에서, 금후의 자기 방침을 이렇게 선언하고 있다.

그들은 군대와의 연합 전략을 세울 때, 대대장 이상과는 결탁하지 말 것을 원칙으로 하였다. 혁명이 일어나야 할 정도로 타락한 국가에서 대대장 이상의 영위(榮位)를 차지하고 있는 자들은 하나같이 배부르고 등이 더운 무리들로서, 모험을 감행할 만한 기개가 없는 자들이다. 〔……〕 그들은 또한 대대장 이하 역시도 하급 사관 연락책이나 사병 연락책들과 상호간에 그 선(線)을 알려주지 않기로 규정하였다. 이렇게 복잡 번루한 과정을 거듭하지 않고서는 내부의 기밀을 유지할 수 없을 정도로 정신이 썩은 중국, 국가

---

31) 기타 잇키, 『지나 혁명 외사(支那革命外史)』, 1921, p.51.

조직이 붕괴되고 있는 중국의 현실을 보라. 여원홍(黎元洪: 중화민국 2대 총통)이 그 일대를 이끌고 '대의(大義)의 수창자(首唱者)'가 되었다는 식의 이야기를 일본인들은 흔히 믿고 있는데, 이는 일본인들이 질서 정연한 유신 시대 이후에 태어나, 사단장에서 연대장으로 연대장에서 대대장으로 명령이 내려가면서 일이 성취된다고 믿는 유추 방식을 갖고 있기 때문이다. 원래 태양이 서쪽에서 뜨는 법이 없는 것처럼, 고금에 혁명이 상층 계급에서 일어나는 일은 없다. 여(黎)는 바로 그들의 운동이 타도의 대상으로 삼고 있었던 배부른 밀고자로서, 당시 그들의 운동이 연락을 금지한 여단장 신분이었다. 궐기하여 그를 협박한 고(故) 장진무(張振武)·장익무(蔣翊武)군 등은 당시 조장(曹長) 계급의 하급 하사관들로서, 손무유공양옥여(孫武劉公揚玉如)의 제군(諸君)과의 연락에 나선 이들이었다. 그러나 보이지 않는 다른 손에 묶여진 병사들은 하급 하사관들의 궐기가 다른 데에서 시작된 것을 모르고, 여를 주모자로 오인하고 그 밑에 결집하였다. "변발을 할 것인가, 목을 자르겠는가" 하는 위협과 좌우로부터 겨눠진 총렬의 감시 때문에, 병사의 발포를 제지할 수밖에 없었던 그와 총독 서징(瑞徵)과의 차이는 하나가 즉 야성(即夜城)을 버리고 분주하게 도망간 데에 반해, 그는 도망갈 틈을 엿보지 않고 포로가 되었다는 차이가 있을 뿐이다.[32]

기타의 이 관점이야말로, 소화기에 초국가주의를 주장하였던 그의 폭력적인 동료들과 그를 구별하는 가장 중요한 특색이었다. 여기에는, 이미 후년의 쿠데타——2·26 사건의 원형이 분명하게 드러나 있다. 그는 이노우에 잇쇼(井上日召) 무리들처럼 지속적인 개인적 암살을 주무기로 삼는 방식에는 찬동하지 않았다. 또 오카와 슈메이(大川周明) 무리처럼 군대라면 어떤 집단이든 상관없이 즐겁게 들러붙는다든가, 그 중에서도 특히 군의 상층부라면 상대를 마다 않는 식의 전략들은 거리의 매춘부식 전략이라면서 비천하게 여겼다. 또한 입으로

---

32) 위 책, pp. 69~70

138

는 유신이나 혁명을 번지르르하게 뇌까리면서도 실제로는 전통적 국가주의의 한쪽에 기생하여 앞잡이가 되고 만 야스오카 마사아쓰(安岡正篤)나 히라이즈미 스스미(平泉澄)와 같은 무리들을 제일 경멸하였다.

두번째로, 기타가 중국 혁명을 통해서 새롭게 배운 것은 토착적 민족주의의 뿌리가 깊고도 강하다는 사실이었다. 토착적 민족주의에 호소하지 않고서 혁명에 희망을 기대해볼 수 없다는 신념은, 이제 그의 사상에서 도저히 빼놓을 수 없는 것이 되어버리고 말았다. 그의 가슴 속에 뿌리내린 국가주의가 사회주의를 완전히 압도해버리고 말았던 것이다.

원래 중국동맹회의 사상적 근저에는, 손문(孫文)·호한민 등을 중심으로 하는 광동파(廣東派)와 황흥(黃興)·송교인(宋敎人) 등을 중심으로 하는 호남파(湖南派)의 양계통이 흐르고 있다. 혁명과 독립이라는 같은 목표를 추구하면서도, 광동파는 근대주의와 국제주의적 입장을 취하고 있었으며, 호남파는 민족주의와 국수주의적 입장을 취하고 있었다. 이들은 상호간에 전혀 양보가 없었다.

기타는 어느 누구보다도 철저한 호남파의 입장에 서서, 손문파의 근대주의와 국제주의에 반기를 들었으며, 손문을 철두철미하게 눈앞의 원수로 여기며 활동하였다. 민족의 생명과 무관한 수입 직역(直譯)의 사상, 타력 본원(他力本願)의 국제주의만으로는 혁명도 독립도 완수할 수 없다는 것이다. 이러한 그의 결론은 모택동식 민족주의, 즉 공산주의의 토착화가 성공한 현재적 입장에서 본다면, 확실히 역사를 꿰뚫어본 견해였다고 할 수 있다.

그러나 그가 간과한 것은, 민족주의가 '낡은 빨갱이 사상'과 결별하기 위해서 손문적 근대주의, 시민적 민주주의의 세례를 필히 거치지 않으면 안 된다는 분명한 사실이었다. 즉 모택동은 손문을 계승하였으나 기타는 거부한 것이다. 민주주의·근대주의, 그리고 인권 감각을 거부하는 입장에 서서, 사회주의와 민족주의를 결합한다면 그 결과 초래되는 것은 초국가주의 그것인 것이다. 반(半)식민지의 독립을 추구하는 중국에서는 이 초국가주의도 약간의 의미가 있을지 모른다. 그러나 제국주의 일본에서 이 주의를 실현한다면 어떤 결과에 이르게 될 것인가. 기타의 최대 맹점은 여기에 숨어 있었던 것이다. 그의 결론을 인용한다.

> 국가 내부에서는 국민 생활의 분배적 정의를 주장하는 입장에 서며, 국제적으로는 국가 생활의 분배적 정의를 칼로 주장하는 입장에 선다. 이것이야말로 불초의 민주 사회주의가 일본 군도에서 이룩되는 그때에 혁명적 대제국주의 역시도 이룩되는 소이의 하나다. [33]

그는 역사의 과정을 앞서가는 과정에서 중간항의 생략이 지나쳤던 이유로 해서, 손문파를 중심으로 하는 중국 혁명의 주류로부터 즉시 고립되었다. 그 후 몇 번인가의 초인적 노력에도 불구하고, 일본의 침략적 국책과 중국 혁명의 반제국주의 운동이 격돌하는 와중에서 지속적인 고통을 받지 않으면 안 되었다. 일본의 국책은 물론 중국의 혁명 운동 역시도 인정할 수가 없었기 때문에 진퇴양난의 지경에 몰려 있던 그는, 최후로 법화종(法華宗)[34]의 행자(行者)가 되어 접신(接神)적 신앙에서 그 혈로를 찾기에 이르렀다. 이리하여 그는 점점 더 예언적·카리스마적 자의식에 사로잡히게 되었던 것이다.

1919년(대정 8년) 8월 상해에 체류중이었던 그는 "일본 쪽에서 혁명이 이뤄진다. 빨리 귀국하길 바란다"고 하는 오카와 슈메이(大川周明)의 종용을 받았다. 그리고 40일간의 단식 생활 끝에, 소화 시대 초국가주의 운동의 '나의 투쟁'이 되었던, 『일본 개조 법안 대강(日本改造法案大綱)』을 기초하였다. 동년 일본 귀국을 전후하여, 오카와 슈메이

---

33) 위 책, p.6.
34) 1253년, 니치렌(日蓮)이 『법화경(法華經)』을 토대로 하여 창시한 일본 불교의 일파로서 흔히 일련종(日蓮宗)이라고 부른다(역자).

(大川周明), 미쓰카와 가메타로(滿川龜太郎), 가노코기 가즈노부(鹿子木貝信) 등과 함께 '유존사(猶存社)'를 만들었다. 동사의 강령에는 '혁명 일본의 건설' '개조 운동의 연락' '아시아 민족의 해방' 등이 기록되었으며, 국내 개조와 국제적 주장을 하나로 묶는 초국가주의의 본래 모습이 분명한 형태로 제시되었다. 『일본 개조 법안 대강』은 처음엔 임시 비밀 출판 형식으로 배포되었으나, 그 영향은 즉시로 나타났다. 아사히 헤이고(朝日平吾)는 그가 기타에게 보낸 유서가 보여주는 바와 같이, 분명히 이 책의 자극을 받고 야스다 센지로(安田善次郎)를 암살하였던 것이다. 그러나 기타와 이 책이 커다란 영향을 미치게 되기까지는 소화 10년간이라는 긴 시간을 더 기다리지 않으면 안 되었다.

7. 민본주의의 좌절

1919년(대정 8년) 당시 대정기 민주주의는 기타의 영향을 단호하게 물리칠 수 있을 정도의 강도로 존재하고 있었다. 보통 선거 운동은 전일본을 휩쓸기 시작하였으며, 노동 운동은 급커브를 그리며 상승하고 있었다. 민본주의 세력을 대표하는 잡지 『개조(改造)』나 『아등(我等)』의 창간, 가와카미 하지메의 『사회 문제 연구』의 발간, '오와라(大原)사회문제연구소'의 출발, 대일본우애회(大日本友愛會)가 대일본노동총연맹으로 발전한 사실 등은 모두 이 해에 이뤄졌던 것이다. 이 조류는 제2차 호헌 운동의 승리를 거쳐, 1925년(대정 14년) 보통선거와 치안유지법의 성립을 이루게 되면서 하나의 정점에 도달하였다.

이러한 사실에도 불구하고, 대정기 민본주의는 명치 시대 전통적 국가주의의 요새로부터 곧바로 벗어나는 것은 불가능하였다.

우선 첫째로, 민본주의와 보통 선거 운동이라는 커다란 파도 역시도 인구의 절반을 점하는 농촌을 명치 현교(顯敎)라는 신앙적 지배로부터 해방시키는 것이 불가능하였다. 밀교를 대중화시킴으로써 그 힘으로 현교를 정벌한다는 전략은, 민본주의라는 힘을 가지고도 결국 실패로 끝났다.

둘째로 민본주의는 원로·군부·추밀원·귀족원·관료 제도에 대한 개혁을 완성할 수가 없었다. 정당에 의해 이뤄져야 하는 국정(國政) 통일을 가로막으면서 버티고 있었던 이 특권적 제도들은 거의 상처를 입지 않은 채 살아 남아 있다가, 이윽고 커다랗게 숨을 돌이키면서, 상호간의 무책임한 국정 간섭과 불화를 또다시 반복하게 되었다. 요시노는 추밀원 개혁을 논하였다는 이유로 검사국에 소환되어, 결국 참담하게 아사히신문을 사직하지 않을 수 없게 되었다.

셋째로, 민본주의의 주체가 되어야 하는 정당이 정권을 수중에 두고 정당 내각을 조직함과 동시에, 정쟁(政爭)과 부패라는 구렁텅이에 빠져버리고 말았다. 물론 요시노가 말한 바와도 같이, 정쟁 자체가 나쁜 것일 수는 없다. 다만 정권의 유지와 획득을 위해 자기의 묘혈을 파는 것도 불사하는 정쟁이 곤란한 것이다. 더구나 선거 자금과 관련된 부패가 국민 전체에 정당에 대한 불신을 심어주고 말았다. 정당은 자당의 이익과 반대당의 타도를 위해서 원로·군부·귀족원·관료와 같은 정당 정치의 원수측과 즐겁게 손을 잡고서, 서로간에 천황이나 국체를 끄집어내어 반대당을 해치우는 일에 전념하였다. 그 위에 지방의 보스 조직이나 유력자의 지배력에 기대고 있었던 선거 운동 방법은, 이 같은 조직이나 지배를 밑으로부터 분쇄하여야 할 대중적 정치 운동을 성공하지 못하게 하였다. 그래서 오히려 철저하게 지반과 매수에 의존하는 일관된 방식으로 선거를 진행해버리고 말았다. 매수는 자금을 필요로 하며 자금은 정당내의 보스 지배 체제를 굳히는 것이다. 그리고 결국은 정당의 전면적 부패를 초래하는 것이다. 정당이 만철(滿鐵)을 삼키고, 아편을 삼키고, 레일을 삼키고, 자갈을 삼키는 등, 돈이 될 수 있는 모든 이권을 삼켜대는 상황이 탄생하였던 것이다.

네번째로, 철저한 민본주의의 실현을 통해서 자신의 길을 구축해 나아가야 했던 사회주의와 노동 운동 세력이, 민본주의와 유리된 별도의 독자적 위치에서 자기의 운동을 전개하기 위해 전력을 기울였다는 점이다. 그리하여 이 세력은 민본주의나 의회 정치가 지닌 기만적 책략을 폭로하는 데에 주력을 기울였다. 초기에 이들은 의회 정치나 인권의 신장 등을 일체 무시하는 직역(直譯)적 행동주의인 '아나르코-생디칼리슴'이라는 입장을 견지하고 있었는데, 결과적으로 이는 정치와 의회 정치 일반에 대한 대중의 불신만 증폭시키는 역할을 하는 데에 그쳤다. 예를 들어, 현교가 지배하고 있는 농촌에서 그들은 소작 쟁의에 입각한 직접 행동을 행했을 뿐이었는데, 이러한 계획 속에는 정치나 문화 운동을 통하여 대중을 정치적·인권적으로 각성시키고 이를 통하여 대중을 현교의 지배 체제로부터 해방시킨다는 구체적인 발상은 거의 포함되어 있지 않았다. 그러므로 노동 운동이나 사회주의가 주도권을 상실하게 되자, 대중의 인상 속에는 다만 원로·중신에서 정당·재벌에 이르는 지배층 일반에 대한 전면적 불신만이 커다랗게 자리잡게 되었던 것이다. 소화 시대의 초국가주의는 대중의 이러한 심리 상태를 효과적으로 이용할 수 있었던 것이다.

다섯번째로, 퇴보적인 정당과 직역적인 사회주의 세력이 이렇게 서로간에 충돌하게 되면서 민본주의적 정신과 그 운동이 가속화되기는 하였으나, 결국 양세력이 치안유지법의 발동을 막는 방향으로 연합하지 못한 상태로 끝이 나고 말았다. 보통 선거의 실행 및 치안유지법 반대를 위해 전력으로 투쟁한 것은 나중에 사회주의 진영으로 적을 옮긴 요시노 사쿠조, 오야마 이쿠오(大山郁夫), 하세가와 뇨제칸(長谷川如是閑), 사회주의자, 노동조합 들만은 아니었다. 헌정회의 나카노 세이고(中野正剛), 야마마스 기주(山枡儀重), 정우회의 야마구치 세이지(山口政二), 혁신 클럽의 기요세 이치로(淸瀬一郎), 유아사 본페이(湯淺凡平), 호시지마 지로(星島二郎), 하야시다 가메타로(林田龜太郎), 중정(中正) 클럽의 반도 고타로(坂東幸太郎), 혼다 요시나리(本田

義成), 무소속의 아리마 요리야스, 안도 마사즈미(安藤正純) 등 기타 많은 사람들도, 중의원내에서 전력을 다해 치안유지법에 반대하였다. 그 중에서도 기요세의 질문은 와카쓰키(若槻) 내무상을 위시한 정부 위원들이 지니고 있었던 무정견(無定見)성을 남김없이 폭로하였다.

치안유지법[35]은 국체 및 사유 재산 제도의 변혁을 도모하는 행동뿐만 아니라 그 의식적·무의식적 결과까지 극형으로 처벌하게 되어 있었다. 그리고 궁극적으로는 전일본의 지적 풍토를 완전하게 황폐화시켰던 악법이었다. 기요세의 질문은 이러한 핵심을 꿰뚫고 있었다.

정부는 각국 노동당의 결의안 및 정책 등에 대해 언급하면서 그것이 어떤 경우에는 유죄가 된다고 설명하였는데, 선진국뿐만이 아니라 일본 국민이야말로 진정으로 사회 개조를 통하여 현금의 자본주의를 변혁해야 한다는 사실을 부르짖고 있다. 말하자면 정부는 이에 대응하여 보선 실시 후 외국의 노동당과 같은 동종의 정당이 출현하는 것을 박멸하자는 것이다. 정부는 일찍이 노동자가 본안(本案)을 두려워하는 것은 오해라고 주장한 바 있는데, 본안의 설명에 의거한다면 현재의 노동자·소작인 운동이 바로 이에 저촉되고 있지 않은가. 그러한 법을 노동자나 세간에 적용하지 않는다고 언제까지나 속일 것인가. 사유 재산 제도란 헌법에서 인정한 것이 아닐 뿐만 아니라 인간의 합리성으로부터 나온 것도 아니다. 단지 현재의 사회 사상에 지나지 않는다. 그럼에도 불구하고 이 변혁 운동을 처벌한다는 것은 근거 없는 논의로 사람을 죄인으로 몰려고 하는 것과 같다. 야마오카(山岡) 국장처럼 총명한 정부위원조차도 설명할 수 없다고 하시는 이 법이 실제로 시행되게 된다면 그 결과가 어떻게 되겠는가. 그렇지 않아도 스파이 정책을 시행하고 있는 경찰이 이 법안에 의거하여 자유롭게 스파이들을 부리게 된다면, 그것

---

35) 1925년 4월 22일 공포되었다. 그 제1조는 "국체를 변혁하거나 사유 재산 제도를 부인하는 것을 목적으로 하는 결사를 조직하는 자, 또는 이를 알고서도 가입하는 자는 10년 이하의 징역 혹은 금고에 처한다"로 되어 있다(역자).
36) 시노부 세이자부로(信夫淸三郞), 『대정 정치사(大正政治史)』 4권, 재인용.

으로 인해 야기되는 병폐는 무서운 수준에 이르게 될 것이다. [36]

대정기의 진지한 민본주의자들은 퇴행적인 기존 정당에 만족할 수는 없었다. 그렇다고 하여 사회주의 세력과 유대를 맺을 수 있는 공동의 장을 발견하는 것도 불가능하였다. 그리하여 나카노 세이고(中野正剛), 기요세 이치로(淸瀨一郞), 아리마 요리야스의 예에서 볼 수 있듯이, 그들은 점점 더 초국가주의라는 방향으로 쏠리지 않을 수가 없었다.

매우 진지한 초국가주의자의 한 사람인 다치바나 시라키의 회상은 그간의 소식을 잘 전해주고 있다.

> 나는 자유주의자였다. 이와 동시에 자유주의의 모태인 자본주의를 부정하는 정신에도 강하게 사로잡혀 있었다. 따라서 당시의 나는 스스로 믿을 수 있을 정도로 자유주의에 안주하고 있던 것이 아니라, 오히려 자본주의 말기의 소시민들에게 흔히 있을 법한 회의(懷疑)·순례(巡禮)적 심경에서, 잠시 자유주의 속으로 도피하여 거기서 내 자신이 선택해야 할 새토운 노선을 찾고 있었던 것이다. 동척 누상(東洋拓殖會社 樓上: 만주사변 당시 관동군 사령부가 됨)의 감개는 이같이 허약한 나의 입장을 스스로 반성해볼 수 있는 기회를 주었다. 〔……〕 나는 이 반성을 통하여 자유주의 및 자본가 민주주의와 결별하고, 새롭게 근로자 민주주의——만주 건국을 위해서는, 특히 농민 민주주의를 내걸고 이를 배양·고취하는 면에 깊은 관심을 갖게 되었다. [37]

이렇게 하여 민본주의는 운동을 수행할 주체가 없는 '주의'가 되어버리고 말았던 것이다.

---

37) 다치바나 시라키, 「나의 방향 전환」, 『만주 평론』, 1934. 8.

8. 공산주의의 패퇴

사회주의 세력의 전위였던 일본공산당 역시도 마지막에는 패퇴하였다. 이로서 일본의 근대 사상, 혁명 사상은 종국적으로 좌절되어버리고 말았다.

일본공산당은 대정 말년에 창당한 이래, 3·15 및 4·16 사건[38] 시에 행해진 공산당 대탄압까지는 공당(公黨)으로서 중흥기에 있었다. 그러나 이 기간 동안에 조직을 통하여 국민 대중 속에 뿌리를 내리는 작업에는 실패하였다. 그 후에는 유물론을 관념론적으로 신앙하는 태도, 즉 유물 '관념' 론이라고도 할 수 있는 강한 관념성과 허약한 정치성이 여러 방면에서 폭로되면서, 당국의 강압적인 전향 정책 아래에 놓이게 되었다. 그리하여 전향파는 전쟁 세력에 역이용당하였으며 지조파는 최후에 형무소에 틀어박히게 되어 일본공산당은 공당으로서 거의 괴멸에 가까운 상태에 이르게 되었다.

일본공산당은 천황 시스템과 천황 신앙에 대해 전면적으로 도전하였다는 이유로 해서, 역사에서 그 유례를 찾아보기 어려운 강력한 탄압 아래에 놓이게 되었다. 일본공산당의 입장에서 볼 때, 이 탄압은 어디까지나 정확히 예견하고 있었던 결과로서, 그야말로 어쩔 수 없는 외적 조건에 지나지 않는 것이 되어야 했을 것이다. 그러나 그러한 예견이 엄격하게 행해졌다는 증거는 매우 적다. 오히려 일본공산당은 민본주의라든가 치안유지법에 대한 평가에 있어서 커다란 오류를 범하였을 뿐만 아니라, 전자의 적극적 측면과 후자의 파괴적 측면을 동시에 얕잡아보는 태도를 지배적으로 지니고 있었다. 외적 조건과 대결하는 일본공산당의 근본적 자세 자체가, 자기의 목표와 필연

---

38) 1928년 3월 15일과 1929년 4월 16일, 공산당 간부들을 대상으로 시행된 대규모의 검거 조치. 이로 인하여 일본공산당 조직은 결정적인 타격을 받았다. 이 시기에 치안유지법 역시도 최고 사형 언도를 내릴 수 있도록 개악되었다(역자).

146

성 말고는 일체 거들떠보지 않으려 하는 유물 관념론적인 것이었기 때문에 그러했던 것은 아닐까.

일본공산당이 '혁명은 필연적'이라고 하는 관념에 사로잡혀 있었기 때문에 결과적으로 혁명 이론은 검증 가능 영역으로서의 성격을 잃게 되었다. 이런 식으로 혁명의 신화가 변질된 뒤로부터는 더더욱 혁명 신화에 지속적으로 도취하는 현상이 발생하게 되었다. 정세가 변하기만 하면, 그때마다 그 변화 속에서 곧바로 혁명적 폭발력을 끌어내어 즉시로 희망의 불길을 태우곤 했던 일본공산당의 태도는, 정세의 변화 속에서 언제나 혁명이라는 괴물을 발견해내고 공포에 사로잡히곤 했던 천황 중심의 지배층의 태도와――비록 그 방향은 서로 달랐지만――신기하게도 공통적인 심리 구조를 지니고 있었다.

혁명에 모든 것을 걸었던 일본공산당은 전쟁 방지보다도 혁명의 필연만을 중시하는 태도를 지속적으로 견지하였다. 그리고 전쟁에 직면하게 되자 일본공산당이 지니고 있었던 그 유물 관념론적인 성격은 매우 선명하게 폭로되었다.

많은 실례 중에서 하나를 인용한다. 1931년(소화 6년)은 9월 만주사변이 발발하면서 군부를 중심으로 하는 전쟁 추진 세력이 승리할 것인가, 혹은 각각의 의도는 비록 달랐다 할지라도 여러 평화 세력들이 결과적으로 협력을 하면서 이 전쟁 추진 세력과 대결할 것인가 하는 문제가 걸려 있었던 운명의 해였다. 하마구치(浜口), 와카쓰키(若槻), 시데하라(幣原) 등의 민정당 내각은 군축(軍縮)과 대중국 평화원칙론(對中國平和原則論)[39]이라는 입장에 서서 군부에 대한 저항을 계속하고 있었다.

당시 일공의 중앙 기관지인 『아카하타(赤旗)』는 이렇게 논하고 있

---

39) 우리는 누가 중국의 정권을 장악하든, 중국이 어떤 헌법 제도를 채택하든간에 함부로 간섭할 의사가 없습니다. 중국 국민은 독특한 환경을 갖고 있으므로 그 국가 조직은 중국 국민이 정한 바에 맡길 수밖에 없습니다(시데와라[幣原] 외상의 연설).

다.[40] 이 발언 밑에 깔려 있는 근본적 사고 양식은 최후까지 거의 변화한 바가 없다.

우리는 분명히 밝혀야 한다. 우리가 '군비의 철저한 축소'나 '군사비의 철저한 삭감'을 요구하는 것은 잘못이다. 그것은 일본 제국주의의 전쟁 준비를 은폐하기 위한 그들의 '군비 축소' 선전을 도와주는 것이다. 이러한 요구는 혁명적 행위가 아니라 오히려 반혁명적인 행위다. 프롤레타리아트가 주장하는 슬로건을 강력하게 선전·선동해야 한다. 금일, 그것은 "프롤레타리아트가 주장하는 슬로건을 대신하는 무장 해제의 슬로건으로서, 내란 및 사회주의의 폐기를 밑에 깔고 있는 것이다."[41]

둘째로, 혁명 관념만 주장하는 일본공산당의 유물 관념론은, 조직상의 검증 가능 영역에 지나지 않는 당 외부의 대중 단체와 전문가 조직을 당원이나 자금의 저장소, 바꿔 말하면 일본공산당의 외곽 단체 및 당 방침의 하청 기관으로 만들어버렸다. 당과 외곽 단체는 이런 식으로 대중으로부터 점점 더 고립되기에 이르렀다. 그리하여 외곽 단체의 폭넓은 활동이 불가능했음은 물론 일공을 초월한 최소한의 역사적 생존 역시도 전혀 불가능하게 되었다.[42]

마지막으로 일본공산당이 그들을 어떻게 보든간에, 당의 중추였던

---

40) 『아카하타』가 이렇게 쓴 것은 노농당과 대중당·사회당의 합동을 위해서 정책 초안에 넣게 된 주장——군비(軍備)·군사비의 철저한 감소, 제국주의 군비(軍備) 철폐——이 기만적인 것이라고 폭로하기 위한 것이었다. 결과적으로 일공은 이로 인해 한층 더 강력한 고립지경에 떨어지게 되었다.

41) 『赤旗』, 1931년 7월 6일호; 복각판, 『赤旗』 제1권, 三一書房, p. 152.

42) 일본공산당과 대중 단체(전협[全協], 일농[日農], 차가인 조합[借家人組合], 무산자 진료소[無産者診療所]) 및 전문가 조직(사회과학연구회, 코프, 나프, 유물론연구회)과의 관계, 그리고 이들을 통한 국민 대중 및 전문가 그룹과의 결합 방식이 여기서 문제가 될 수 있을 것이다. 실증적인 종합적 연구가 금후 행해지기를 기대한다.

사노(佐野), 나베야마가 중심이 되었던 대량 전향(轉向)은 국민 대중들에게 초국가주의에 대한 일본공산당의 굴복으로 비치지 않을 수 없었다. 사노와 나베야마의 전향 성명(1933년)에서 인용한다.

공동 피고(共同被告) 동지들에게 고하는 서(書)

"최근의 세계적 사실(소연방〔蘇連邦〕의 사회주의를 포함하여)은 우리들에게 이렇게 가르쳐주고 있다. 세계 사회주의의 실현은 형식적 국제주의에 지나지 않는다는 것, 그리고 각국의 특수한 조건에 따라 그 민족의 정력(精力)을 대표하는 노동 계급이 정진하는 일국 사회주의 건설의 길을 가고 있다는 것을. 민족과 계급을 대립시키는 코민테른(국제공산당)의 정치 원칙은 강고한 민족적 통일성이 사회적 특징으로 되어 있는 일본에서는 통용될 수 없는 추상물에 불과한 것이다."

"일본공산당은 코민테른의 지시에 따라 군주제 폐지라는 슬로건을 내걸었다. 〔……〕 당은 '천황제 타도'라는 정치적 슬로건을 언제까지나 염불처럼 외우면서, 〔……〕 군주를 호신용 방패로 삼고 있는 부르주아와 지주를 즐겁게 해주고는 그 대신에 당으로부터 대중들을 계속적으로 격리시켰다. 〔……〕 일본 황실의 연면한 역사적 존속은 〔……〕 과거 일본 민족의 독립불패(獨立不覇)의 순당적(順當的) 발전 〔……〕 을 표현하는 것으로서, 노동자 대중의 가슴 깊은 곳에는 황실이 민족적 통일의 구심점이라고 믿는 사회적 감정이 실재하고 있다." "코민테른이 〔……〕 오늘날 일본공산당에 부과하고 있는 하나의 커다란 과제는 전쟁 반대론 특히 패전주의다. 〔……〕 전쟁에 일반적으로 반대하는 부르주아 비전론(非戰論)이나 평화주의는 우리가 취해 마땅한 태도는 아니다. 우리들이 전쟁에 참가할 것인가 혹은 반대할 것인가의 여부는 그 전쟁이 진보적인가 아닌가의 여부에 따라 결정된다. 〔……〕 일본이 전쟁에 패하기를 바라는 것은 일본 민족이 패배하기를 바라는 것을 의미할 수 있다. 〔……〕 노동 계급 대중은 배외주의(排外主義)로 들떠 있지 않다. 그들은 불가피한 전쟁에서는 승리해야 한다고 결의하였으며, 이를 필연적으로 국내 개혁과 결부시키려고 결심하였다."

사노, 나베야마 등이 걸어가게 된 후일의 인생 경력을 논외로 친다고 한다면, 이 성명은 일본공산당이 공산주의와 민족주의 그리고 공산주의 혁명과 전쟁의 문제를 일단 추상적 이론 차원에서는 해결하였음을 보여준다고 할 수 있을지도 모른다. 그러나 그 문제를 일본적 현실이라고 하는 구체적인 상황 속에서 대중적으로 해결하지는 못했다는 사실을 이것이 웅변하고 있는 것이 아닐까.

9. 초국가주의의 성전(聖典)

1918년(대정 7년)은 쌀폭동이, 1920년, 1923년, 1927년, 1930년은 경제 공황이 연이어 내습하였던 해였다. 1919년(대정 8년)에는 대일본국수회(大日本國粹會)와 유존사(猶尊社)가, 1922년(대정 11년)에는 대일본적화방지단(大日本赤化防止團)이, 1924년(대정 14년)에는 히라누마 기이치로(平沼騏一郎) 등의 국본사(國本社), 1916년(대정 15년)에는 아카오 빈(赤尾敏) 등이 결성한 건국회(建國會)라는 우익 반동 단체가 민본주의와 근대주의, 사회주의 타도라는 기치를 걸고 결성되어, 소화기 초국가주의를 준비하고 있었다.

기타의 『일본 개조 법안 대강』(1919년 공표)은 목표 및 행동·조직과 관련된 프로그램을 소유하게 되면서, 이윽고 우익 반동 단체와는 별도로 초국가주의 운동의 성경(聖經)이 된다. 이 책의 출간과 더불어 군대를 조직적 폭력 수단으로 사용하는 길이 열리게 되는 것이다. 『일본 개조 법안 대강』의 내용을 보자.

"천황은 국민의 총대표이며 국가의 근본적 뿌리라는 원리주의를 분명히한다."

"천황은 친히 모범을 보여 천황 소유의 토지·산림·주권(株券) 등을 국가에 하사한다."

"화족제(華族制)를 폐지하고 천황과 국민과를 격리시킨 번병(藩兵)을 없애 명치 유신의 정신을 밝힌다."

"귀족원(貴族院)을 폐지하고, 심의원(審議院)을 두어 중의원(衆議院)의 결의를 심의하게 한다."

"15세 이상의 남자는 대일본 국민의 권리에 의거하여 〔……〕 중의원에 대한 선거권 및 피선거권을 갖는다."

"일본 국민 한 가정이 소유할 수 있는 사유지 한도는 시가 10만 엔으로 한다."

"개인 생산업의 한도는 자본 천만 엔으로 한다. 개인 생산업의 한도를 초과하는 생산업은 모두 이를 국가에 귀속시키고, 국가는 이를 통괄하여 경영한다."

기타는 국민의 천황과 초국가주의의 정치 체제를 이상과 같이 규정하면서, 쿠데타에 의한 혁명 방식을 다음과 같이 규정한다.

"천황은 모든 일본 국민과 함께 국가 개혁의 기초를 다지기 위해서, 천황 대권을 발동하여 3년간 헌법을 정지시키고 양원을 해산하고 전국에 계엄령을 내린다."

"천황은 계엄령 시행중, 재향 군인단(在鄕軍人團)을 개혁 내각의 직속 기관으로 만들어 국가 개혁중의 질서를 유지하고, 각 지방의 사유 재산 한도 초과자를 조사하게 하고, 징집을 맡게 한다."

최후로 소화기 초국가주의의 본령은 다음과 같은 규정 속에서 그 힘이 강력하게 움직이고 있다.

"국가는 또한 국가 자체의 발달의 결과로서, 불법적으로 대영토를 독점하여 인류 공존의 천도(天道)를 무시하는 자에 대해서 전쟁을 개시할 수 있는 권리를 갖는다."

"정의라는 것이 현재 상태를 의미하지 않음은 두말할 필요도 없다."

"영국은 전세계에 필적하는 대부호이며, 러시아는 지구 북반구를 차지하고 있는 대지주이다. 〔……〕 국제적으로 무산자라는 위치에 서 있는 일본이 정의의 이름으로 그들의 독점을 분쇄할 개전(開戰)의 권리가 어찌 없겠는가. 국내적으로는 무산 계급의 투쟁을 용인하면서, 국제적 무산자의 전쟁은 침략주의라든가 군국주의라 하며 비판하는 구미(歐美)의 사회주의자는 그 근본 사상 자체가 자기 모순적이다. 〔……〕 국내의 무산 계급이 조직적으로 결합하여, 〔……〕 유혈(流血)에 호소하면서 부정의한 현실을 타파하자는 것이 그들의 주장인 것이라면, 국제적 무산자인 일본이 〔……〕 전쟁에 호소하여, 부정의한 국제적 획정선을 바로잡는다는 사실 또한 무조건 인정되어야 한다."

기타는 '가난한 나라'는 '부자 나라'에게 선전 포고할 수 있는 권리가 있다고 외쳤다. 히틀러보다도 빨리 더구나 자신의 사회주의가 일본에서 실현된다면 혁명적 대제국주의가 이룩될 수 있을 것이라고 외친다.

"다시 말해서 일본은 일본해·조선·중국의 안전을 확고히하기 위해서, 러일 전쟁의 결론을 근거로 극동 시베리아를 영유해 마땅하며, 러시아에 대항하여 대규모의 육군 병력을 확보하지 않으면 안 된다. 그러나 인도 독립에 대한 지원, 중국의 보존 및 확보, 일본의 남방 영토 취득의 필연성이라는 운명적인 3대 국책면에서 절대적으로 영국과 양립할 수 없기 때문에, 대해군(大海軍)의 존재를 급선무로 한다. 만약 금차의 대전(제1차 세계 대전)에 즈음하여, 대(大)사이고[43]라든가 명치 대제(明治大帝)가 살아 있다면, 독일 해

---

43) 사이고 다카모리(西鄕隆盛, 1827~1877) : 막부 말기의 유신 운동(維新運動) 지

군과 동서로 호응하여 일거에 러시아를 굴복시키고, 해군 또한 동서로 나누
어 영국과 대결하여 영국 함대가 본국과 인도, 호주의 방위 때문에 쪼개지
게 만들었을 것이다. 그리고 충분한 우위를 견지한 채 이들을 각각 격파하
여, 재빨리 북러시아 및 남(南)호주에 대제국을 건설했을 것이다."

실로 이 일문(一文)이야말로 태평양 전쟁에 대한 예언이었다고 할
수 있을 것이다.

"천황의 지휘를 받는 전일본 국민의 초법률적 운동을 가지고, 우선 지금의
정치·경제적 특권 계급을 서둘러 절개하여버리려는 이유는, 내우와 외환을
낳는 모든 화인(禍因), 이 커다란 종기를 제거하려는 데에 있다. 일본은 지
금 무(無)냐, 아니면 전부냐 하는 기로에 서 있다. 국가 개조는 유신 혁명보
다도 더 급박한 것이다."
"동서 문명의 융합이라는 것은 일본화되고 세계화된 아시아 사상을 통하여
현존하는 모든 저급 문명의 국민을 계몽하려는 데에 그 의미가 있다."

1919년(대정 8년) 이후, 기타는 군 출신 제자인 니시다 치카라(西田
税)에게 군에 대한 공작을 일임하고, 자신은 지배 계급 속에 분열을
일으키기 위해 모든 사건을 이용하여 공작을 계속하면서 때를 기다리
고 있었다.

1930년(소화 5년)에 육군 청년 장교가 중심이 된 초국가주의 단체인
'벚꽃회(櫻會)'가 결성되었으며 이어 하마구치 수상이 저격되었다.
1931년(소화 6년) 1월, 이노우에 잇쇼(井上日召) 등이 주동이 된 '혈맹
단(血盟團)'이 조직되었고, 3월에는 육군의 3월 쿠데타 계획 사건이,
4월에는 다치바다 고자부로(橘孝三郎) 등의 '애향숙(愛鄕塾)' 결성, 6

도자로서 왕정 복고 쿠데타에 성공하여 신정부의 요직을 맡았다. 정한론(征韓
論)을 주장하다가 실각하였으며 이후 서남 전쟁(西南戰爭)에서 패배하여 자결
하였다(역자).

월에는 우치다 료헤이(內田良平) 등의 '대일본생산당(大日本生産黨)' 결성이, 9월에는 이타가키(板垣), 이시아라(石原) 등이 획책한 만주 사변이 발발하였으며, 10월에는 육군 쿠데타 계획 사건이 발생하였 다. 그리고 11월 기타는 「개조 법안」의 실현을 위해, '일본욱현사(日 本旭玄社)'를 창립하였다. 이후의 사건들을 나열해본다.

1932년(소화 7년)
  1월: 상해사변. 야스오카 마사아쓰(安岡正篤) 등의 '국유회(國維會)'
  2월: 전장상(藏相)인 이노우에 준노스케(井上準之助)의 암살, 오카와 슈메이(大川周明) 등의 '신무회(神武會)'
  3월: 미쓰이(三井)의 수뇌인 단 타쿠마(團琢磨) 암살
  5월: 5·15 사건(이누가이 수상 암살)
  12월: 아다치 겐조(安達謙藏) 등의 '국민 동맹(國民同盟)'

1933년(소화 8년)
  3월: 만주국 제정 실시
  4월: 사법성 사상 검사제
  6월: 문부성 사상국 설치
  7월: '신병대 사건' 발각
  10월: 육군성 「국방의 본의와 그 강화를 제창함」
  11월: 육군 청년 장교 쿠데타 계획
  12월: 워싱턴 군축 조약 폐기

1935년(소화 10년)
  3월: 중의원, 국체 명징 결의
  4월: 천황 기관설 공격, 미노베(美濃部) 학설 발금(發禁)
  8월: 아이자와(相澤) 중좌 사건, 재향 군인 천황 기관설 배격

밑에서부터 시작된 초국가주의 운동의 충격은 사상적 폐허와 경제
적 파국 속에서 수년 동안 사방으로 연쇄 반응을 일으키면서, 최후로
기타, 니시다의 손에서 자라났던 청년 장교들의 1936년(소화 11년)의
2·26 사건[44]에서 그 정점에 달했다. 국민 대중은 경제적 파국에 기인
하는 국내적 갈등 속에서 물심 양면의 억압을 견더낼 수가 없었다.
그리하여 소극적이라든가 적극적이라든가 하는 차이는 있었으나, 이
러한 모순을 외국에 대한 침략으로 해소하려는 군부의 방침에 암묵적
으로 동의를 보내기 시작하였다.

  2·26 사건의 실패 및 기타, 니시다의 총살은 소화기의 초국가주의
가 명치 시대 이래로 존속해온 국가주의 앞에 무릎을 꿇고 이에 병합
되었음을 입증하였다. 그 후 전개된 전쟁의 역사는 천황을 정점으로
하는 제도적 국가주의가 이토를 대신한 무책임한 비인격적 집단인 군
부를 주역으로 해서 추진되었던 것이며, 신체제(新體制)라는 것은 국
내 변혁에 대한 의욕이 전혀 없는, 단지 변혁을 표방한 하나의 포즈
에 불과했다. 그 후에 등장하는 현란한 전쟁 예찬 사상들 역시도 현
실에서 출발하여 전쟁으로 향하는 사상이 아니라, 오히려 전쟁이라는
현실에 의해 움직여지는 사상으로서, 그 피동적 성격을 모면할 수 없
었다.

  당시 사람들이 무심코 지나쳤던 사상적인 사건 하나——명치 말기
에 기타가 이토를 비판하였다는——가 반세기를 지나자 역사를 움직
이는 제사건의 원형이 되었다. 우리들 사이에는 사상이란 본래 무력
한 것이라는 일본 지식인 특유의 체념적 태도가 존재하고 있다. 또
사상은 현실에 이끌려가며 오로지 현실에 순응해갈 뿐이라고 하는,
사상 경시적 조류도 존재하고 있다. 그러나 이토에 대한 기타의 사상
적 대결과 그 후의 일본 역사의 움직임을 보면, 현대 일본에서도 사

---

44) 다테노 노부유키(立野信之), 『반란』(상·하권), 각천문고(角川文庫), 1956.

상이 현실을 움직이는 힘으로 작용되어왔다는 사실을 확신할 수 있
다.

하나다 기요테루(花田淸輝)가 이미 말한 바와도 같이,[45] 기타의 사
상은 홈런으로 오인된 큰 파울이었다. 그러나 우리들은 기타의 발상
그것을 거의 마스터했으며 또한 극복해내었다고 단언할 수 있는 것일
까. 우리들은 문제적인 기타의 발상을, 이제부터 기타와 전혀 다른
방식으로 풀어가야 하지 않을까.

---

45) 하나다 기요테루(花田淸輝), 「기타 잇키(北一輝)」, 『정치적 동물에 대하여』, 청
   목서점(靑木書店), 1956.

제5장
일본의 실존주의: 전후의 세계

1. 전후의 실존주의 사상

실존주의 계통의 사상은 명치 말기로부터 대정 초기에 걸쳐 수입되면서, 키에르케고르, 니체, 하이데거 등의 이름이 일찍부터 일본인들에게 알려진 바 있다. 그러나 일본이라는 토양 자체에서 실존주의 사상가가 나온 것은 1933년(소화 8년) 이후의 일이다. 마르크스주의로부터 전향한 이들 중의 일부가 일본 땅에서 탄생한 최초의 실존주의자였던 것이다. 그때까지 '사상'이라는 것과 조우하면서 '사상' 그것의 얼굴만을 우러러보고 있다가, '사상'에 기대고 있던 손가락이 맥없이 풀리면서 자기 혼자 대열을 벗어나 경사면으로 추락해가는 그 과정 속에서 비로소 자신의 손가락과 자신의 팔을 쳐다보게 된 것이다. '사상'으로부터 분리되어나와 혼자만의 길을 택하여 밑바닥으로 추락해가는 이 '자신'이라는 것은 무엇인가. 이런 방식으로 설정된 문제가 실존주의의 출발점이 된다. 무라야마 도모요시(村山知義), 다카미 준(高見順), 다자이 오사무(太宰治), 하니야 유타카(埴谷雄高), 시이나 린조(椎名麟三), 미요시 주로(三好十郎) 등의 전향 문학이 일본 실존주의의 최초의 탄생인 것이다. 사회과학 및 철학 분야에서는 전향이라는 사실을 직시하면서 이와 정면으로 대결하려고 하는 이가 없었던 이유로 해서, 다케우치 요시미(竹內好), 다케다 다이준(武田泰淳), 가

케하시 아키히데(梯明秀) 등의 업적이 특히 기억된다.[1]

긴 전쟁 시대를 끝막음한 패전으로 인하여 모든 일본인은 예외 없이 전향 체험이라는 것을 겪지 않으면 안 되었다. 이 체험을 자신의 사상 속에 자각적으로 투입하지 않았던 이가 있다고 한다면, 그는(사르트르의 용어를 빈다면) 기만적인 인간일 것이다. 사실상 전향 체험 속을 통과해나가면서도, 그 체험에 관하여 일언반구도 없이 그대로 도망가버린 정치가·실업가·관료·기자·학자·작가 들이 수없이 많았다. 이들을 바라보고 있으면 더더욱 전향은 일본인에게 분명한 사상적 각인을 남겼다고 할 수 있으며, 그 각인으로 인해 실존주의는 전후의 일본인에게 많건 적건 하나의 특징적인 경향이 되었다고 할 수 있다.

2. 1945년의 신문 기사에서

패전 전후의 1개월간을 신문 지상을 통해 살펴보면, 수많은 일본인들이 실존주의 속에 휘말릴 수밖에 없었던 조건이 존재하였음을 알 수 있다.

8월 1일 (1억 옥쇄의 동향). 시미즈시(淸水市) 공습. 3일의 공격기는 약 2천 대. 선박의용전투대를 결성. 결전 수송 완수로. 결사봉공(決死奉公)의 성(誠)을 다하라. 철도의용전투대 오늘 편성 완료. 가슴에 '전(戰)'이란 일자(一字). 국민의용대는 자부(自負)의 염(念)이 강해야. 오늘 원구(元寇)의 기념일(665년째). '단(斷)'의

---

1) 무라야마 도모요시, 『백야(白夜)』; 다카미 준, 『잊어야 할 옛 친구(故舊忘れ得べき)』; 다자이 오사무, 『연(年)』; 미요시 주로, 『유령장(幽靈莊)』; 하니야 유타카, 『사령(死靈)』; 다케우치 요시미, 『노신(魯迅)』; 다케다 다이준, 『사마천(司馬遷)』; 가케하시 아키히데, 『전후 정신의 탐구』.

필요. 아라키(荒木) 대장 담화. 일단 적을 벤다. 국민의 숙원 사가미 타로(相模太郞)에 모아지다. (본토 결전으로). 금일 적이 발표한 성명(포츠담 선언) 따위를 화평으로 향한 일보로 생각하려는 경향이 있다. 그러나 현단계에서 나는 오사카의 동계(冬季) 진지 생각을 하지 않을 수 없다.

8월 2일 군(軍) 의연한 대방침 마련.

8월 5일 24시간 폭격에 대비하자. 직장 사수의 책임. 3직제 근무. 호사(豪舍)에서 승리하는 생활을.

8월 7일 제국, 해군력을 집결. 영광을 후미에 남기다. 사령관을 선두로 적함대에 돌진. 오키나와 해상 특별 공격대.

8월 8일 (지식인층도 최후까지 전면적으로 전쟁에 협력). 심리 전쟁도 격렬화. '거탄(巨彈)'과 우쭐대는 대일 공동 선언 방송. 특공 정신의 앙양. 독자적인 우리 국방 심리학.

8월 9일 (원자 폭탄도 죽창 정신으로 이겨내자고 하다). 특징은 수직 폭풍압(暴風壓). 위쪽을 막는 것이 중요. 아카즈카(赤塚) 참모 시찰담. 정체에 대한 연구 완료. 엄폐호 속에 필히 대피할 것. 팔다리 노출은 금물. 신형 폭탄 대책.

8월 10일 소련, 제국에 선전포고, 9일 0시.

8월 11일 (중신적(重臣的) 자유주의. 종전(終戰)의 사상). 민족의 명예 유지로. 최후의 일선을 지키기 위해 정부 최선의 노력. 국민도 곤란을 극복하자. 정보국 총재담.
　　　　　(육군의 일억 옥쇄의 선), 전국 장병에 고한다. 육상(陸相), 열렬한 전투 피력. 남공(楠公) 정신.

8월 12일 (천황에 일임) 유구한 대의(大義)로 살자. (궁성 앞에 엎드린 민중의 사진).

8월 13일 최악의 사태 인식. 대어심(大御心)에 귀일하고 모셔 우리 마음 국체 호지(護持)로.

8월 14일 (육군의 본토 결전 사상). 국민의 진두에 정신(挺身), 성전의

목적을 완수, 나시모토미야(梨本宮) 전하, 향군에 영을 내리
심. 곤란 타개를 위해 결속, 최후까지 감투하자.

8월 15일　시국 수습을 위해 황송한 조서 내리시다. 관철하자, 국체호지
(國體護持).

8월 18일　(명치 유신, 5개 조의 5서문(誓文)의 선으로 돌아가다). 히가시
구니노미야(東久邇宮) 내각 성립 완료.

8월 19일　관계의 폐풍 일소. 수상궁(首相宮) 관리에게 어훈시(御訓示).
침착 냉정. 일본의 진자세(眞姿勢) 드러나다. 대어심(大御心)에
절대 복종.

　　　(정신면에서 민족주의의 계속. 미국 문화의 부정). 여성이여
시련을 이겨내라. 순결이야말로 부도(婦道)의 기초. 부흥을 위
해 강인하고 현명한 어미 되라(오쓰마 고타카 여사 담화). 마
음에도 모습에도 틈을 보이지 마라. 향락 문화의 유혹과 싸워
라(무라오카 하나코[村岡花子] 여사의 담화).

8월 20일　전쟁에 패하였어도 역사는 사라지지 않는다. 기력과 자신을 잃
지 마라(고사카 마사아키[高坂正顯]의 논문, 이하 그 의견의
제목). 현실을 직시하라. 문화 전쟁에 이기자. 지식인의 신임
무. 신일본의 역사 창조.

8월 21일　감읍(甘泣) 분기하는 예능계. 전쟁 전의 경박성을 배제하고 전
통과 순결을 지키다. 가부키야말로 재건의 기반(오타니 다케
지로[大谷竹次郎] 담화).

　　　와신상담 (잡기장란).

8월 22일　연합군 이윽고 본토 진주.

8월 25일　(미국 추수적인 사상적 움직임 시작되다. 대정 데모크라시의
선으로). 미국의 능률주의, 기초를 이루는 네 가지 정신, 낙천
가이나 즉전즉결.

8월 27일　(무책임 사상의 시작). 신일본의 길. 스스로 부끄러움에 철저
하고 고심(苦心)을 더하여, 과거를 묻지 말고, 사내답게 재건.

도야마 슈조(頭山秀三)씨(흑룡회) 방송.

9월 28일　(미국 지배 체제에 맞추어 나라 전체의 자발적 참가). 천황 폐
하, 맥아더 원수를 방문, 화평하게 담화 나누심. 모닝을 입으
심. (이상 마이니치신문〔每日新聞〕에서)

1945년 1월이라는 시기에 일본의 여론이 신문 머리기사와 더불어
뒤흔들렸던 그 진폭의 크기는, 명치 원년에서 소화 20년까지의 80년
동안 일본 역사가 뒤흔들렸던 그 진폭의 크기와 일치한다. 국시(國
是)가 명치 원년 스타일이 되었다가 명치 20년 스타일로 바뀌었다가
다시 대정 스타일로 바뀌는 등, 같은 날짜의 신문 지상에 이중의 국
시가 동시에 발표되고 있는 것이다.

이렇게 흔들리고 흔들리다가 맨 마지막에는 가장 강고한 국수주의
자임에 틀림없는 도야마 슈조(頭山秀三)가 솔선수범하여 일억 참회를
외친다. 15년에 걸친 '성전(聖戰)'의 깃발이었던 천황이 옷을 갈아입
고 맥아더를 방문한다.

일본 군국주의의 하수인으로서 공적 역할을 수행하였던 도야마 슈
조(頭山秀三), 천황, 히가시구니(東久邇) 수상, 고사카 마사아키(高坂
正顯), 오쓰마 고타카 등은 한때 민주주의자였던 시기가 있었다. 일본
의 역사는 과거 백년 동안 수차례에 걸쳐 국가적 체온이 변화되어왔
기 때문에, ——예를 들어 도쿠토미 소호(德富蘇峰) 등과 같이 백 살
가까이 산 인물 역시도——어제까지 군국주의자였다가 필요에 따라
자신의 옛 민주주의 시대의 체온을 다시 회복하는 것이 가능하다. 체
온 조절에 능한 그들은 감기 걸리는 일이 결코 없는 사상가들이다.

그러나, 20대 및 10대의 청년들은 자신들의 내부를 아무리 살펴보
아도, 그들이 진짜 민주주의자였다든가 국제주의자였다든가 하는 말
을 할 수 있는 근거가 없었다. 이들을 지도해왔던 그 공인(公人)들은
이 청년들을 진흙탕 속에 머리를 처박게 한 후, 민주주의 쪽으로 선
회하였다. 전후파라는 특별한 세대가 등장하게 되었던 이유가 여기

있었던 것이다.

전후파라는 것은(더 자세하게 말하면 전중파와 순수 전후파로 나눠지지만) 군국주의 이전에 '자기'를 지니지 못했던 이들로, 종전 당시 10대 및 20대 전반에 해당하는 세대들이다. 수많은 수기를 남기기도 하였지만, 이 소년·소녀 들은 전쟁중 지도자가 하는 말들을 진실이라고 받아들인 유일한 일본인 집단이었으며, 종전 소식을 듣고서는 일본인이 전부 살해되고 말 것이라고 생각하였고, 다리에서 투신 자살할 방법 등을 상담하곤 하였다.[2]

전후파는 매우 강렬한 책임 의식에 사로잡힌 채, 전쟁 사상의 한가운데를 생존해왔다. 국민의용대, 여자정신대, 학생 동원 그리고 매월 한 번 있었던 대조봉재(大詔奉載)를 기억해보라. 1945년(소화 20년) 8월에 들어, '국체호지(國體護持)'라는 슬로건이 신문 지상에 올랐을 때에도, 이 슬로건이 지도자층이 지니고 있었던 두 가지 상반된 목표——전쟁 계속과 종전이라는 이중의 목표——를 의미하고 있었다는 사실을 이해하고 있는 이들은 물론 없었다. 수많은 소년들은 종전을 알리는 천황의 조칙이 일억 일본인이 옥쇄할 때까지 싸워나가라는 명령으로 알고 눈물을 흘리고 있었던 것이다.

이렇게 무책임한 방식으로 '전쟁 협력으로부터 해방'되었던 그들

____

2) 아라 마사토(荒正人)의 제언(아사히신문, 1956년 8월 27일)에 따라, '전후'라는 명칭은 1945년(소화 20년)에서 1950년(소화 25년)까지로 한정하고 싶다. 한국전쟁 이후는 '전후'라는 것이 질적으로 다른 시대적 체험에 속한다. '전후파'라는 용어의 경우, 제1차 전후파(사실상 전중파(戰中派))는 전쟁기에 동원 가능성 속에 놓여져 있었던 자들로서, 만주사변 발생 이전의, 즉 군국주의가 도래하기 이전의 사회 체제에 대한 기억이 없는 자를 의미한다. 1945년에 17~26세의 연령이었던 자들이 그들이다. 제2차 전후파(순수 아프레게르)는 전쟁기에 동원 가능성이 없었던 자들로서, 전시에 소학교 교육을 끝마치고 전시 사회에서 사회적 자각을 갖게 되었던 자들을 의미한다. 1945년에 12~16세의 연령이었던 자들이 그들이다. 두 세대를 합치면, 1945년 종전되던 해에 12~26세의 연령에 속했던 이들이 전후파라 할 수 있다. 이들이 전후파의 중핵을 이루고 있으며, 그 밖에도 연령과 상관없이 전후파 운동에 참여한 이들이 널리 있었다. 전후파에 대해서는 사상의 과학연구소 편, 『전후파』(1950)라는 자료집이 있다.

은, 자신들 전후파가 그러했던 것처럼 당시의 지도자들이 진정으로
시국에 임한 것이 아니었다는 사실을 알게 된다. 이렇게 멸사봉공(滅
死奉公)이라는 과잉적인 책임 의식에서 해방된 결과로서, 이제는 책
임을 자기들에게 뒤집어씌운 자들에게 자신들이 속아왔음을 깨닫고
분노를 터뜨리는 시대가 도래하는 것이다. 그리하여 '반역을 위한 반
역'이라는 실로 실존주의적인 이념이, 매우 다양한 전후파 운동 속에
내포되어 있는 공통의 테마가 되는 것이다.

3. 사상의 전형으로서의 범죄

　　어떤 시대이건 범죄는 그 시대의 사상적 전형으로서 존재한다. 그
러나 종전 직후 일본의 경우에는, 다른 어느 시대보다도 범죄가 시대
사상의 전형이 되어 있었던 시대였다. 일반 시민들도 많건 적건 범죄
적인 생활 방식을 취하지 않고서는 살아갈 수 없는 시대였다. 암거래
는 법률로 처벌받게 되어 있었으나, 이것 없이는 굶어죽을 수밖에 없
다는 사실을, 어느 사법관[3]이 몸으로써 실증하였다. 바같에 내건 '사
상'과 속으로 지니고 있던 '사상'과의 차이를, 이 시대만큼 국민 전
체가 뚜렷하게 자각하고 있었던 시대는 없다. 일본 사상사에서 가장
위선성(僞善性)이 적었던 시대였던 것이다.

　　국민은 정부의 성명과 학교의 정식 과정, 신문 기사 등이 삶의 방
식에 있어서 실질적인 지표가 되지 않는다는 것을 알고 있었다. 국민
이 각각의 개인적인 자각과 결단에 의존하면서 이렇게 열심히 살았던
시대는 없다. '전후'는 국민적 규모로 전개된 실존주의 시대였던 것
이다.

　　이처럼 모든 것이 범죄적인 것으로 물들어 있던 시대였기 때문에,

---

3) 야마구치 요시타다(山口良忠) 판사의 죽음, 아사히신문, 1947. 11. 5.

범죄에 대한 감각은 마비되어 있었다. 그 중에서도 눈에 띄게 범죄를 지향하였던 집단이 전후파(아프레게르)로 부상하였다. 더 퀸시(1785~1859)의 수필에 '미술로서의 살인'이라는 것이 있기도 하나, 전후파는 생활상의 필요를 넘어서서 범죄에서 일종의 색채를 추구하였다. 1948년도 통계에 의하면, 8세부터 25세까지의 청소년층의 범죄는 2분간에 1건씩의 비율로 발생하였다고 한다. 이 세대에 속하는 청소년은 2,940만 명으로 이 세대는 백십여 명에 한 명꼴로 범죄자를 내고 있는 것이다(아사히신문, 1949년 4월 2일).

이 세대 집단의 범죄 중에서 대표적인 예를 몇 개 들어본다.

광공업 제품 무역 공단의 출납계원 하야후네 게이키치(早船惠吉, 25세)는 동료인 가와무라, 사다케(佐竹), 아라카와 등과 함께 총액 5억 엔이 넘는 공금을 부정 대출하여, 그 중 1억 2천 엔을 횡령하였다. 원래 '미스 도쿄'였던 미모의 댄서 에이코(榮子, 23세)를 처로 삼고, 아타미(熱海)의 여관을 2개월 정도 전전하고는 4월 19일, 부부가 함께 쓰키치(築地) 경찰서에 자수하였다(요미우리신문, 1950년 4월 20일).

야마기와 게이조(山際啓三, 19세)는 은행에서 돌아오는 닛폰대학(日本大學) 트럭을 습격하여 교비 170만 엔을 강탈해서는, 닛폰대 교수의 딸인 후지모토 사후미(藤本佐文, 19세)와 함께 잠적하였다. 50시간 동안 30만 엔을 사용하였으며, 체포되었을 때에 후지모토는 경관을 향해, "오, 미스테이크"라 외쳤다. 이 '오, 미스테이크'는 범죄가 일종의 간단한 착오에 불과하며 죄의식으로부터는 자유롭다는 사고 방식의 상징으로서, 그 후 한동안 유행어가 되었다(요미우리신문, 1950년 9월 26일).

젊은 승려 하야시 쇼켄(林承賢, 21세)은 긴카쿠지(金閣寺)에 불을 지른 이유를 다음과 같이 진술하였다. "나도 지금 내 마음을 잘 알 수는 없으나, 불을 지른 것이 나쁘다고는 생각하지 않는다. 긴카쿠의 아름다움을 보려고 매일 찾아오는 참관객들을 보면서, 나는 미에 대하여 또 그리고 그 계급에 대해 점차 강한 반감을 갖게 되었다. 세상의 미가 나에게는 추하다고 느껴졌다. 반면에 그 미에 대한 질투심 역시도 억누를 수가 없었다. 이것은 우리들 젊은 세대가 나쁜 환경 속에 방치되어 있었던 때문인지도 모르겠다. 혹은 내가 말더듬이인 탓에 기인하는 정신적 고통 때문인지도 모른다. 이런 사고 방식이 추하다고 느끼고는 있었으나 동시에 '이래도 괜찮지 않은가' 하는 모순된 사고 방식을 갖고 있음을 느끼면서 스스로 괴로웠다. 이렇게 번민하고 있었던 나는 그 해결점을 찾기 위해, 사회 혁신적 입장에서 실제 행동으로 옮겨 마땅하다고 결의하였다"(요미우리신문, 1950년 7월 4일)

이처럼, 전후파의 범죄는 사회 전체가 이미 구제하기 어려울 정도로 타락하였다고 확신하고 이를 수용한 지점에서 출발하였다. 그리고는 어찌 되든간에 자기 나름대로 자신의 인생을 책임지고 끌고 가보겠다고 하는 동기에서 범죄 행위로 들어가고 있는 것이다. 이들에게는, 사회 때문에 자신들이 뒤흔들린 존재일 뿐 아니라, 역으로 사회를 뒤흔들어놓고 싶다는 이념이 있다. 여기서 범죄가 자기 확인을 위한 도구로 존재한다.

동경대 법학부 3학년 야마자키 아키쓰구(山崎晃嗣)(27세)는 암거래 회사인 '히카리(光) 클럽'의 학생 사장으로 활약하고 있었는데, 1949년(소화 24년) 11월 26일 추오쿠(中央區) 긴자(銀座) 2-3의 동회사 사장실에서 청산가리를 마시고 자살하였다. 그는 계약은 지킨다는 단 하나의 신조만 믿으면서 살아온 전후파 청년이었다. 다음과 같은 내용이 유서에 기록되어 있었다.

"히카리 클럽의 경우도, 물가 통제령에 저촉되지 않는다고 알고 운영해온 것이다. 폭리인가 아닌가 하는 판단은 재판소에 회부하여 결정하는 것일 터인데, 교하시(京橋) 경찰의 단속을 받고 말았다. 폭리인지의 여부를 깨닫기 전에 경찰의 판결이 내려질 수 있다는 사실을 잊고 있었다"(야마기와[山際]처럼 범죄를 실수라고 생각하고 있다).

"11월 25일에 지불하기로 채권자와 합의하여 약속한 이상, 나는 계

약을 이행하지 않으면 안 된다. 윤리적으로가 아니라 법률적인 의미
에서 이행을 강제받고 있는 것이다. 이 구속에서 벗어날 수 있는 길
은, 상황 변경이라는 법칙뿐이다. 〔……〕 계약은 인간과 인간 사이를
구속하는 것이므로, 사망자라는 물체에는 적용되지 않는다. 나는 상
황 변경이라는 원칙을 적용시키기 위해 죽는다. 나는 물체로 변함으
로써 이론적 통일을 완료한다"(『슈칸아사히(週刊朝日)』, 1949년 12월
11일).

일본 사회의 무책임한 규칙의 지배 아래 고통을 받았던 소년 시대
에 대한 반동으로서, 자기가 자신의 의지로 맺은 계약은 필히 목숨을
걸고 지킨다는 병적인 책임 의식을 가지고 그는 자신의 생애를 끝맺
음하였다. 이런 식의 범죄는 전쟁 전 일본에서는 보기 힘든 것이었다
고 생각된다.

4. 전후파 실존주의의 특징

실존주의의 출발점은 실존이 본질에 우선한다고 하는 주장에 있다.
천황제 신화라든가 유물사관 법칙이라든가 하는 것은 세계의 본질을
포착하는 사고 방식이다. 이렇게 본질주의적인 포착 방법에 집착하다
가 밑바닥으로 추락한 패전 후의 혼란 속에서 전후파는 출발한다. 전
후파에게 모든 본질 규정이라는 것은 지긋지긋한 것이다. 오히려 자
기를 유혹해들이는 혼란 상태 쪽이 훨씬 친숙하다. 이 혼란 상태 속
에서, 타인과 의논 없이 제 스스로 행동의 코스를 만들어간다. 비록
혼란 속에서 출발하여 그 혼란 속에서 노력이 끝난다 할지라도 비관
하지 않는다. 전전파가 도저히 이해할 수 없는 전후파의 낙천성이 여
기에 있다. 실패하고 나서 체포되어도 '오, 미스테이크'인 것이다.

함부로 선택을 하더라도, 어쨌든 자기가 선택한 것에 관해서는 철
저하게 책임을 진다. 나중에 어떤 곤란한 일이 생기더라도 그 책임을

남에게 전가하지 않는다는 점에서, 전후파 청소년은 전전의 '모던 보이'나 '모던 걸'과 동류라고 할 수 없다. 어른의 입장에서 본다면, 그들은 너무 경박할 정도로 휘파람을 불며 결단을 내리고, 자기가 택한 행동 코스에 자신의 온몸을 맡겨버린다. 자신의 생애가 파멸될 것이라든가 체면을 구길 것이라든가 하는 등의 것은 괘념치 않는다.

노인들은 전후파가 무책임하다든가 자유를 잘못 누리고 있다든가 하는 식으로 비판하지만, 우리에게는 그렇게 보이지 않는다. 자유와 책임을 모두 지니고 있다는 점이 전전의 젊은이들로부터 전후파를 구별해낼 수 있는 점이며, 그 때문에 전후파가 실존주의자로 불릴 수 있는 자격이 생기는 것이다. 전전의 젊은이들도 '바른 궤도'를 이탈하였을 뿐만 아니라, 댄스를 하거나 요트를 즐기거나 하였을 것이다. 그러나 그런 것을 하는 젊은이들이 자기가 원하는 식으로 인생을 즐기는 한편으로 부모의 손에서 독립해나와 스스로의 노동으로 생계를 꾸려나가는 일 따위는 전전에는 없었다.

세계의 본질을 이미 장악하고 있다고 공언하는 사람들에 대해서 전후파는 본능적인 반감을 갖고 있다. 전후파 실존주의는 좌우익 그 어느 편의 교조주의에 대해서도 대립되는 지점에 존재한다. 본질에 대한 통찰을 이미 끝냈다고 공언하는 유형의 지도자를 거부하고, 자기 스스로 집단을 만들어 공부하는 서클 운동 방식이 전후파 실존주의(본질의 제이의성〔二義性〕의 신념)의 성원 속에서 널리 보급되었다.

전후파는 주관을 강하게 연소시키는 데에 그 가치를 둔다. 객체가 객체로서 갖고 있다는 운동 법칙, 그것만으로는 전후파를 사로잡을 수 없다. 세계사의 발전 법칙이나 그 필연성 따위가 있다 하더라도, 자기 개인이 세계사와 함께 최후의 목표까지 달려가는 것도 아니다. 또한 세계사의 최후의 도달 단계가 공산주의 사회라고 하더라도, 그것에 대한 인식이 그대로 자기의 생애를 움직이는 원동력으로 전화하는 것도 아니다. 전후파는 역사와 자기 개인과의 사이에 존재하는 거리를 알고 있는 것이다. 따라서 역사의 진보 방향 쪽으로 전후파를 가담시키기 위해서는, 세계사의 필연성에 대한 인식 이외에 다른 무엇인가가 첨가되지 않으면 안 된다. 바로 이 어려움이 전후파로 하여금 점차 역사의 진보 방향으로부터 등을 돌리는 존재로 만들어버리는 것이다. 긴카쿠지(金閣寺)에 불을 지르거나 하지는 않지만, 스피드경기에 열중하거나 마작에 열중하거나 하는 등, 전후파는 생활의 안정의 추구는 물론 손득 관념 등에 대해서도 전혀 구애받지 않는 것이다. 그들은 그들이 지닌 열정을 깊은 곳으로부터 일깨워내지 못하는 호소에 대해서는, 여지없이 외면을 해버리고 마는 것이다.

전후파는 무엇보다도 패전의 영향을 받고 있다. 그때까지 진지하게 믿고 있던 여러 가치가 눈 깜짝할 사이에 색깔을 바꾸면서, 속이 빤히 들여다보이는 이념으로 변화되어버리는 현실을 체험하였다. 그리하여 마음 깊은 곳으로부터 모든 가치의 무의미함을 믿고 있다. 부모도 형제도 천황도 국가도 연애도 교양도 돈도 하느님도 마찬가지이다. 결국 세계는 자기의 열정을 던져넣음(행동)으로써만 의미를 던져줄 뿐이다. 그리하여 정열의 끊임없는 연소, 열렬한 행동의 반복이 필요하게 된다.

여기서 시시 분로쿠(獅子文六)가 시코쿠(四國)에서 소개 생활을 하던 중 쓴 단편 『무뢰(無賴)의 영령(英靈)』을 인용하고 싶다. 이것은 에히메(愛媛)현 농촌의 전후(戰後) 풍속에서 취재한 작품이다.

청년 단장인 우시조(丑造)는 스파르타식 군국주의 교육 방식으로 동료 젊은이들을 훈련시켜왔다. 전사 통보까지 와 있었기 때문에 모두들 죽은 줄 알았던 그가 어느 날 불쑥 살아 돌아왔다. 우시조의 뒤를 이어 청년 단장을 맡고 있었던 네코조(猫造)가 청년단을 성(性)교육 위주의 단체로 만들어버리고 말았다고 분개하고 있는 마을의 유력자가 우시조에게 재출마를 부탁하러 왔으나, 우시조는 받아들이지 않는다.

"촌장님, 제가 좀 피곤해서 말이죠"라 말할 뿐이다. 우시조는 연일 집 안에 틀어박혀 있을 뿐이다. 어느 날, 새 청년 단장인 네코조가 문앞을 지나가는 것을 본 그는, 선박공인 그를 불러서 잘 드는 톱과 대패를 들고 쫓아오라고 부탁한다. 가는 곳은 묘지였다.

　　우시조는 자신의 무덤 앞에 섰다. 오 촌(五寸)짜리 사각 나무판에, 인근 사찰의 스님이 써놓은, 육군 병장 좌상축조지묘(佐上丑造之墓)라는 글자를 바라보다가 '흥' 하고 내뱉었다. 이런 곳에서는 그 누구라도 '흥' 하고 내뱉게 되어 있다. 자기 무덤을 바라보는 운명 속에 인간이 놓여지는 경우, 이외에는 다른 인사 방법이 없는 것이다.

　　이윽고, 그는 군대 셔츠를 벗고 바지 차림이 되었다. 옛날엔 붉은색 구두처럼 볕에 그을려 있던 피부가 물에 불은 듯 노랗게 변하였을 뿐 아니라 근육 역시도 축 늘어져 있는 것을 보며, 네코조는 그가 영양 실조 상태라고 판단하였다. 그러나 우시조는 쇠약해진 한쪽 팔을 제 무덤을 향해 내뻗고는, 씨름할 때 손을 상대 가슴에 대고 밀 듯이, 욱 하고 허리를 낮추어 '엣' 하고 기합을 넣었다. 묘비목은 대번에 흔들려 한쪽으로 기울었다. 이번엔 반대쪽에 서서 같은 동작을 하였다. 흙이 꿈틀꿈틀 하고 움직였다. 이윽고 그는 묘비목을 겨드랑이에 끼고는, 우엉 뽑는 것보다도 더 쉽게 그것을 쑥 뽑아올렸다.

　　네코조는 파랗게 질렸다. 옛날의 우시조다. 초인적 괴력과 강건성을 소유한 그가 네코조 앞에 다시 우뚝 서 있는 것이다.

"네코, 굉장히 미안하지만……"

　　그러나 우시조의 태도는 결코 옛날처럼 거칠지는 않았다. 그는 자신의 묘비목을 네코조 앞에 던져놓고는,

"자네 목수일 잘하지. 이걸 좀 깎아주게. 다듬고 나서 즉시 칠 촌 길이로 잘라줘…… 응, 굉장히 미안하지만. 내가 유령이 되고 나서부터는 몸이 피곤해져서 말이야."

　　이윽고, 그는 군대 셔츠를 다시 입고, 돌아갈 준비를 시작했다. 정신이 나가 있었던 네코조는 우시조가 발걸음을 옮기기 시작하자, 말을 던졌다.

"저, 우시상……"

"왜? 그 일 하기 싫나?"

우시조의 눈이 옛날처럼 번쩍였다.

"아니야, 일은 즐겁게 할 터이지만, 묘비목을 칠 촌으로 잘라서 어디에다 쓰려는지를 알고 싶어서 말이야."

네코조가 쭈뼛쭈뼛거리며 말했다. 그러자 우시조의 눈매가 다시 부드러워 졌다.

"음, 그거? 그걸로 게다를 만들어 신을까 해. 게다를 큰 걸로 한 스무 개는 만들 수 있을 거야."

"자네, 자네의 묘비목을 게다로 만들어 신겠다는 건가……"

네코조는 아연하여 상대를 바라보았다. 지옥에 갔던 자가 얼마나 유물적 으로 변할 수 있는가를 상상도 할 수 없었기 때문이었다.[4]

이처럼 일상적 습관을 무의미한 것으로 바라보는 눈은, 적어도 한 번은 일본이라는 국가의 외부에 서서 일본을 바라본 적이 있는 눈이 다. 관념론이든 유물론이든간에 소속 유파를 묻지 않고 오랫동안 일 본인을 사로잡아온 촌락 의식, 그 촌락적 연대감으로부터 전후파는 자유롭다. 어떤 소년병은 패전 후 우에노(上野) 공원에서 미국 병사 와 어깨동무를 한 일본 여자가 "어이, 패잔병" 하고 불렀을 때, 전체 일본 국민 위에 원자폭탄이 떨어지기를 빌었다고 한다.[5] 이렇게 일본 국 전체와 절연된 한 여성의 의식은 전후파와 더불어 살아 있었던 것 이다. 변증법적 용어를 빌려 말하면, 전후파는 막부(幕府) 말 이래 일 본 사상사에서 가장 철저한 자기 소외적 입장에 서는 것이다. 그것은 국가에 기만당하면서 자라난 것으로서 국가와 정면으로 대립한다. 소 화 초기의 마르크스주의자처럼 관념을 가지고 국가를 부정하는 것이 아니라, 구체적인 자기의 체험을 통해 볼 때 국가가 바보처럼 보인다

---

4) 시시 분로쿠, 「무뢰(無賴)의 영령(英靈)」, 『南國滑稽譚』, 河出文庫, 1955, pp. 19~20.

5) 이카리 마사오(猪狩正男), 「뜨거운 분노를 품고」, 『코치레돈』 제6호, 1955. 3.

는 그 사실로부터 전후파 실존주의는 출발한다. 그리하여 국가 속에 존재하는 그 어떤 합법적인 것도 전부 바보처럼 보이는 것이다. 그리고 이 경향은 가장 악질적인 범죄로 기울기도 하고, 실감의 이면에 있는 반국가주의 입장으로 기우는 요소가 되기도 한다. 합법성에 대한 불신이 범죄적인 입장에 서는 것이라고 한다면, 전후파 실존주의의 뿌리에는 범죄적인 성격이 존재하고 있는 것이라고 할 수 있다.

5. 전후파가 남긴 업적

전후파의 활동은 범죄면에만 국한되어 있는 것은 아니다.

실존이 본질에 우선한다는 이념은 조리정연한 서적이나 연설 형태로 존재하는 사상으로부터, 생활 그 자체라는 형식——즉 인간간의 직접적 교섭으로서 존재하는 사상——으로 그 주안점을 옮겼다. 볼록판만이 아니라 오목판이라는 형식으로도 사상이 존재할 수 있다는 이러한 의식이 많은 사람들의 창조적 에너지를 해방시켰다. 전전(戰前)까지는 소극적인 방식으로만 존재가 가능하였을 뿐, 적극적으로는 사상의 발표가 거의 허락되어 있지 않았던 집단들이 이겐 적극적인 사상의 발표장으로서의 역할을 하게 되었다. 잡지들의 독자 살롱란, 신문의 투서란, 서클 활동 등이 정당한 사상 발표 방법으로서 평가받게 되었다.

24세의 학생인 니시무라 가즈오(西村一雄)는 이와 같이 숨겨진 에너지를 끌어내는 면에서 커다란 역할을 하였다. 그는 마르크스주의라든가 기독교 사상이라든가 하는 것과는 전혀 무관하였는데, 「유럽의 어딘가에서」라는 영화를 보고 감동해서는, 한국 전쟁이 바토 옆에서 벌어지고 있는 상황에서 일본인들은 반전 운동을 전개하지 않으면 안된다고 결의하였다. 그때까지의 전형적인 학생 운동 방식이었던 수업 거부 스트라이크는 효과가 없다고 판단하고, 낮은 보수를 감수하는 뜻있는 학생들과 강사들이 여름 방학 동안 활동하는 전국 유세 조직을 동료들과 구성하였다. 그 후 더욱 깊이 현실로 들어가는 방법은 없겠는가 생각한 결과, 잡지『평범(平凡)』을 통하여 독자들과 편지 교환을 시작하였다. 펜팔 친구가 되고 싶다는 편지를 미성년 대상의 클럽 잡지『평범』에 낸 것이 계기가 되어 수백 통의 답장이 왔는데, 교토대학 학생 그룹이 분담하여 편지 왕래를 맡았다. 이 결과는 교조주의에 빠지기 쉬운 학생들의 평화 운동에 깊은 반성의 계기를 주었다. 『평범』 기타 클럽 잡지, 그리고 영화나 텔레비전이 발달한 금일의 대중 사회에서, 사상 운동은 옛날과 같이 강사의 지도 아래『자본론』을 읽어가는 식의 그룹 학습에 의존할 수만은 없다. 『자본론』도 하나의 사상이며『평범』도 하나의 사상이라는 실존주의적인 사상 파악 태도가 필요하게 된다. 『자본론』을 읽지 않은 이도 인간으로서 자기 자신의 사상을 가질 권리가 있으며, 또한 실제로 지니고 있는 것이다. 이런 의미에서 실존주의는 민주주의 실현에 있어서 필수 불가결한 기반이 된다. 니시무라 가즈오는 그 후 대학 연구실에 남지 않았음은 물론 평론가 역시도 되지 않은 채, 어느 지방 회사의 사원으로 일하고 있다. 그는 대화 형식이건 편지 형식이 되건간에 자신이 처해 있는 환경에 따라 사상 활동을 계속하고 있을 것이다. 연구실이라든가 종합 잡지 이외에도 정당한 사상 활동의 장소가 존재할 수 있다는 사실에 대하여 그는 확신을 갖고 있다.[6]

전후파가 촌락적 연대 의식으로부터 자유롭다는 사실은 범죄적 측면으로는 마이너스적 요소로 작용했지만, 정치 행동면에서는 점차 플러스적 요소가 되었다. 고교 2년생 소녀인 이시카와 사쓰키(17세)는 1952년(소화 27년) 5월 참의원 선거에서, 자기가 살고 있는 시즈오카(靜岡)현 마미즈카무라(馬見塚村) 사람들이 기권자의 표를 빌려 몇 번

---

6) 니시무라 가즈오(西村一雄),「평범한 독자와의 서신 교환」,『사상의 과학』제1호, 1954. 4.

씩 대리 투표를 하며 특정 후보의 표를 늘려주고 있는 사실을 발견하고는 신문에 이 사실을 투서했다(아사히신문, 1952년 6월 23일). 이것이 계기가 되어 그녀의 일가는 주위에서 따돌림을 받고 교제를 거절당한 끝에, 결국 일가가 마을을 떠나게 되기에 이르렀다. 그러나 이와 같은 마을 내부의 압박에 굴하지 않고 한 소녀가 직접적 행동에 호소하며 공정 선거를 위해 싸웠다는 사실은 역시 전전에는 볼 수 없었던 것이다.[7]

촌락적 공동체 정신으로부터 자유를 획득하였다는 이 사실은 전후파 공산당원 가운데에도 새로운 활동을 일으키게 하였다. 이노우에 미쓰하루(井上光晴, 30세)의 소설 『씌어지지 않은 1장』(1950.7), 『병든 부분』(1951)은 전후에 순수하게 공산당원이 되었던 주인공이 코민포름 비판을 둘러싸고 주류파와 국제파의 분파 투쟁 속에 휘말리는 가운데, 이 투쟁의 무의미성을 그 내부에서 비판한 기록이다. 이와 같은 내부로부터의 비판은 촌락 공동체 정신 쪽으로부터는 이적 행위로 낙인찍힌다. 이러한 낙인은 전전파에게는 참기 어려운 것이다. 그리하여 소화 초기의 당내 비판적 분자는 결국은 당에 대하여 적대적인 그룹 쪽으로 가담하게 되거나, 그렇지 않은 경우는 무비판적으로 당의 지령을 받아들이는 그룹 쪽으로 선회하곤 하였던 것이다. 그러나 전후에는 비판 분자가 당 쪽에 계속 남아 있으면서도 비판을 계속하는 새로운 기풍이 태어난 것이다.

1952년(소화 27년) '피의 메이데이'[8] 전후에는, 화염병을 던지는 영웅적 행위를 통해 혁명의 불길을 지피는 것이 가능하다는 정세 판단이 공산당의 지원 아래 유포되어 있었다. 이런 정세 판단을 믿고 직업이나 학업을 내던지고 지하 운동에 전력한 수많은 청년들이 있었

---

7) 이시카와 사쓰키, 『따돌림』, 1952.

8) 피의 메이데이(메이데이 사건) : 1952년 5월 1일, 23회 메이데이에 궁성 앞 광장에서 데모대 6천여 명과 경찰 5천 명이 충돌하여 2명이 사살되고 1,230명이 검거되었던 사건(역자).

다. 이들 청년들은 전후 일본공산당의 지도 방침이 낳은 희생자들이다. 전쟁 전에도 일본공산당으로부터 많은 희생자가 나오긴 했지만, 이 희생자들은 공산당 쪽에 남아 있는 한 당을 비판하는 일은 없었다. 자기 개인의 생활을 희생하는 한이 있어도, 당의 원리는 올바르다는 (유물) 관념론적 신앙이 있었던 것이다. 전후 일본공산당의 희생자는 당 쪽에 서는 자세를 포기하지 않으면서도 당을 비판하는 기풍을 창조해냈다. 여기서는 원리(본질)와 개인적 체험(실존)과를 잇는 선이 단절되어 있지 않다. 당의 지도 아래에서 살고 있는 자기 생애에서 보람을 느끼지 못한다면, 이제 그것은 반대로 당의 원리 그것을 비판하는 근거가 될 수 있다.[9]

일본에서는 동업자와 동료들이 촌락적 조직으로 묶여 있기 때문에 동료를 상대로 철저하게 비판하는 일은 곤란하다. 이러한 조건하에서, 점령군의 요구에 따라 전쟁 책임을 추궁하는 작업이 패전 직후의 정계, 관료 조직, 보도 기관, 학계, 실업계 등에 부과되었으나, 이 작업은 결국 철저하게 이행되지 않는 가운데 1951년(소화 26년)에 끝나버렸다. 전쟁 책임 문제는, 그 당시 하니 고로(羽仁五郎), 요코다 기사부로(橫田喜三郎), 오쿠마 노부유키(大熊信行) 등에 의해 거론된[10] 뒤로 불길이 꺼졌다가, 긴 휴지 기간이 지난 뒤 1955년(소화 30년)에 또다시 문제가 되기에 이르렀다. 그 도화선이 된 것이 귀대병 출신 학자인 이카리 마사오(猪狩正男, 30세), 시인인 요시모토 류메이(吉本

---

9) 이노우에 미쓰하루(井上光晴), 『씌어지지 않은 일장(一章)』, 근대 생활사, 1956. 공산당 내부에서 나온 당 비판서로서 같은 시기에 출판된 것으로는, 구보타 세이(窪田精), 『어느 당원의 고백』(講談社, 1956), 스기우라 민페이(杉浦民平), 『세포 생활』(光文社, 1956)이 있다. 이들 일본공산당 비판의 선구가 된 것으로는 같은 전후파 세대에 속하는 다나카 히데미쓰(田中英光)의 『지하실에서』(1948)가 있다.

10) 종전 직후의 전쟁 책임 문제에 대해서는, 아래의 책이 가장 좋은 전망을 제시해 준다. 오쿠마 노부유키(大熊信行), 『전쟁 책임론』(1948); 혼다 아키라(本多顯彰), 『지도자』(1955)가 있다.

隆明, 30세), 군인 무라카미 효에(村上兵衛, 33세) 들인데, 이들이 모두 전후파 세대에 속한다.[11]

1956년(소화 31년)에 들어서부터는 많은 참여자가 생기면서 전쟁 책임 문제가 종합 잡지 지상의 주제가 되었다. 주로 이카리(猪狩), 요시모토 두 사람에 의해 문제가 제기되기까지, 일본의 전문 평론가들이 이 주제를 피해왔다는 사실은 주목할 만한 점이라고 생각한다. 전후파에게는 주변의 존재들로부터 단절되었다는 느낌, 일본 국가로부터 소외되었다는 실감이 있다. 여기서부터 출발해야 마땅할 것이다.

6. 비 판

전후파 실존주의가 지닌 치명적인 약점은 그것을 낳은 전후라는 사회적 조건이 이미 소멸되었다고 하는 점이다. 국민 하나하나가 오직 자기 자신의 감각과 결단에만 의지하면서 생존의 활로를 타개해나갈 수밖에 없었던 패전 전후와는 달리, 전후 11년째가 되는 현재에는 비록 날림 공사이긴 하나 국가가 재건되어 이러한 상황과 각 개인이 어느 정도로 연결되고 있다. 촌락적 질서 역시도 각 방면에 걸쳐 다양하게 옛날식으로 복귀하고 있다. 자유 대신에 안정이라는 새로운 상황이 지속적으로 성장하고 있는 것이다. 이러한 조건하에서 태어나 자라나고 있는 금후의 세대는 이미 전후파는 아닐 것이다. 이시아라 신타로(石原愼太郎)의 『태양의 계절』은, 인물들이 권투나 요트에 몰두한다는 그 자세면에서 이미 전후파를 넘어 전후파의 뒤에서 다가오고

---

11) 이카리 마사오(猪狩正男), 「격노를 품고」, 『코치레돈』 제6호, 1955. 3; 요시모토 류메이(吉本隆明), 「다카무라 고타로(高村光太郎)——전쟁기에 대해서」, 『현대시』, 1955. 7; 「전세대의 시인들——호리이, 오카모토의 평가에 관해」, 『시학』, 1955. 11; 무라카미 효에(村上兵衛), 「지옥에서 온 사자(使者), 쓰지 정신(政信)」, 『중앙공론』, 1956. 5.

있는 새로운 세대의 모습을 보여주고 있다.

원래 막부(幕府)말 변혁기에 활동하고 있었던 사람들이 명치 유신 이후 안정기에 들어선 뒤부터 무시되거나 혹은 열외로 밀려난 존재가 되었던 것처럼, 전후파도 이제부터는 일본 사상사에서 공중에 부유하는 신세가 되는 것이 아닐까.

전후파가 발생 조건의 소멸이라는 조건을 넘어서서 그 사색의 방법을 다음 세대에 전수해나가야 한다는 점에서 본다면, 거기에는 문제점이라고 생각되는 곳이 많다. 패전의 소산물이었던 전후파 실존주의는 그 자신이 탄생하는 원동력이 되었던 능동성을 더 이상 창출해내지 못하고 있다. 공평하게 볼 때, 전후파는 범죄사 방면에서는 확고한 성과를 올렸으나, 다른 영역에서는 그런 성과를 올리고 있지 못한 것처럼 보인다.

전후파 실존주의에 바라고 싶은 것은, 전승 가능한 방법을 산출해내야 한다는 점이다.

전후의 사회과학·인문과학·역사·철학은 전시로부터 전후에 이르면서 야기된 사상 및 감각의 단절 문제를 본격적으로 취급한 적이 없었다. 그러나 문학 영역에서는 이 작업이 어느 정도 행해졌다. 1933년(소화 8년) 이래 '전향 문학'으로 달성된 것이 그것이다. 전향이라는 사실 위에 패전이 겹치는 형태로 왔기 때문에, 이 패전에 대응하는 적극적인 방법으로서 전향 문학은 패전 전부터 미리 준비될 수 있었던 것이다.

전후파 실존주의의 뿌리에는 원폭 체험이 있다. 이것은 전후파 실존주의가 사회적 공감 영역을 획득하게 하는 힘이 되었다. 원자력이 인간에 야기하는 비참상은 그들의 사상적 출발점에 뚜렷한 흔적을 남기고 있다. 원자력에 대한 관심의 방향에 있어서 원폭을 투하한 쪽인 미국의 전후파와 피폭자측인 일본의 전후파는 전혀 다른 방향성을 가지고 있다. 원자력과 인간과의 결부라는 세계사적 주제에 관하여 전후파에 속하는 문학자·과학자·기술자는 발언을 계속해갈 것이다.

실존주의라는 방법은 전문적인 학문이라든가 예술의 영역에 그치는 존재가 아니다. 야스퍼스도 '실존적 교제'라는 말을 한 적이 있지만, 일본의 전후파는 실존주의자답게 서로의 자유를 존중하고 그리고 마음들 사이의 깊은 교류를 동반하는 방법을 이후 창조해갈 수 있을 것인가. 이것도 역시 금후의 서클 운동의 발전과 관련되어 있는 것이다. 또한 정치 영역에 있어서도 일본 국가의 바깥에서 일본을 바라보는 시각을 소유하고 있는 전후파 실존주의는, 촌락적 정서에 굴복당하지 않는 냉정한 눈을 가지고 금후 일본의 이미지를 떠올려 그것을 향해 자신들을 투여하는 생동성을 창조해야 마땅할 것이다. 일본적 관습이 지닌 모든 무의미성을 보고 배운 자들이 처음으로 소유할 수 있었던 그 자유로운 상상력을 무기로 하여 금후 일본의 새로운 설계도를 작성하는 작업이 가능하지 않을까. 비인간성을 깊이 체험해온 인간주의는, 권력 정치라는 법칙이 지배하는 세계 속에서 자신의 이상을 뻔뻔스럽게 추구해간다는 일이 불가능하다. 전후파는 백화파처럼 세계의 객관적 의지가 자기의 이상을 구원해준다고는 생각하지 않는다. 비웃음을 사건 혹은 휘청거리건간에, 오로지 자신의 책임만으로 이상(理想)의 하중을 견뎌내지 않으면 안 된다. 그러나 무의미성으로부터 의미 있는 행위를 생산한다는 실존주의 고유의 방법을 생각해볼 때, 정치의 영역에서도 그들이 할 수 있는 일은 남아 있는 것이 아닐까.

실존주의자들의 업적이 문학 영역에 국한되어 있는 것을 보아도 알수 있듯이, 일본의 실존주의자들 중에는 사르트르나 카뮈와 달리 실존 속에서 미학적으로 안주하는 형의 인물들이 많다. 실존 가운데 안주하는 결과, '과학 따위로 인생의 진면목을 어찌 알 수 있나'라고 혼자 중얼거리면서, 과학을 통한 본질 파악을 거부하는 태도를 취한다. 이것이 실존주의의 성과를 빈약하게 만들고 전승도 불가능하게 만드는 것이다. 실존주의자는 '실존이 본질에 우선한다'고 하는 것이지, 결코 '실존이 본질적 탐구를 배제한다'고 하지는 않는다. 실존주의자는 귀찮아하거나 두려워하거나 하지 말고, 본질을 통한 탐구를 철저하게 추진하는 방면에도 참여해야 한다. 자신의 실존을 모든 종류의 본질적 탐구 방법 앞에 공개하여, 철저하게 뒤흔들어보는 것이 필요하다.

일본의 실존주의자들 중 많은 수는 실존 속에 미학적으로 안주함으로써, 사회적·집단적 행동으로부터 유리되어버리는 경우가 있다. 그러나 기만의 배제를 제일의 원칙으로 하는 실존주의자들에게서 가장 기대되는 것은, 일상적 실천을 통하여 천황제 밑에서 형성된 각종의 기만적·타성적인 관례와 싸워나가는 것이다. 일본이 다시금 전전(戰前)의 질서 속으로 빠져들어가지 않도록 하기 위하여, 전후파 실존주의자들은 이제 시대의 산물로서가 아니라, 시대를 창조해가는 원동력으로서 활동해나가기를 기대하고 싶다.

후기: 남겨진 문제

집필을 마치며 사상의 생명에 대해서 두 가지의 커다란 교훈을 느낀다.

그 하나는, 사상이 생명을 지니기 위해서는 한 지점에 확실하게 선후에 현실에 그것을 적용하는 과정을 통하여 자신을 입증해야 한다는 교훈이다. 흔들리는 사상, 카멜레온적인 사상, 현실에 둘러싸여 자신을 포기하는 사상은 그때그때마다 아무리 그럴싸한 것을 주장한다 하더라도 그것은 생명이 없는 사체(死體)에 불과하다.

그러므로 사상에서 가장 중요한 것은, 자기 동일성을 관철해가는 자세, 그것도 지속적으로 관철해가는 자세이다. 이것은 사상가의 지조의 문제라기보다는 사상의 생명 문제에 속하는 것이다. 일본의 사상 유파 대부분은 현실 변화를 구실로 해서 너무나 쉽게 자세를 바꾸거나, 또는 발전이라는 미명하에 현실에 쉽게 적응해버렸기 때문에, 생활의 장을 지키고 있는 국민 대중에게서 신뢰를 얻지 못했던 것이 아닐까.

또 다른 하나는, 사상은 자기 동일성과 지속성을 유지하면서도 다른 유파와 협력하면서 서로 배울 방도를 찾아야 한다는 교훈이다. 사상이 자기 동일성과 지속성만 주장하면, 반복적인 존재가 되거나 분파주의화되거나 하여 결국은 발전을 그치고 생명을 잃게 된다.

그러므로 다른 사상에서 배울 것을 취하면서도 자기 사상의 발전적 자기 동일성을 잃지 않는다는 문제는, 관용이나 득실의 문제가 아닌 것이다. 다름아니라 이는 자기 사상의 사활이 걸린 문제인 것이다.

각각의 사상 유파들은 정치라는 장면——예를 들면 평화나 독립의 문제에 대해서 협력을 하기 시작했다. 이제는 사상 그것의 영역에서 이 작업을 확실하게 만드는 규칙을 만들어내야 한다. 오다기리 히데오(小田切秀雄)의 문제 제기는 그 최초의 출발점이다.

한편을 형식 논리, 다른 편을 변증법적이라고 한다면, 형식 논리 원칙, 자동율(自同律)을 지키면서도 변증법을 살리는 것이 필요하다. 각각의 유파가 자기를 강요하거나 자기를 상실하거나 타협하거나 하면서 하나로 통합되는 것이 아니라, 각기 독립적으로 생존하면서도 다른 곳으로부터 배워나가는 협력적 형태를 만들어냄으로써, 카멜레온적인 사상 유파나 본점(本店) 의존적인 사상 유파를 분쇄해야 하는 것이다.

유감스럽게도 미처 논의하지 못한 사상 집단이 매우 많다. 일본의 데모크라시(대정 민본주의), 일본의 인격주의(나쓰메 소세키와 그 문하), 일본의 절충주의(니이토베 이나조〔新渡戶稻造〕와 그 주변), 일본의 사회주의(사카이 도시히코, 야마카와 히토시, 아라바타케 간손, 아오노 스에키치, 이노마타 쓰나오, 구시다 다미조오, 오모리 요시타로〔大森義太郎〕, 사키사카 이치로〔向坂逸郎〕를 중심으로 하는 노농파〔勞農派〕), 일본의 무정부주의(고토쿠 슈스이, 기노시타 나오에, 이시카와 산시로, 오스기 사카에), 일본의 사회 이상주의(가와이 에이지로와 그 주변), 일본의 형이상학(니시다, 다나베 철학), 일본 계몽주의(도사카 준을 중심으로 하는 유물론연구회), 일본 모더니즘(신흥 예술파 기타), 일본의 전쟁 철학(주력·협력·편승 등 제유파), 일본의 평화주의(우치무라 간조와 그 주변) 등의 유파는 새롭게 논의되지 않으면 안 된다. 무엇보다도 일본의 전쟁 철학을 논할 수 없었던 것이 아쉽다.

우리는 이 책을 작년말부터 쓰기 시작하여, 유파의 선택, 평가 태도, 가설의 채용, 자료의 음미 등에 관해 수많은 토론을 거듭한 끝에 쓰루미가 제1·2·3·5장을, 구노가 제4장과 서문·후기를 집필하게 되었다. 그러나 집필만 분담하였을 뿐, 전체 내용은 두 사람의 공동

견해이며 공동의 책임 영역에 속한다.

마루야마 마사오, 이노우에 기요시, 가와이 에쓰조 등 제씨는 우리들의 소박한 질문에 응답을 해주면서 중요한 시사점들도 제공해주었다.

뜨겁게 감사드린다.

또한 신서(新書) 편집부의 나카지마 요시카쓰(中島義勝)근에게 자료 등과 관련하여 많은 신세를 졌음을 기록해두고 싶다.

구노 오사무
쓰루미 슌스케

해설:『현대 일본의 사상
(現代日本の思想)』의 사상과 그 비판
——구노 오사무, 쓰루미 슌스케 양씨 저서의 문제성

후지타 쇼조(藤田省三)

머리에

여기에서 거론하려 하는 구노 오사무, 쓰루미 슌스케 저『현대 일본의 사상(現代日本の思想)』은 저자들도 이야기하고 있듯이 '사상 입문'이라는 형태를 갖고 있다. 따라서 매우 평이한 표현으로 전개되어 있을 뿐 아니라, 면수로 본다 하더라도 '소저'임에 틀림없다. 이러한 외형상의 조건만을 생각한다면, 비평을 읽기보다 오히려 직접 원저를 읽는 쪽이 더 나을지도 모르겠다. 그러나 이 책을 내용적으로 검토해보면, 이 속에는 중요한 문제들이 무수하게 제기되어 있음을 알 수 있다. 그뿐 아니라 이 책의 저자들이 지적한 문제들을 여러 시각에서 고찰해보면, 더욱더 새롭고 커다란 문제들을 발견할 수 있다. 본서에 대한 비평의 의미는 이런 점에 있다. 따라서 이 글은, 내용 소개보다는 본서가 제기한 문제에 대한 필자 자신의 검토 내용 위주로 전개하려고 한다.

나는 이처럼 '서평'이라는 형식을 무시하고 본서의 의미를 뒷받침하고 있는 현재 일본의 상황에 대한 '독단'으로부터 논의를 시작하려한다.

우리 일본인들의 내면에 살아 있는 전통을 새롭게 인식해야 할 시기가 도래해 있는 듯하다. 그것을 행한다는 것은 우리 현실의 주체를 자각하는 것과 같은 것으로서, 이렇게 해서 자각되는 전통은 이미 '전통적인 것'이 아닌 것이다. 이 시점에서 처음으로 소위 '주체성'이 확립되는 것이기 때문이다. 다시 말하면, '일본의 전통'은 '민족 전통'에 대한 감상(感傷)을 동원하는 형태의 그런 것이 아니다. 또는 스스로 감상적으로 매몰되는 그런 것도 아니다. 그것은 진실로 우리들 주체의 움직이기 어려운 내면적 육체로서 우선 파악되어야 한다. 그리고 나서 그 육체를 구성하는 계기가 인식되어야 한다. 더 나아가서 그것에 대한 자율적 선별이 가능하게 되어 그것이 우리의 사회적 행동을 내면으로부터 움직이고 규제하는 커다란 힘이 되는 것이다(이 4단계 과정은 순논리적 단계이기 때문에 현실에서는 동시에 얽혀서 일어난다).

그러나 현재의 과제인 '주체성의 확립'은, '전후'의 소위 주체성 논쟁에서 제기된 것과는 다른 의미를 가지고 있다. 체제가 혼란되어 있었던 전후, 모든 사상적 입장은 다른 것을 비판하거나 공격하거나 함에 의해, 반사적으로 사회적 에너지를 흡수하여 스스로를 조직할 수 있었다. 따라서 적극적 주장도 그와 같은 '부정의 에너지'와 결부되어서만 제시되곤 했다. '사회 건설 계획의 제시'라는 계기와 타자의 이데올로기 '폭로'라는 계기가 균형적이고 유기적으로 통일되어 있는 마르크스의 주장의 경우도 '폭로'의 계기 쪽이 전자보다도 강하게 드러나 있었던 점이 그 증거가 될 것이다. 주체성론은 그와 같은 상황에 대한 '비판'의 의미를 가지고 있다. 그 즈음 일반적으로 '근대 정신'이라는 범주로 파악되고 있는 자율적 인간상을 우리 나라에서 실현하려고 하는 움직임이 근저에 흐르고 있었긴 하나, 그러한 인간상은 현대 일본의 정신 구조와는 동떨어진 목표에 지나지 않는 것이다.

그러므로 일본의 전통에 대한 주체적 이해가 없는 상태에서 '주체성'을 주장한다는 것은, 현실 주체가 스스로를 내면적으로 자각하고, 자기를 '소외자(疏外者)'에 대항하여 방어하거나 혹은 자신을 확립시킬 수 있는 힘이 될 수 없었던 것이다. 이렇게 제기되어온 '주체성'은 점차 주체 없는 '주체성'론이 되었다고 해도 좋을 것이다.

그러나 현재에 있어서 '주체성'은 모든 지성이 지성으로서 존재하려고 하는 한, 현재의 사회 구조와의 대결이라는 의미에서 우선적으로 제기되어야 하는 것이다.

'주체성'이란 문제는, 위기에 임한 현실의 주체로부터 태어나든가 혹은 태어나야 하는 것이다. 왜 그런가. '전후는 끝났다'는 상황 때문이다. 사회 체제가 일단 안정을 회복하게 되면, 우리가 제도나 특정 사상에 대한 아무 비판 없이 환경에 무자각적으로 순응해가기만 해도 일상 생활의 재생산이 가능하게 되어 있다. 특히 고도로 조직화된 사회 경제 제도가 관철된 경우에는, 모든 면에서 기술적 '편리'가 증대하기 때문에, 그런 경향은 한층 더 심화된다. 여기에서는 인간의 정신적 주체성은 기계적으로 소외될 위험에 직면해 있는 것이다. 그러므로 지성은 항상 스스로의 위기를 자각하고 끊임없이 자각적으로 자신을 재형성해내는 진지한 노력을 해야 할 것이다. 이러한 문제성에 대한 자각 과정이 동시에 우리의 내면적 전통에 대한 자각 과정이 되는 것이다.

구노와 쓰루미 양씨의 저서는 이러한 상황에서 씌어진 것이다. 따라서 우리 일본인은 어떤 사람이든간에 세계의 보편적인 특정 이론에 의거하여 이 책을 비판하거나 그것만으로 이 책을 졸업했다고 생각하는 것은 불가능하다. 이 책에 기술되어 있는 것은, 그것이 설혹 부분적이라 하더라도, 우리 자신의 내면적 육체에 다름아니기 때문이다. 그렇기 때문에 우리는 우선 이 책이 제기한 문제의 의미를 탐구하는 동시에 더 나아가서 저서에 대한 분석 차원을 넘어선 문제, 즉 어떠한 새로운 문제가 생기는가까지도 검토해보지 않으면 안 된다. 『현대

일본의 사상(現代日本の思想)』은 이러한 내재적 비평을 방법적으로 형성해내기 위한 중요한 의미를 지니고 있을 것이다.

Ⅱ

이 책은 현대 일본의 사상을 총 다섯 항목에 걸쳐 취급하고 있다. 일본의 관념론으로서는 백화파, 일본 유물론으로서는 일본공산당의 사상이, 일본의 실용주의로서는 생활 작문 운동, 일본의 초국가주의로서는 주로 기타 잇키의 사상, 그리고 마지막으로 전후 일본 사상을 대표하는 것으로서 실존주의가 선택되었다. 이런 것들은 현재까지 전혀 독립적으로 연구된 바가 없는 것들이다. 이 책은 이 여러 사상들로부터 현재 우리가 무엇을 어떻게 배워야 하겠는가 하는 시각을 가지고 예리하게 분석하고 있다. 그래서 우리는 이 책으로부터 신선한 지식을 얻을 수가 있다. 그리하여 다 읽고 나서 일단 다음과 같이 생각한다. "매우 많은 것을 배웠다, 그러나 다섯 사상의 내재적 관련성이 분명하지 않다. 그러므로 이 책을 가지고서는 현대 일본의 사상 구조를 알 수가 없다"고.

이 책은 현대 일본에 대한 일관된 시각 아래에서 씌어지지 않은 것이 아닐까. 그러나 그렇지 않다. 얼핏 보아 다섯 개의 사상이 뿔뿔이 흩어져 있는 것처럼 보이는 이것이야말로, 역으로 저자의 시각이 일관되게 존재하는 증거라는 사실을 우리는 놓치지 말아야 한다. 이 같은 시각의 정착 자체가 현재의 일본에서는 하나의 중요한 과제이기도 한 것이다.

저자는 특정 사상의 입장에 서서, 그 입장에서 다른 사상 유파를 비판하는 방식을 취하고 있지 않다. 또 사상 유파 중의 어느 하나를 선택하라는 태도를 취하지 않고, "어떠한 사상 유파에서라도 배우지 않으면 안 될 공동의 유산 목록을 가능한 한 공평하게 규명하려고 하"(「머리말」)고 있다.

본서는 이러한 방법을 실천하고 있는 것이다. 그렇기 때문에 "관념

론이란 말을 쓴다면, 그것만으로 이미 별 볼일 없는 사상이라고 지레
판단해버리는 분류법을 고쳐보자는 것이 이 책이 지닌 하나의 관점”
이 되며, 초국가주의자인 기타 잇키(北一輝)로부터까지도 그 발상을
배워보자고 하는 것이다. 이 책은 저작 내용을 조립하는 방식에 있어
서까지도 실용주의적인 태도를 관철하고 있다.

이처럼 배워 마땅한 대상으로부터 무언가 배우기 위하여, 일부러
대표적 사상을 ‘뿔뿔이 나눠’ 취급하는 것이라면, 우리들은 그런 방
법 자체를 배우지 않으면 안 될 것이다. 일본의 ‘근대성’이 문제시되
면, 즉시로 ‘원래 근대란……’ 하는 ‘본질론’이 전개되고, 같은 식으
로 ‘시민 사회’ ‘제국주의’ 등등의 ‘본질 구조’가 즉시로 논의의 표적
이 되어, 논리의 세계만으로서 ‘전부’가 이해되고 그걸로 만사가 끝
나는 경향이 있는 우리나라의 학문적 풍토 그것이 예리하게 반성되어
야 할 것이다. 본저는 위와 같은 학문의 존재 방법을 역행시키고 있
는 것이다.

이 책이 지닌 이러한 방법적 전환의 의미를 충분히 이해한다면,
“이 책에는 전일본의 사상에 대한 구조론이 없다”는 비판은 생길 수
없게 된다. 이러한 비판은 바깥에 서서 이 책을 비평하는 것에 지나
지 않는다.

그러나 이 책에 일관되어 있는 것은 이상과 같은 의미에서의 방법
뿐만이 아니다. 다섯 개의 사상에 대한 서술을 자세히 검토해보면,
그 속에 하나의 공통 문제가 중심이 되어 흐르고 있는 것을 발견할
수 있다. 백화파와 생활 작문 운동의 기초 범주인 ‘실감’이 어떻게 하
여 객관 세계의 법칙 인식 내지는 객관적 제도에 대한 인식과 결부되
었는가, 혹은 결부되지 못했는가, 초국가주의자 기타 잇키가 어떻게
민족주의를 사회주의와 결부시켰는가, 또 전후의 실존주의가 어떻게
이것으로부터 ‘본질을 통한 파악’과 결합되어가는가, 더욱이 일본공
산당이 그 ‘이론’ 우위의 사상을 어떻게 대중의 ‘생활면 세부의 하나
하나’에 관한 ‘대중의 눈에 의한 현실 인식’과 결부되는가가 그것인

데, 이런 것이 중심 문제로서 논의되는 경우, 이 여러 가지 문제들은 그 어느 것이나 이론 이전의, 혹은 이론을 초월한 생활 계기, 즉 신념이나 정서나 충동이나 처세 · 지혜 따위와의 경계 지점을 충격하고 있는 것이다. 바꿔 말하자면, 사상에 있어서의 합리적 요소와 비합리적 요소와의 관련 문제가 일관된 주제로 제기되고 있는 것이라 생각해도 좋을 것이다. 그리고 이 문제는 유럽, 특히 독일의 경우에는 19세기 이래, 사상사와 철학사, 사회과학사 최대의 문제로서 이미 지속적으로 그 해결점이 추구되어온 바다. 우리는 현재 이것을 하나의 문제로서 제기할 수 있는 지점에 도달한 것이다. 다섯 사상에 대하여 이 책이 이러한 관련성을 일관성 있게 추구하는 것을 계기로 하여 이 문제가 부정적 반응 없이 방법화되기에 이른다면, 이것은 커다란 학문적 성과가 될 것이다. 비합리적 생활 계기에 대한 '이해' 방법을 세계사의 자연과학적 법칙 '인식'과 결부시키는 것이 가능하다면, 거기에서 역사학은 '인간을 묘사' 하면서 법칙을 실증해내는 것이 가능하게 될 것이다.

또 이러한 관련성을 실천적으로 체득함으로 인해, 세계사적 법칙을 실현하기 위한 대중적 체험과 비합리적 요소의 조직화도 가능할 수 있을 것이다. 더 나아가서는 다음과 같이도 말할 수 있을 것이다. 법칙적 인식은 모든 사상(事象)을 양적으로 계측할 수 있는 것으로서 파악하고 그것을 통해 보편성을 획득하는 한편으로 역으로는 개별적 현상 내지 개성의 질적인 특수성의 파악을 희생시키기 때문에, 그 대극적 존재로서 개성의 질적인 파악을 주장하는 사고 방식을 불러일으킨다. 이러한 이 두 존재의 교체사(交替史)가 절대적 합리주의인 계몽 철학 이래로 근대 사상사를 관통해온 사적 연관인 것이다. 그러므로 이 양자의 연관을 오늘날 문제삼기에 이르렀다는 것은, 우리가 주체적으로 근대 사상의 유산 위에 서서 현실을 미래 지향적으로 처리하기 시작한 것을 의미하는 것이다.

이 책 전체가 제기하는 중요한 문제성은 또 있다. 그러나 우리는 이 이상 더 일반적인 문제에 관해 논할 수 있는 여유가 없다. 다섯 사상 하나하나에 대한 문제 제기 역시도 시급하기 때문이다.

Ⅲ

다섯 개의 사상에 대하여 저자가 말하고 있는 바들은 모두 탁월한 내용들이다. 그러나 이런 사항들은 원저로부터 직접 배우기로 하고, 나는 여기서 저자에 대한 의문과 주문을 몇 가지 제기하고 싶다.

1) 저자는 백화파 사상을 관념론으로 규정하면서 훌륭한 분석을 한 바 있는데, 그 관념론적 성격이 다음과 같이 제시되어 있다고 한다. "관념론의 강점은 결국 자기 혹은 자기와 동질적인 집단의 설득면에서 발휘되"며, "책임 추구의 방법"면에서는, "오직 자기를 대상으로 하고 자기 고백을 그 방법으로 삼"기 때문에 "관념론의 방법은 자기를 설득하기 위한, 그리고 자기로부터 에너지를 끌어내는 데에는 둘도 없는 힘"이라는 것이다.

백화파 관념론은 이 말대로임에 틀림없다. 또 관념론에서 우리가 뭔가를 배운다고 할 경우, 우리의 사유 방법은 그러한 성격을 지니고 있음에 틀림없다. 그러나 저자는 왜 이것이 관념론 일반의 성격이라고 기술한 것일까. 관념론 자체의 사유 방법으로서 내재적으로 포착할 경우, 모든 관념론이 여기에서 논한 바와 같은 의미의 자기 중심적인 사고 방법 선상에 서 있는 것이 아님은 두말할 필요도 없다. 오히려 거꾸로 데카르트 이래 오소독스적인 서구 근대 관념론은, 이성 혹은 합리적 가치를 인간 일반, 혹은 세계에 보편적으로 내재시키고 있기 때문에, '인식'은 동시에 인간 일반에 타당한 것으로 간주되어, 거기서 현실에 대한 실천적 에너지를 생산하는 것이 가능했던 것이다.

거기서는 "너를 알라"는 내성적 격언은 "승려의 간계"로서 거절되고, "인간은 세계를 아는 한에서만 자기 자신을 아는" 존재로서 객관세계의 속에 대상화된다는 것도 있었다. 철학사에 조예가 깊은 저자는 아마도 일본 사상을 그 자신의 구조 속에서 파악하기 위해서, 이

188

렇게 대비되는 측면을 피했을지도 모른다. 그럼에도 불구하고 백화파의 자기 심정 중심의 성실주의는 서구의 근대 관념론의 구조와 대비되는 경우, 그 일본적인 강점과 약점이 한층 더 명료한 윤곽을 지니고 나타나는 것이 아닌가 생각되는 것이다. 그렇다면,

(A) '선의(善意)'가 '이상(理想)'의 중심이 되어 있었기 때문에 '제도'에 관한 관념이 존재할 수 없었다고 저자에 의해 훌륭하게 지적되었던 백화파 관념론(특히 무샤노코지[武者小路實篤])의 한 특징은, 예를 들면 자연과학적 사유 방법에 의해 구성된 '이상(理想)'이나 현실 질서의 연관을 이상화한 사상이 방법적 자각을 통해서 '제도'를 만들어내는 힘이 된 것과 대비되면서 그 의미가 더욱 분명해질 것이다.

(B) 그러나 또한 자기의 내면만을 중심으로 삼는 사상은, 역으로 그 때문에 거대한 사회적 에너지를 낳을 수도 있다. '제도'를 마비시켜 '조직'에 대항하는 힘이 있기 때문이다. 그러므로 이 점에서도 서구와의 대비가 유효하다. 서구에서는 아까의 오소독스적인 관념론의 반대편에, 일정한 역사·사회적 상황을 근저로 하는 자아 주시형의 관념론이 파스칼 이래 재생산되어왔다. 특히 역사적으로는 19세기 이래, 근대 국가의 합리화가 인간을 개물화(個物化)하는 경향을 강화해온 데 반해, 그것은 개성을 주장함으로써 현존 기구에 대해 일정한 저항성을 지녀온 것이다(이 사상의 에너지는 그것이 제도 일반에 대한 저항력에 그치고 있다는 한계 때문에 일정의 상황에서는 파시스트들에게 이용되기도 하였다). 백화파는 그 자기 중심적인 사유를 그런 방향으로 발전시키는 것이 가능했던 것일까. 이에 대한 나의 의견을 제시해 본다. 백화파의 경우에는 거의 아리시마(有島武郎) 혼자서 이와 같은 사상적 저항력을 발휘한 것이다(나중에 다카무라[高村光太郎]가 다소 이런 지점에 접근한 것처럼 보인다). 1920년대 아리시마가 일관적으로 지니고 있었던 관념은 '기계적 제도'에 대해서 내면적 저항을 감행하는 것이었다. 자아 중심의 백화파 관념론이 낳은 최대의 성과는

여기에 있었다고 생각된다. 그리하여 이 지점에서 백화파는 '근대 사상'의 한 유파와 연결되는 것이다.

서구 관념론의 두 조류와 대비시켜본다면, 커다란 면에서 위와 같은 결과가 나올 수 있지 않겠는가 생각한다. 백화파의 '이상 사회 건설 운동'에 있어서 무샤와 아리시마가 지니고 있는 차이에 대한 저자의 해답에 대해서도 의문을 제기할 수 있다. 아리시마의 농장 해방은 저자가 말하는 바처럼 단지 '자기 반성'에 의한 '권리 해방'인 것이 아니다. 그것은 아리시마 자신의 해방인 것이었다.

'기계적 제도' '도덕' '관습' 따위의 외부적인 구속에 대해서 철저하게 '개성과 생명'의 자유를 추구한 그는, 전래의 재산을 '압박으로서' 느끼고 있었던 것이다. 농민을 괴롭히는 재산 소유에 대한 그의 '죄악' 감은 그러한 자아 해방에의 충동과 결부되어 있기 때문에, 매우 강한 실행력을 발효시킨 것이다. '사유 재산'은 아리시마의 농민에 대한 '죄악'을 낳았을 뿐 아니라, 아리시마 자신에 대한 '죄악'을 낳는 것으로 파악되는 것이다. 추상적 선의에서가 아니라, 구체적 생활의 가치를 주장하는 아리시마는, 실행에 임해서도 결코 현실적 배려를 무시하는 무모한 '이상주의'에는 빠지지 않았다.

신앙심만으로 모인 곳이었던 집단, 가족도 갖지 않는 등 정상적인 세속 생활을 거부하는 사람들의 집단이었던 '새마을(新らしき村)'과 결정적으로 다른 점이 바로 여기에 사상적으로 존재하고 있었던 것이다.

'개성으로 제도에 반항한다는 것'은 제도의 의미를 이해하고 있기 때문에 생긴 관념이다. 그러므로 이러한 제도관을 역이용한다면, 적극적인 역할을 만들어내는 힘도 된다. 아리시마의 농장 경영 제도와 관련된 치밀한 계획은 '생'에의 배려와 '제도'의 적극적 기능에 대한 관념의 존재를 보여주고 있다. 이리하여, '새마을'의 유토피아가 현실 사회를 초월하는 방향으로 빠지면서, 현실 사회를 파괴하는 힘에는 이르지 못한 것이었음에 반해, 아리시마의 유토피아는 현실 사회에의 저항력을 몸에 지니게 된 것이다. 아리시마는 농장의 출발에 임

하여, 그 성공도가 어떠한가에 따라 일본 자본주의의 강도 여부가 계측 가능하다고까지 생각했던 것이다. 이러한 아리시마의 사상은 일본에 있어서 보기 드문 근대적 사상의 하나로서 우리는 여기서 깊이 배우지 않으면 안 될 것이다. 이렇기 때문에 호저임에 틀림없는 『현대 일본의 사상(現代日本の思想)』에 대한 우리의 최대의 의문은, 이러한 점에 대한 저자의 견해가 다소 안이한 것이 아닌가 하는 것이다.

2) 일본의 유물론에 대해서 본다면, 저자가 논한 범주에 있어서는 의문을 표시할 여지가 거의 없다. 또 생활 작문 운동을 일본의 실용주의로서 논한 것은 그 자체로서 뛰어난 견해일 뿐만 아니라, 내용상으로도 매우 탁월한 수준에 이르고 있다.

저자는 여기서 실용주의적 운동인 생활 작문 운동이 사상을 형성하는 것이 가능한가 하는 문제의 해명에 커다란 노력을 기울이고 있다. 현재 일본이, 세계에 존재하는 수십 종의 '이론' 보다도 '생'의 가운데 있는 수많은 이론 외적 요소를 사상과 이론적 인식으로까지 고양시키거나 혹은 이와 관련된 과정에 관한 이론적 전망 하나를 필요로 하고 있는 것이라면, 저자는 이 면에서 유례 없는 공헌을 하고 있다고 해도 좋을 것이다. 세계사의 법칙적 인식만이 이론인 것이 아니라, 이와 같은 과정 역시도 또한 이론화될 수 있는 것이다. 그리하여 이를 통해서 이론과 방법의 다원화가 행해질 수 있을 것이다. 일본인의 감정 표현의 정형성을 타파하자는 주장, 도요다 마사코의 사상 형성 과정에서 나타나는 처세 지혜적 사상에의 비약에 관한 해석 등은 그 구체적인 사례로서, 저자는 그 과정을 해명하려고 하고 있다. 그들은 모두, 주관과 객관의 대립을 전제로 하는 자연과학적 법칙 인식과는 달리, '밖'에서 감성적으로 전달된 제기호에서 내적 체험을 획득하는 '이해'를 통하여 체험을 거듭해가면서, 그것이 하나의 세계관에까지 도달하는 과정을 추적하고 있다고 보아도 좋을 것이다. 그리고 그 과정은 "자기의 체험으로 구체적으로 번역 가능한 것에만 한하여 일반 법칙을 받아들이기" 때문에 한계를 안고 있다고 지적되고 있다. 같은 작문 운동 방법적 입장에서 볼 때 이러한 한계는 어떻게 극복될 수 있을 것인가. 저자의 고찰은 날카롭다.

 "이런 종류의 한계를 돌파하기 위하여, 생활 작문 운동은 정밀하게 계량된 각 체험의 분포도에 기초하여 문집을 만드는 작업을 시도해 볼 수 있을 것이다. 이 문집을 통하여, 그리고 동시대 사회 각 계급의 체험 기록들을 비교함으로써, 자연스럽게 자기 체험의 장(場)을 반성(反省) 쪽으로 인도하는 것이 가능할 것이다. 예를 들어 중일 전쟁하의 일본 아동이 자기가 처해 있는 상황을 이해하려 한다고 하자. 그리고 일본 침략하에 있는 중국 아동의 작문이 또 있다고 하자. 이렇다면, 동시기에 자기 체험의 기술만을 통해서는 파악할 수 없는 일본의 '제국주의'라는 일반 개념에 대한 또 다른 경험적 등가물을 제공받아, 자신이 처해 있는 공간에 관하여 생활 작문 방법에 따라 반성을 하는 작업이 가능해질 것이다. 금후 역사적 규모로 혹은 국제적 규모로 이러한 문집 운동을 정밀하게 조직함으로써, 생활 작문 운동 방식에 의거하긴 하되 그 방법이 마르크스주의만으로 국한되지는 않는 접근 방식이 가능해질 수 있을 것이다."

 이 지점에 이르면 자기의 체험은 초월되는 것이다. 경험은 이제 자기만의 직접적 경험이나, 좁은 범위의 친구·동지의 경험만이 아니라, 미지의 인간과도 교류가 가능한 의식에 있어서의 경험이 되는 것이다. 그것은 경험으로부터 정신에로의 질적인 비약의 과정이다. 거기서는 생활 속에 포함되어 있는 비합리적 계기는 점차로 정화되어, 오히려 비약의 과정을 추진하는 힘이 될 것이다. 저자는 그러한 과정을 구체적으로 보여주고 있다. 이리하여 때와 장소를 달리한 여러 가지 체험을 추리해내고 추체험하여 자아는 무한히 일반적인 영역에 접근하는 것이 가능하다. 생활 감정이나 처세 지혜로부터 출발하면서도, 객관적 법칙에까지 주체적으로 '이해'가 진전되어가는 방법이 드러나고 있는 것이다. 그러나 그 과정이 또한 무한한 것이기 때문에 현실적으로는 항상 한계를 갖고 있다는 점을 저자는 잊지 않는다. 그렇기 때문에 실제로는 "객관적 세계를 축으로 하는 사상 전개 방법을 또 하나의 좌표로서 지니는 것이 필요하게 되는 것이다."

이렇게 하여 사상에 있어서 합리적 법칙 인식이라는 계기는 방법적으로나 실제적으로나, 인간 생활이 내포하는 비합리적 요소와 통일된다. 그러나 이해를 통한 사상 형성 방법이 갖고 있는 현실적 한계는, 더욱더 커다란 위험을 초래할 수 있다. 교류해야 할 체험이 어떤 것인가에 따라서, 커다란 일반화가 행해질 수도 있기 때문이다. 제국주의 체제나 파시즘은 특정한 체험만을 선택하고 그것을 일반화함으로써, 세계사의 법칙에 대한 반동적인 관념을 '인민의 내적 총의(總意)'로까지 '고양시키'기도 한다. 제국주의가 '법칙' 그대로 붕괴되지 않는 이유의 하나는 여기에 있다. 그러므로, '체험의 분석도를 만드는 출발점'에서 올바른 선택이 이뤄지지 않으면 안 된다. 객관적 법칙에 대한 인식이 필요한 이유는 이런 점에도 있을 것이다. 선택으로부터 일반화에 이르는 이와 같은 조작의 전과정이 단위 주체의 속에 들어간 경우, 비합리적 요소는 합리적 인식에 의해 조절되며 그리고 역으로는 사회적 행동을 그 속으로부터 추진해가는 힘이 될 것이다. 또한 정치 주체, 즉 지도자가 이 조작 과정을 조작하게 된다면, 운동의 조직화는 새로운 전망을 획득하게 될 것임에 틀림이 없다. 저자의 분석으로부터 우리는 이와 같은 것을 필연적으로 생각하게 되는 것이다.

Ⅳ

3) 「초국가주의의 사상」에서도, 동일한 문제성이 다른 상황 속에서 제시되고 있는 듯하다. 천황제에 있어서, '현교(顯敎)'와 '밀교(密敎)'의 상호 관련성을 설명하는 부분도 매우 정밀한 서술이라고 할 수밖에 없으나, 저자의 분석 내용이 새로운 가치를 형성해내면서 날카로운 광채를 발하고 있는 곳이 기타 잇키(北一輝)의 사상 부분이다. 거기서는 비이성적인 충동이 내포된 민족주의와 사회주의와의 결합이 문제점으로 제시되어 있다. 그리하여 근대적 민주주의의 입장에 서서

양자를 결합하는 것을 거부한 기타가 일본 제국주의의 전위가 되어가
는 과정을 사상사적으로 묘사해내고 있다. 이 기본적인 경로는 의문
점이 포함될 여지가 없을 정도의 설득력을 지닌 채 서술되고 있다.
특히 그 체계적인 질서는 아름답기까지 하다. 단지 여기서 우리가 감
히 문제를 제기해본다면, 기타의 그러한 '변전(變轉)'의 사상 내재적
계기가 더욱 집요하게 추적되어야 하지 않았겠는가 하는 점이다. 저
자도 '후기'에 쓰고 있는 바와 같이 일본의 사상의 약점은, 상황이 빙
빙 돌면서 변해가는 유수성(流水性)에 있는데, 사상에서 중요한 것은
단지 상황 판단이나 시각의 무변성(無變性)에 있는 것이 아닐 것이다.
중요한 점은 상황에 부응시켜 시각을 변화해가는 경우에도, 그 근저
에서 가치 의식과 일정한 사유 방식을 관철해간다고 하는 것이다. 그
러므로 '변전'을 둘러싼 바깥틀에는 한계가 있다. 사상의 타락은 바
로 그 틀을 벗어나는 데 있는 것이다. 기타는 어떻게 그 틀을 벗어났
는가, 혹은 벗어나지 못했는가. 그래서 그가 벗어났다고 한다면, 그
것을 가능하게 한 사상의 구조 계기는 무엇이었는가. 벗어나지 않았
다면 그것이 어떤 점에서였는가. 이것을 더욱 명확히해주었었더라면
하는 것이다. 문제를 구체화하는 의미에서, 평자의 생각을 거칠게나
마 서술해본다. 기타가 시종일관 벗어나지 않았던 바깥틀은 국가의
기구적 합리화라는 관념이었다. 처음에 사회주의·만국 평화주의와
결합하였다가 중도에서 혁명적 전제 국가주의와 결합하고 다시 또
'혁명적 제국주의'와 결합한 것이 그것이었다. 기계적 합리화를 밑받
침하고 있는 그의 '정의'는 '경제적 정의'로서 물질계에 한정된다. 합
리화는 어디까지나 현실 국가의 합리화가 된다. 이렇기 때문에, 그의
경우에는 '인간의 정신적 고양'이라든가, '인간의 자유의 실현'이라
든가 하는 보편적 형태를 위한 실체를 이념으로서 관철해가는 태도가
없었던 것이다. 국가와 사회의 분화 개념이 그에게 없었던 것도 이와
관련된다. 그리하여 이러한 사고 방식은, 일정 상황 아래에서는 현존
국가 기구에 대한 불만을 선동한다든가 해방 운동을 일으키는 것은

가능하나, 객관적 윤리성을 지닌 '이상(理想)'에의 요구를 일관되게 추구하는 것은 불가능하다. 천황에 대한 도덕적 신앙을 파괴하는 것과 같은 이데올로기는 제시하지 않는 것이다.

기타는 최초에 '개인'의 중시와 '의지의 자유'라는 관념을 분명히 갖고 있었다. 그러나 기타의 사회주의 자체가 진화론과 생물학적 유기체설 위에 서 있는 것이었기 때문에, 이것은 결코 유일한 제일의 (第一義)적인 실체는 될 수 없었다. 처음부터 단체가 중시되는 것이다. 『지나 혁명 외사(支那革命外史)』에 이르면, 국가 '로부터의' 자유는 모두 '사고의 자유' 조차 '본능적 자유'로서 사회의 '이완후부(弛緩朽腐)'의 소산이 된다. 기타에 의하면 '근대적 자유'는 자코뱅적 논리에 의해 '전제'와 동일시된다. 즉 구체적 자유가 아니라, 논리의 세계에서 전제(專制) '가운데'에 자유가 정치(定置)될 뿐인 것이다. 그에게는 현실 국가를 초월한 구체적 이념에 대한 이미지는 극히 미약했던 것이다. 개개의 자유라는 입장과 목표로 하는 '사회'상을 일치시킴으로써 '이상 국가'를 만들어내는 것이 불가능했기 때문이다. 그의 이상은 구체화되기만 하면 항상 현실 국가와 직접적으로 결부되며, 그의 이념은 초월되기만 하면 항상 논리의 세계로 부상한다. 그러므로 이와 같은 연관을 뒷받침한 그의 사유 방법은, '순정 사회주의(純正社會主義)'로 표명된 생물학적 진화론인 것이 아니었을까. 진화론적 사고는 비약의 계기가 없기 때문에, 실현되어야 할 목적 사회는 현실 국가와 충분한 거리를 갖지 못한다. 그렇기 때문에 결국 현실 국가를 원리적으로 완전하게 파괴하는 힘이 되지 않는 것이다. 그리고 기타와 같은 혁명적 방향으로 사용될 때엔, 원리적으로는 현실 국가의 변화에 따라서 그 어떤 부분만을 파괴하는 사이비 혁명적 세력이 되어버리는 것이 아닐까.

기타의 이러한 약점은 현실에 대한 그 이념의 원리적 작용력을 약화시켰던 것이다. 그렇기 때문에, 그것이 민족주의와 결합하는 경우에도, 심정적·충동적 민족주의를, 개인의 자유를 핵심으로 하는 합

리적 국민 관념 쪽으로 변혁하는 힘이 되지 못했다. 그의 합리적 정
신은 객관적 윤리태를 낳지 못한 동시에, 국가의 기구적 차원에 국한
된 프로그램을 낳는 데 그치고 말았기 때문에, 비합리적 요소를 통제
하고 조절하면서 사회 혁명 방면으로 조직하는 것이 불가능했던 것이
아닐까.

  4) 「전후의 실존주의」도 새로운 작업이다. 여기서는 저자의 독특하
고도 정밀한 시각이 매우 활발하게 움직이고 있다. 일본 실존주의의
역사적 계보도 흥미 깊지만, 무엇보다도 전후의 실존주의 사상을 '범
죄'를 기준으로 해서 도출해내고 거기에서 전후파 실존주의의 특징을
추출하여, 그것에 대한 과제를 제출해가는 과정은, 전후의 이 실존적
사고를 어떻게 명명할 것인가 하는 문제만 제외한다면, 저자의 시각
으로 읽는 한 이론의 여지가 없다. 나는 여기서 서술된 바와 같은 전
후의 사고 방식은, 실존 감각이지 실존주의는 아니라고 생각하고 있
다. 그러므로 행동 양식이나 문학적 고백 가운데에서만 그 사고 방식
이 추출 가능하다고 생각한다. 우선 전후의 실존 감각 속에는 '인간
론'이 없다. 감각이 '주의'로 고양되어 보편성의 차원에까지 도달하
지 못한 현상의 결과와 원인이 여기 있는 듯하다. 실존주의적 인간론
이 태어났을 때, 실존 '주의'는 실존을 이미 초월해 있는 것이다. 이것
이 실존주의 그 자체의 모순인 것이다. 그리하여 실존주의는 자기의
실존을 출발점으로 하면서 그것을 초월함으로 인해, 사상 체계면에서
다원화되고 분화되는 것이다. 여기서 사상적 논쟁이나 교류도 가능하
게 된다. 실존을 '지금 이곳'에 영구히 한정하지 않고, 예를 들면 사
르트르처럼, 실존적 현상의 '작용 연관'을 문제시하는 것도 가능해진
다. 현상의 연관에 주목하면서 그것을 만들어내는 것이 자아의 내면
에서 발하는 '행위'라고 생각하게 되면(사르트르, 보봐르), '보다 이
성적인 질서'를 만들어내려고 하는 의지가 생긴다. 실존 '주의'는 이
리하여 그 자체가 모순적이라는 그 사실을 통해, '하나의' 가능성으
로서 '연관'이나 자주적 '질서'라는 관념을 낳는 것이 가능하다. 또

196

그렇지 않은 경우에도, 신(神)과의 직접적 교통을 초래하여, 현존 제도에 대한 적극적 부정의 에너지를 낳는 것도 가능하다. 혹은 실존을 사상의 세계에서 철저하게 관철하여 '이방인'의 관념을 낳음으로써, 외적인 국가나 사회 조직을 역으로 자기의 내면에서 원리적으로 소외시키는 것을 계속하는 경우에도, 그것이 사상으로서 보편화되는 한에서는 역설적인 사회적 힘을 생산할 수 있는 것이다. 그러나 실존 감각은 그 자체 내부에 모순은 없다. '지금의 나' 그것인 것이다. 실존을 '초월'하는 힘이 없는 것이다. 내용적 결론은 저자와 아마도 다를 것이 없을 것이다. 실존 감각을 어떻게 하여 실존주의로 고양시키는가가 구체적인 문제가 될 것이다. 그 과정이 동시에 인권 관념을 낳는 과정이며, 그것에 매개되어 인권을 침해하는 정치 권력에 대한 저항이 생기고, 그 결과 현재 일본의 전후파에 국민 관념이 형성될 것이다. 그것이 전후파가 지니고 있는 무방향의 감정주의적 민족주의일 리는 없다. 여기서는 새로운 이성적 이념이 태어나고 있는 것이다.

이러한 과정에의 접근 방법의 한 범주로서, 실존 감각과 실존주의를 구별하는 작업이 유효하지 않겠는가 하고 나는 생각해보는 것이다.

결 론

검토를 끝내면서, 이 책이 재차 명저라는 느낌을 깊이 간직하게 된다. 그런 가운데 지금까지의 검토한 흔적을 더듬어보면, 이 책의 기본 발상에 대한 질문 하나가 떠오른다. 일본의 사상적 전통으로부터 너무 '지나치게 배우려고 한' 것이 아닐까 하는 점이 그것이다. 예를 들어 무샤노코지의 이상(理想)의 '재생 능력'이 그의 전사상 구조 속에서 우리가 배워야 할 의미를 갖고 있는 것일까 하는 질문이 그것이다. 그러나 이런 문제는 일단 다음과 같이 이해해두고 싶다. 사상은 그 재생을 통해 낡은 계기에 새로운 의미를 부가하고 이를 전화시킴으로써 발전하는 것이라는 것은 무엇보다도 유럽의 정신사가 잘 보여주고 있는 바인데, 일본에서는 그것이 결정적으로 결여되어 있다. 여기서 일본의 '새것 콤플렉스'가 태어나기도 하고 또한 사상적 불모현상이 되풀이되기도 하는데, 지금 이 저서는 일본의 사상 속에서 새로운 의미를 발견하고 그것을 통해 우리의 사상 속에서 낡은 것을 재생할 수 있는 길을 부여해주고 있는 것이다. 사상을 그 역사적 배경에 정착시킬 뿐인 방식으로 파악하는 것은 관념 형태론인 것으로서, 이 역시 하나의 중요한 사상사적 방법이긴 하나, 그것은 결코 만능이라고 할 수는 없다. 뿐만 아니라, 그것이 수반하는 역사적 상대주의는 어떤 경우에는, 과거의 사상을 우리 사상을 비옥하게 만들기 위해 사용하는 것을 불가능하게 만드는 경우도 있다. '사상의 재생'의 의미를 파악하는 것이 불가능하게 되면 그와 같은 현상이 생긴다.

저자는 이 점에서도 섬세한 배려를 하고 있는 듯하다. 본서 중에 더욱더 역사적인 방법으로서 서술되어 있는 제4장의 결말을 보자. "우리들은 기타의 발상 그것을 거의 마스터했으며 또한 극복해내었다고 단언할 수 있는 것일까. 우리들은 문제적인 기타의 발상을, 이제부터 기타와 전혀 다른 방식으로 풀어가지 않으면 안 되는 것이 아닐까."

사상의 재생의 의미는 역사적 파악을 통해서 소멸되는 것이 아니라, 역으로 직접적 재생을 넘어서 자기가 서 있는 곳을 확인한 위에서의 높은 재생이 되는 것이다. 그리하여 저자의 이러한 배려가 실제 분석과 서술 속에서 어느 정도로 잘 활용되고 있는가가 새삼스럽게 검토되어야 할 문제가 된다. 아까의 '일단 이해'를 경과한 위에 여기서 우리의 새로운 과제가 태어나는 것이다.

이와 같이 『현대 일본의 사상(現代日本の思想)』을 정밀히 읽는다면, 우리는 매우 많은 문제점을 추출·검토할 수 있을 것이다. 또 이를 통해서 우리 스스로의 사상을 단련할 수 있을 것이다. 〔『思想』, 1957. 3〕

인명 안내

가와이 에이지로(河合榮治郎, 1891~1944)

도쿄 출신. 도쿄대학 법학부 졸. 경제학자. 도쿄대학 경제학부 교수. 심지가 강한 자유주의 사상가. 1938년 『사회 정책 원리』 등이 발금되었고, 다음해 히라가(平賀) 도쿄대학 총장의 숙학(肅學)에 의해 휴직 처분을 받았다. 저서에 『토머스 힐 그린의 사상 체계』가 있다.

가와카미 하지메(河上肇, 1879~1946)

야마구치(山口)현 출신. 도쿄대학 법과 졸. 동대학 교수. 경제학자. 불교에 끌려 무아애(無我愛) 운동을 거쳐 마르크스주의에 도달함. 1932년 일본공산당의 지하 운동에 참가하였고, 5년간의 투옥 생활을 마치고 출옥한 후에는 실천 운동을 떠나 '자서전' 집필에 전념하였다. 저서에 『가난 이야기』『경제학 대강』.

구라타 하쿠조(倉田百三, 1891~1943)

히로시마(廣島)현 출신. 극작가 · 평론가. 제일고 중퇴. 재학중 '니시다 철학'에 경도되었다. 저서에 『사랑과 인식의 출발』, 희곡에 『출가와 그 제자』가 있다. 종교적 인도주의자로 출발하였으나 나중에 초국가주의자가 된다.

기노시타 도시히로(木下利玄, 1886~1925)

오카야마(岡山)현 출신. 동경대 졸. 사사키 노부쓰나 문하의 가인(歌人). 『백화』동인이 된 후에도 가작에 정진, 국어적 발상에 의한 파조,

사실풍적인 노래인 도시하루조(調)를 완성하였다. 가집(歌集)에『은(銀)』
『홍옥(紅玉)』『일로(一路)』가 있다.

기시다 류세이(岸田劉生, 1891~1929)

도쿄 출신. 화가. 인상파 이후의 화풍으로부터 출발하여, 후에 뒤러
풍의 극명한 사실성을 추구하였으며, 초상·정물·풍경 등에서 독자적인
화풍을 보여주었다. 그의 화풍에는 백화적인 이상주의와 호응하는 바가
있다. 저서에『미의 본체』『류세이 그림 일기』가 있다.

기타 잇키(北一輝, 1883~1937)

니가타현 출신. 본명 데루지로(輝次郎). 저서에『국체론 및 순정 사회
주의』『중국 혁명 외사』『일본 개조 법안 대강(日本改造法案大綱)』. 사회
주의와 국가주의를 접합하여 일본형 파시즘을 창안하였다. 2·26 사건 당
시 민간 배후자로 지목되어 총살형에 처해졌다.

노로 에이타로(野呂榮太郎, 1900~1934)

홋카이도(北海道) 출신. 게이오대학 졸. 프롤레타리아과학연구소·산업
노동조사소의 중심 멤버. 1932년 이래『일본 자본주의 발달사 강좌』를 편
집하고, 1933년 재건된 일본공산당 중앙위원회에 미야모토 겐지(宮本顯
治)와 함께 간부가 되었다. 동년 11월 검거되어 다음해 2월 사망하였다.

니시다 치카라(西田稅, 1901~1937)

돗토리(鳥取)현 출신. 소화기의 대표적인 초국가주의자의 한 사람. 육
군유년학교·사관학교 졸. 실관 후, 기타의 사상에 따라 육군 청년 장교
로 복무하며 국가 혁신 운동을 고취하고, 밑으로부터의 운동의 중심이 되
었다가, 2·26 사건의 배후로 지목되어 총살형에 처해짐.

다나카 히데미쓰(田中英光, 1912~1949)

도쿄 출신. 『빨강새』의 투서가 중의 한 사람. 와세다대학 정경과 졸. 재학중 로스앤젤레스 올림픽 대회에 출장. 전후 공산당에 입당하였으나, 탈당함. 히로뽕 중독자가 됨. 처자와 별거하고 애인에게 상처를 입혀 사회 문제가 되었다. 은사였던 다자이 오사무의 묘 앞에서 자살하였다. 소설에 『올림포스의 과실』 『지하실에서』.

다자이 오사무(太宰治, 1903~1948)

아오모리(青森)현 출신. 본명 쓰시마 슈지(津島修治). 도쿄대학 불문과 중퇴. 공산주의 운동과 결별한 후, 자살을 수차례 꾀함. 전후에는 「하강 지향」의 윤리의 대표자가 됨. 애인과 함께 투신 자살. 저서에 『만년』 『우대신실조(右大臣實朝)』 『인간 실격(人間失格)』이 있다.

다치바나 시라키(橘撲, 1881~1945)

26세 때 중국에 건너간 뒤부터 새로운 중국 연구의 권위가 되어, 만주 사변 이후는 만철 조사부 및 동아연맹의 사상적 지도자. 저서에 『중국 사회 연구』 『중국 사상 연구』 『중국 혁명사론』 『직역봉공론(職域奉公論)』.

다카무라 고타로(高村光太郎, 1883~1956)

도쿄 출신. 도쿄미술학교 졸. 조각가. 명성파(明星派)의 가인을 거쳐, 후에 시를 썼다. 대표작에 『지에코 초(智惠子抄)』 『도정(道程)』 『전형(典型)』, 역서에 『로댕의 언어』가 있다.

다카하시 고레키요(高橋是淸, 1854~1936)

미야기현 출신. 13세에 도미하여 고학했다. 귀국 후 러일 전쟁시에는 일본은행 부총재, 외채 모집의 공적자. 야마모토, 하라 나각의 장상(臧相). 하라 다카시 암살 후 정우회 총재·수상, 그 후에는 수회 장상. 소화 자본주의 경제의 재정적 지도자. 군비 확장에 최후까지 반대하여 2· 26 사건 당시 암살되었다.

도사카 준(戶坂潤, 1900~1945)

도쿄 출신. 교토대학 졸업. 철학자·평론가. 1932년 '유물론연구회'를 창립. 유물론자로서 전쟁과 파시즘에 저항하였다. 1944년 하옥된 후, 종전 직후에 옥사. 저서에『과학론』『일본 이데올로기』.

도쿠다 규이치(德田球一, 1894~1950)

오키나와 출신. 닛폰대학 전문부 졸. 정치가·변호사를 거쳐 1932년 일본공산당 결성에 참여. 3·15 사건시에 검거되어, 18년 동안 투옥 생활을 하였다. 전후에는 정치국원, 서기장, 1950년 맥아더 지령으로 추방되어 비합법 활동중 사망하였다.

미키 기요시(三木淸, 1897~1945)

효고(兵庫)현 출신. 교토대학 졸. 철학자. 호세이대학 교수.『신흥 과학의 기치 아래』를 하니 고로(羽仁五郎)와 주재하였으며, 자유 사상의 입장에서 다채로운 평론 활동을 폈다. 1945년 검거되어 종전 후 미석방 상태에서 옥사하였다. 저서에『역사철학』『상상력의 논리』.

사노 마나부(佐野學, 1894~1953)

오이타(大分)현 출신. 도쿄대학 법학부 졸. 재학중 '신인회(新人會)'의 창설에 참여. 일본공산당 창립과 더불어 입당함. 1927년말부터 당 위원장, 4·16 사건시에 검거되어 4년 동안 투옥 생활을 하였다. 1933년 옥중에서 전향 성명을 내었다. 주저에『프롤레타리아 일본 역사』『친란(親鸞)』『일본 사회사 서론』.

사사오카 다다요시(小砂丘忠義, 1896~1937)

고치(高知)현 출신. 본명 사사오카 다다요시(笹岡忠義). 1929년 노무라 요시베, 미네쓰치 미쓰토시 등과『작문 생활』을 창간하였다. 「아동 작품과 계급 의식」(1930년 7월호)이라는 주제를 취급한 최초의 인물. 중일 전쟁 개시 직후 『작문 생활』은 사사오카의 죽음과 함께 끝났다. 유저에 『나의 작문 생활』이 있다.

사카이 도시히코(堺利彦, 1870~1933)

후쿠오카현 출생. 제일고등중학 중퇴. 호는 고센(枯川). 1903년 고토쿠 슈스이와 함께 평민신문(平民新聞) 창간. 비전론을 주창하여 수회에 걸쳐 투옥됨. 후에 일본대중당·노동대중당에 관여함. 일본 사회주의 운동의 선구자.

센게 모토마로(千家元麿, 1887~1948)

도쿄 출생. 인도주의적 시인. 생애 내내 시심(詩心)을 잃은 적이 없었으며 가난 속에서 삶을 마쳤다. 자전적 장편 서사시 『옛집』, 소설·희곡집에 『푸른 마을』『센게 모토마로 시집』 등이 있다.

스즈키 미에키치(鈴木三重吉, 1882~1936)

히로시마현 출신. 도쿄대학 영문과 졸. 단편 『치도리(千鳥)』, 장편 『작은 새의 둥지』『뽕나무 열매』를 통해 알려졌다. 아동 문학에 착안하여 소설 붓을 들었다. 1916년 이후는 동화와 작문 운동에 전념하였다.

스즈키 분지(鈴木文治, 1885~1948)

미야기(宮城)현 출신. 도쿄대 졸. 유니테어리언 교회에 들어가 그리스도교적 사회 개량 사업에 종사. 1912년 일본 최초의 종합적 노동조합인 우애회(友愛會)를 조직함. 1920년 동회(同會)는 일본노동총동맹이라 개칭. 소화기에는 우익 민주주의의 장로였다.

아리시마 다케오(有島武郎, 1878~1923)

도쿄 출신. 삿포로농업전문학교를 나와 후에 하버드에서 수학. 처음에는 우치무라 간조(內村鑑三), 뒤에는 휘트먼, 크로포트킨 등의 영향을 받음. 노동자·여성 등을 주체적으로 묘사한 본격적 리얼리즘 작가. 대표작 『어떤 여자』『선언』『태어나는 빈민』『아쉬움 없이 사랑은 뺏는다』.

아베 이소(安部磯雄, 1865~1949)
후쿠오카(福岡)현 출생. 도시샤(同志社)대학 졸. 미국 하트퍼드 신학교 수학. 유니테어리언 교회내의 사회주의연구회에 가입하였고, 이를 개조하여 사회주의협회의 회장이 된다. 대정기의 노동농민당·사회민중당, 소화기의 사회대중당·근로국민당 결성에 참가하였다.

아시다 에노스케(芦田惠之助, 1872~1951)
후쿠치야마(福知山) 인물. 향리의 소학교 교사, 동경고사부속소학교 교사를 거쳐, 조선총독부에 들어가 국어 독본을 편집하였다. 수의선제(隨意選題)의 제창자. 저서에 『작문 교수』『읽기법 교수』.

야마시로 요시무네(山代吉宗, 1902~1945)
메이지대학을 거쳐 출신지인 죠오반 탄갱 지대에 귀향하여 1926년 죠오반 탄갱 쟁의에 참가하였다. 그 후 일본공산당에 입당. 1929년 치안유지법 위반으로 검거된 후 1935년 출옥. 40년 재차 검거되어 45년 1월에 옥사하였다.

오자키 호쓰미(尾崎秀實, 1901~1944)
기후(岐阜)현 출신. 중국 연구가. 아사히신문 기자. 1941년에 조르게 사건에 연루되어 1944년 사형에 처해짐. 저서에 『현대 중국론』『현대 중국 비판』, 서간집 『애정은 흐르는 별처럼』.

오제키 마쓰사부로(大關松三郎, 1921~1945)
니가타현 출신. 빈농가의 아들. 중일 전쟁 발발 후인 1938년 소학교의

6년생 때 쓴 시 23편이 사후에 『산우(山芋)』라는 제목으로 출판되었다. 남해(南海)에서 전사하였다.

에기 다스쿠(江木翼, 1873~1932)

야마구치현 출신. 도쿄대학 졸. 대정·소화 정치가(政治家)의 관료 출신으로 정당 활동을 편 정치가. 가토오 내각의 법상(法相), 하마구치, 와카스키 내각의 철상(鐵相). 헌정회·민정당의 두뇌로서 총재 후보였으나, 장년기에 병사하였다.

오카다 도라지로(岡田虎二郎, ?~1920)

유년기부터 허약하였으나 복식 호흡에 의한 건강법을 창안함. 직접 지도하는 정좌회가 717회에 이르렀다. 저서에 『오카다식 정좌법』.

요시노 사쿠조(吉野作造, 1877~1933)

미야기현 출신. 도쿄대학 졸. 1914년부터 24년까지 동대학 교수. 24년 아사히신문 입사. 같은 해 설화(舌禍) 사건에 연루되어 퇴사. 근대 정치학 및 정당 정치의 이론적 지도자. 만년에는 『명치 문화 전집』에 전력을 쏟았다.

와타나베 마사노스케(山邊政之輔, 1899~1928)

최초의 노동자 출신. '신인회' 회원. 동경합동노동조합을 창립. 1927년 코민테른에 파견되었다. 귀국 후 일본공산당 중앙위원회 서기장. 1928년 10월 상해로부터 귀국중 대만에서 관헌에게 살해되었다.

이노마타 쓰나오(猪俣津南雄, 1889~1936)

니가타(新潟)현 출신. 와세다대학 졸. 와세다대학 교수. 경제학자. 제1차 공산당에 입당. 노농파의 이론가로 알려졌다. 저서에 『제국주의론』『돈의 경제학』.

이누카이 쓰요시(犬養毅, 1855~1932)

오카야마현 출신. 오쿠마 시게노부(大隈重信), 후쿠자와 유키치(福澤諭吉)의 지우(知遇)를 받아들여, 최초의 개진당계 정당 정치가로서 번벌 타도를 위해서 활약하였다. 후에 국민당·혁신 클럽의 지도자로서 대정 민본주의를 실제 정치에 활용하였으며, 손문을 통하여 중국 혁명을 원조하기도 하였다. 최후에는 정우회 총재로서 조각(組閣)하였다. 5·15 사건 당시 암살되었다.

이치카와 쇼이치(市川正一, 1892~1945)

와세다대학 졸. 일본공산당 창립자 중의 한 명. 1928년 코민테른 제6회 대회에 일본 대표로 출석. 1929년 4·16 사건으로 검거됨. 사노, 나베야마 등 간부의 전향 후 옥중 투쟁을 계속하였다. 공판에서 『일본공산당 투쟁 소사』를 진술.

이타가키 다이스케(板桓退助, 1837~1919)

고치(高知)현 출신. 명치 유신의 지사. 뒤에 자유 민권 운동 지도자가 되어, 자유당 총재가 되었다. 아이쓰(會津) 전쟁의 교훈에서 사민평등(四民平等)의 민주 정치의 필요성을 통감하였다. 이후 명치 번벌 정부의 전제 정치를 반대하는 이로서 활동하였다.

이토 히로부미(伊藤博文, 1841~1909)

초슈(長州)번의 족경(足輕) 출신. 명치 시대의 대정치가. 존왕토막(尊王討幕) 운동의 입안자. 청년기에 번을 벗어나, 유럽에 건너갔으며, 귀국 후 명치 시대 일본을 명치 천황과 함께 만들었다. 명치 정부의 모든 요직을 역임하였으며, 1909년 한일 합방 조약에 반대하는 조선인에게 암살되었다.

하라 다카시(原敬, 1856~1921)

　이와테(岩手)현 출신. 신문 기자에서 외교관으로 전직. 이토 히로부미, 육오종광(陸奧宗光)의 밑에서 활약. 이토가 조직한 입헌정우회에 참가하였다. 사이온지(西園寺)의 뒤를 이어 3대 정우회 총재를 지냄. 근대적 정치 기술을 익힌 최초의 정치가. 평민 재상으로서 재직 3년째에 암살되었다.

옮긴이 후기

3년 전 이 책을 읽고 얻었던 기쁨을 새삼 기억한다. '유일하고 올바른 ○○' 등의 단어가 아직도 위력을 발휘하고 있었으며, '사상' 하면 '과학적'이란 단어를 싫건 좋건 떠올릴 수밖에 없던 그 시대에, 내가 읽은 이 조그만 문고본 속에는 사상과 세계를 대하는 전혀 새로운 관점이 넘치고 있었다. 여기에는 일본의 지식계를 주도한 유물론 사상과 함께, 기독교 신앙이라든가 참선(參禪)과 무관하지 않은 '신비적·관념론적 사고 방식'이 역사에 기여한 사상의 한 장으로 당당한 대접을 받고 있었으며, 평단이나 학계, 정계와는 거리가 먼 외진 촌마을에서 시대의 고통을 견뎌낸 국민학교 아동과 교사들의 작문 내용, 우익으로 지탄받던 초국가주의자의 필사적인 삶의 과정, 심지어는 인생을 절망적으로 산 범죄자의 자기 고백 등과 같은 '비사상적' 요소들이 일본 근대 사상사를 구성하는 중요 요소들로 기술되고 있었다. 뿐만 아니라 천황제와 정면 대결을 지속해온 커다란 사상사적 의미를 갖고 있는 유물론 사상 역시도 일본적 특수성 속에서 '유물 관념론'적 성격을 지니고 있었다든가, 역사적 비약이 심했다든가, 현실과의 접촉을 스스로 거부했다든가, 대중을 무시했다든가 하는 치명적 결함을 갖고 있다고 지적되어 있었다. 아하, 드디어 만났구나 하는 감탄과 기쁨으로 이 책을 덮었던 기억이 더더욱 새롭다.

인간 개개인의 삶과 세계의 운동 과정을 완전하게 포착할 수 있는 원리가 있으며 또한 그에 합당한 실천이 수반될 수 있다면 이 세계에 낙원은 금방 찾아올 것이다. 그러나 지나간 역사 과정은 인간이 필사적으로 구성해냈다고 하는 본질적 원리와 실천 체계들이 상대적 진리

영역을 벗어나지 못했다는 사실, 그리고 설령 그런 원리들이 갖고 있
는 진리치가 조금 더 컸다 하더라도 그에 수반된 인간의 실천 과정은
역사의 악몽을 치유하는 데 결정적인 힘이 되지 못했다는 것을 보여주
고 있다. 이 책이 취하고 있는 다원주의적이고도 사상 상흐간의 창조
적 대화를 원하는 입장은, 인간이 짜낸 지혜들은 상대적인 진리 영역
을 나름대로 확보하고 있으며, 또 각각의 입장들은 최대한의 창조적
절충과 대화를 통해 각각의 결함들을 극복해내자는 생각을 반영하고
있는 것이 아니겠는가. 또 이 책의 저자들이 취하고 있는 실용주의적
입장이란, 그 어떤 명분과 체계를 내건 사상이든간에, 현실의 밑바닥
에 내려가 그 구체적인 세계를 발로 접촉하고 그것이 현실을 움직이는
결과로 나타나지 못하는 한은 공허한 관념론일 수밖에 없다는 입장을
대변하고 있는 것이 아니겠는가 생각된다.

　이 밖에도 이 책이 지니고 있는 강점들은 여러 군데에서 발견된다
고 생각된다. 역사 과정에서 나타나는 합리성과 비합리성에 대한 심도
있는 인식, 사상의 자기 일관성과 창조적 절충성의 동시적 강조, 주관
편향적 사고 방법과 객관 편향적 사고 방법의 변증법적 지양의 문제,
외국의 사상 원전에 대한 콤플렉스를 지워낸 토착적이고도 실증적인
분석 태도, 평전(評傳)의 그것에 근접한 박진감 있는 기술 방법 등이
그것이다.

　물론 역자의 입장에서 납득하기 어려운 점도 있다. 전후에 무샤노코
지(武者小路實篤)가 보여준 '사상의 창조적 재생'에 대해 저자들이 보
여준 일부 긍정적 기술 내용이 그것이다. 밝은 듯하면서도 어딘가 무
책임성(?)이 느껴지는 그의 전후 발언과 다카무라 고타로(高村光太郎)
가 보여준 성실한 자기 책임 의식과의 거리를 역자는 차근차근 생각해
보기가 어렵다. 이 책이 지닌 내적 문맥을 역자가 놓친 탓일까.

　아무래도 사상사 연구와 직접적 관계가 없는 일을 하고 있는 역자의
입장에서 이 이상의 언급을 한다는 것은 무리라고 생각한다. 책의 말
미에 수록한 후지타 쇼조(藤田省三: 호세이대학[法政大學] 교수, 천황제

연구가)의 분석적인 해설 내용이 이 책이 지닌 강점과 한계들을 이해
하는 데 큰 도움이 되어줄 것이라고 믿는다.

1950년대 후반 일본의 지적 작업 중의 하나인 이 책이 당대적 문맥
에서 갖고 있었던 의미, 그리고 그 이후 사상사와의 연맥 관계 속에서
이 책에 대해 내려진 평가를 역자가 소개할 수 없음을 안타깝게 생각
한다. 이 책을 역사적 문맥과 관련하여 읽어내야 할 책임을 독자 여러
분께 떠맡긴 셈이다.

애초에 이 책의 번역은 사상사 연구와 별 관계가 없는 역자의 개인
적 호감과 그뒤를 이은 만용적인 용기로 시작되었다. 2년여의 시간을
번역과 보주(補註) 작업에 바친 셈이나 재교를 끝낸 지금도 꺼림칙한
곳이 계속 눈에 띈다. 매끈한 한국 문장으로 풀려지지 못한 채 여기저
기 잔설처럼 남아 있는 일본식 문장들, 결국 각주를 달지 못한 채 본
문에 그대로 남겨둘 수밖에 없었던 적지 않은 수의 전문 용어들, 곳곳
에 숨어 있을 오역 부분들, 이 모든 문제에 대한 독자들의 넓은 아량
을 기대할 뿐이다.

이 책의 출간에 힘이 되어주신 많은 분들의 존함을 기억한다. 병실
에서 번역 허락 편지를 주신 쓰루미 슌스케(鶴見俊輔) 선생님, 후지타
쇼조(藤田省三)의 해설 자료와 정성스런 충고를 함께 보내준 히도쓰바
시대학원(一橋大學院)의 김광렬 선생, 한나절 내내 골치 아픈 일본 인
명과 난해한 문맥들을 가지고 씨름해준 서울대 대학원의 호테이 토시
히로(布袋敏博)씨, 이와나미 서점(岩波書店)과의 연락을 맡아주신 재일
한국 문학 연구자 안우식 선생님, 재교 과정에서 역자의 중대한 착오
들을 지적해주신 리쓰메이칸대학(立命館大學)의 나카무라 후쿠지(中村
福治) 선생님, 그리고 문학과지성사 여러분께 깊이 감사드린다.

1994년 8월

심 원 섭